拉 伸

适合全家人的健身与运动

杨克新 / 编著

天津出版传媒集团
天津科学技术出版社

图书在版编目（CIP）数据

拉伸：适合全家人的健身与运动/杨克新编著.--天津：天津科学技术出版社，2018.4（2023.9重印）

ISBN 978-7-5576-4831-2

Ⅰ.①拉… Ⅱ.①杨… Ⅲ.①健身运动—基本知识 Ⅳ.①G883

中国版本图书馆CIP数据核字（2018）第040118号

拉伸：适合全家人的健身与运动
LASHEN : SHIHE QUANJIAREN DE JIANSHEN YU YUNDONG

策划人：	杨 譞
责任编辑：	孟祥刚
责任印制：	兰 毅
出　　版：	天津出版传媒集团 天津科学技术出版社
地　　址：	天津市西康路35号
邮　　编：	300051
电　　话：	（022）23332490
网　　址：	www.tjkjcbs.com.cn
发　　行：	新华书店经销
印　　刷：	三河市兴博印务有限公司

开本 720×1020 1/16 印张 20 字数 328 000
2023年9月第1版第3次印刷
定价：55.00元

前言
PREFACE

　　拉伸是一种旨在提高身体柔韧性的训练方法，也是一种非常方便的健身方法，随时随地都可进行，非常适合生活节奏快、压力大的现代人群。相比其他运动来说，拉伸有着天然的优势。它动作简单，即学即用，不受时间、地点的限制，人人都可进行。不论年龄大小，不论身体柔韧性如何，只要你愿意，任何时间、任何地点都可以拉伸，每个人都能从中受益。正确而有规律的拉伸有助于缓解肌肉紧张，使身体更加放松；可使身体更加轻松自如地运动，从而提高身体的协调性，预防肌肉扭伤等一般性运动损伤；有助于使跑步、滑雪、网球等高强度运动变得更加容易；有助于保持现有的筋骨柔韧度，使你的身体不会因年龄的增长而变得僵硬。拉伸不仅可以有针对性地治疗人体的各种常见疾病，如高血压、心脏病、糖尿病等生活方式病，而且对网球肘、鼠标手、关节错位、肌肉拉伤等现代文明病也有非常明显的疗效，还可以帮助人们美容、减肥、抗衰、美体，可以说是改善身体健康状况、防病强身、治疗百病的奇效良方。

　　《拉伸：适合全家人的健身与运动》采用图文结合的方式，讲解了拉伸的原理、方法和技巧，并简要介绍了当前最流行的PNF拉伸技术，针对不同的常见运动，比如篮球、足球、游泳、高尔夫、钓鱼、跳绳、爬山、力量训练

等，介绍了科学、有效的热身以及放松的拉伸动作；针对日常家居休闲，根据小孩、女性、男性、老人的不同个性化需求，详述了简单、科学、有效的拉伸技巧；针对日常常见病，如便秘、胰腺炎、高血脂、胆囊炎、结膜炎等，介绍了辅助治疗的拉伸处方，同时还为保护人体脏腑和十四大人体经脉提供了实用的拉伸方法，适合全家人参考使用和练习。希望你和你的家人能够借助书中的方法从中受益，享受到运动的好处，在运动中体验快乐，收获健康。

目录 CONTENTS

第一章 拉伸——最好的运动+最方便的健身

第一节 拉伸，人人都需要的放松术 2
有规律地拉伸可以改变健康状况 2
如何做才是"好的拉伸" 3
最流行的 PNF 拉伸 4
拉伸要跟着感觉走 5
塑身动态拉伸 8
立位拉伸法和卧位拉伸法 9

第二节 拉伸前后的热身与调节 11
拉伸中的注意事项 11
拉伸的程度宜"酸"不宜痛 12
运动前和运动后都别忘拉伸 12

第二章 日常休闲拉伸

第一节 家居休闲拉伸 14
家居简易拉伸 14
床上的拉伸 16
利用家具拉伸 18
沙发上的拉伸 20
卧室徒手拉伸 22

生活细节中的拉伸..................................24
做家务时的拉伸....................................24
厨房里的拉伸..25
睡前放松拉伸..26
看电视也不忘拉伸................................27
散步时的拉伸..30
下班后的家居拉伸................................35
利用矿泉水瓶的拉伸............................36
浴室拉伸..38
卧室枕头拉伸..40

第二节　孩子生长拉伸..................42
留住小儿体内钙质的拉伸....................42
儿童健脑拉伸..43
养护小儿脊柱拉伸................................46
矫正青少年驼背的拉伸........................49
防治青少年斜肩拉伸............................51
防治小儿佝偻病拉伸............................53

第三节　女性塑形拉伸..................55
女性从头到脚做拉伸............................55
女性养生拉伸..60
胸部塑形拉伸..61
祛除腹部赘肉拉伸................................63
美臀翘臀拉伸..64
纤美秀腿拉伸..66
更年期塑形拉伸....................................68
改善内分泌拉伸....................................71
子宫正位拉伸..74
孕期保健拉伸..76
孕期周期拉伸..80
缓解孕期腰背痛的拉伸........................84

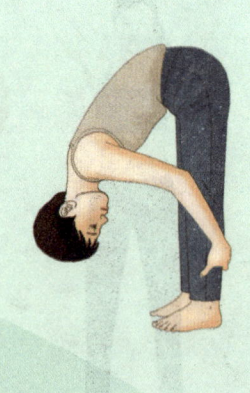

　　产后塑形拉伸 85
　　产后收腹拉伸 87
　　缓解贫血的拉伸 89
　第四节　男性练肌拉伸 92
　　男性从头到脚做拉伸 92
　　最适合男性的拉伸 94
　　白领男性简易拉伸 96
　　夫妻保健拉伸 97
　　辅助增强性能力的拉伸 100
　　辅助防治遗精拉伸 102
　第五节　老人保健拉伸 103
　　老年人怎样拉伸最好 103
　　甩手，适合老年人的拉伸 103
　　老年人保健拉伸 104
　　赤脚走的拉伸 109
　　防治老年骨质疏松的拉伸 112
　　防治老年性关节炎的拉伸 113
　　抗衰老拉伸 116
　　老年人的脊骨养护拉伸 121

第三章　运动拉伸

　第一节　有氧运动拉伸 124
　　跑步 124
　　游泳 127
　　健美操 129
　　瑜伽 132
　　普拉提 134
　　跳舞 138
　　拉丁舞 142

街舞 144
健身球 146
击剑 152
拳击 155
搏击操 157

第二节　球类运动拉伸 159
篮球 159
网　球 166
保龄球 173
羽毛球 175
排球 178
高尔夫球 183
乒乓球 188
足球 192
门　球 197
台球 199

第三节　休闲运动拉伸 202
钓鱼 202
掷飞镖 204
跳绳 205
呼啦圈 207
溜冰 209
划船 214
射箭 218
潜　水 221
爬　山 223
消除旅行疲劳的拉伸 225

第四节　力量训练拉伸 227
锻炼腰背肌的伸背器拉伸 227
下腰训练器的拉伸 228

拉力器，肌肉的"雕刻刀" 229
举 重 232
单杠上的拉伸 234
双杆上的拉伸 235

第四章　不生病的健身拉伸法

第一节　身体小毛病的拉伸治疗 238

胰腺炎的拉伸 238
防治便秘的拉伸 239
糖尿病患者的拉伸 241
胃下垂患者的拉伸 243
冠心病患者的拉伸 245
高血脂患者的拉伸 247
胆囊炎和胆结石的拉伸 248
防治结膜炎的拉伸 250
甲亢患者的拉伸 251

第二节　脏腑保健拉伸 254

养心拉伸 254
润肺拉伸 259
护肝拉伸 263
强肾拉伸 265
养胃拉伸 269
润肠拉伸 272

附录　十四条经脉拉伸 275

手太阴肺经的拉伸 275
手阳明大肠经的拉伸 277
足阳明胃经的拉伸 279
足太阴脾经的拉伸 281
手少阴心经的拉伸 282

拉伸：适合全家人的健身与运动

手太阳小肠经的拉伸 284
足太阳膀胱经的拉伸 287
足少阴肾经的拉伸 290
手厥阴心包经的拉伸 293
手少阳三焦经的拉伸 294
足少阳胆经的拉伸 296
足厥阴肝经的拉伸 299
任脉的拉伸 301
督脉的拉伸 303

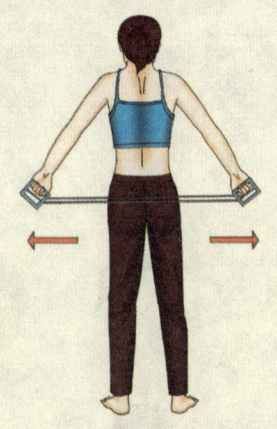

第一章

拉伸

——最好的运动 + 最方便的健身

第一节 拉伸，人人都需要的放松术

有规律地拉伸可以改变健康状况

拉伸是一种健康实用的热身活动。不论年纪大小、身体的柔韧性如何，都可以学习拉伸，而且不拘泥于方式，坐着、站着甚至躺着都能拉伸。有规律地拉伸不仅可以提高身体的柔韧性，降低剧烈运动造成的受伤概率，减轻肌肉酸痛，还能使人精神放松，达到养生保健的目的。常做拉伸运动可以使你在步入老年以后仍然可以保持身体的柔韧性，运动自如。

拉伸为什么具有如此神奇的功效呢？主要有以下三个原因：

1. 疏通十二经脉

中医认为，十二经筋的走向与十二经络相同，故筋缩处经络也不通，不通则痛。这是因为在拉筋时，人体的胯部、大腿内侧、窝（膝后区的菱形凹陷）等处会产生疼痛感，这是筋缩的症状，则相应的经络不畅。而通过拉筋，可使僵硬的部位变得柔软，增强人体柔韧性，腰膝、四肢及全身各处的痛、麻、胀等病症会因此减缓或消除，重回"骨正筋柔，气血自流"的健康状态。

2. 打通背部的督脉和膀胱经

在武侠电影中，主角常常因为打通了任督二脉而使得武功突飞猛进，由此可见任督二脉的重要性。而这是有理论依据的，并非虚构，中医的经络学说认为，督脉是诸阳之会，元气的通道，此脉通则肾功能加强，而肾乃先天之本，精气源泉，人的精力旺盛、性能力强都仰赖于肾功能的强大。此外，督脉就在脊椎上，而脊髓直通脑髓，故脊椎与脑部疾病有着千丝万缕的联系。任督二脉在人体上是个循环的圈。

任脉指的是膀胱经，它是人体最大的排毒系统，也是抵御风寒的重要屏障。也就是说，膀胱经通畅，则风寒难以入侵，内毒随时排出，肥胖、便秘、粉刺、色斑等症状自然消除、减缓。而且，膀胱经又是脏腑的腧穴所在，即脊椎两旁膀胱经上每一个与脏腑同名的穴位，疏通膀胱经自然有利于所有的脏腑。从西医角度来看，连接大脑和脏腑的主要神经、血管都依附在脊椎及其两边的骨头上。疏通脊椎上下，自然就扫清了很多看得见的堡垒、障碍和看不见的地雷、陷阱。

3. 改善肝脾肾三条经

中医认为，大腿内侧的肝脾肾三条经通畅，则人的性功能较强。如果这三条经不畅，容易导致生殖、泌尿系统疾病，比如阳痿、早泄、前列腺炎、痛经、月经不调、色斑、子宫肌瘤、乳腺增生，等等。而通过拉筋，尤其是拉腿筋，则能充分改善这三条经堵塞不通的状况，也能在一定程度上治疗男性疾病和妇科疾病。

如何做才是"好的拉伸"

拉伸运动虽然是一种比较简便易行的热身活动，但是，拉伸的方法也有正确与错误，在做拉伸运动的时候要注意聆听身体的声音，不要逞强或者加快动作，以免误伤到身体。正确的拉伸是放松的、持续的，伴有舒适愉悦的感觉。

1. 调整呼吸

在拉伸时，最先应当调整呼吸，使其顺畅、缓慢而富有节奏感。如果做身体前屈式拉伸动作，就应当在向前屈体时呼气，在保持姿势时吸气，拉伸时不能屏住呼吸。如果某个拉伸动作让你无法自然呼吸，那么这个拉伸动作肯定是错误的。这时就要放缓动作，以便自然地呼吸。

2. 准备拉伸

在开始一个拉伸动作的时候，先用 5~15 秒钟的时间进行拉伸准备。动作要缓慢，拉伸到感觉有轻微的拉伸张力时，保持一会儿，拉伸张力会慢慢消失。如果不是这样，那么就稍稍放松身体，调节到令你感到舒适的拉伸感。

3. 静态伸展

在舒缓中找到舒适的拉伸感后，就要跟着这种良好的感觉有规律地进一步拉伸。切记，动作依然不要太快。拉伸时要一点一点地移动身体，直到再次感觉到轻微的拉伸张力，然后保持这个姿势 5~15 秒钟。要控制自己的身体。拉伸感依然会慢慢消失，如果没有的话，就稍稍放松身体。

4. 跟着节奏走

让绷紧的肌肉放松需要时间，所以刚开始学习拉伸的时候，为了保持足够的拉伸时间，在做每个拉伸动作的时候，在心里默默地为自己数着节拍，就像做广播体操时数节拍一样。即使是熟练以后，也可以采取这种方式，因为节奏感可以让自己做起来更加轻松愉快。

5. 相信自己的感觉

拉伸的目的是放松。如果你的拉伸姿势正确，是不会有任何疼痛感的。而这里说的正确，就是你的感觉。如果感觉到疼痛，就是身体在告诉你，你有什么地方做错了。要及时纠正自己的错误姿势。而要做到相信自己的感觉，就要学会将注意力集中在身体上。这样，身体自然而然地就会越来越柔韧，从而达到拉伸的目的。

最流行的 PNF 拉伸

拉伸在现代生活中的地位越来越重要，可以帮助人们缓解肌肉的酸痛，减少受伤的机会，增强身体活动功能，增进关节的血液及养分供应，改善体态和缓解腰背痛。当前最流行的拉伸就是 PNF 拉伸。

PNF 是 "Proprioceptive Neuromuscular Facilitationstretch" 的缩写，也就是"本体感受神经肌肉性促进法"，简称 PNF 拉伸。PNF 是 20 世纪 40 年代由霍文·贾帕发明的，20 世纪 70 年代鲍勃·安德森对该理论进行了完善，20 世纪 80 年代出版《拉伸活动》一书，并提出了静态拉伸法，即拉伸肌肉到一定程度，然后保持这个姿势几秒钟。因为 PNF 拉伸对柔韧性有很强的改善效果，同时能提升力量，改善神经协调，所以越来越受到人们的欢迎。在这里，先给大家介绍两种简单易操作的 PNF 拉伸方法。

1. 收缩—放松

将右手臂弯曲，左手放在右手臂的肘部，左手轻轻用力带着右手肘部沿胸部拉向左侧，感觉有微微的拉伸感，然后肘部向相反方向拉伸，左手给其阻力，保持动作 4~5 秒。放松片刻之后接着将肘部向后方拉直到再次感到轻微的拉伸感，保持和缓拉伸 5~15 秒钟。将动作重复几次，左右手臂交替进行。

2. 静力—放松 / 拮抗肌收缩

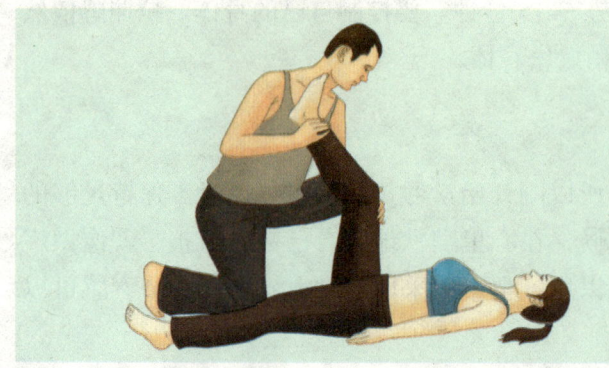

采取仰卧位，慢慢抬升右腿成 60 度，教练或者专业人士微微给腿部向外施力，静态拉伸目标肌肉，约 10 秒钟，还原到 60 度。

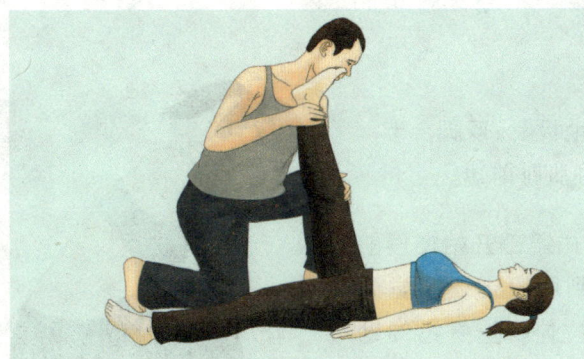

◀ 然后，向大腿内部施力，让目标肌肉等长收缩，保持6秒钟，返回60度；然后伸直腿部，用力蹬直，同时收缩拮抗肌，约30秒钟。

以上动作可以交替重复进行，完成3~4组，最后以静态拉伸结束。你会发现每次重复后的静态拉伸都比前一次要更深一些，肌肉伸展的效果会更好。

拉伸要跟着感觉走

静止拉伸，也称为"被动拉伸"，指肌肉被拉伸到它可以自如行动的状态，并保持在那个状态一定的时间。静止拉伸可以渐渐地到达合适部位，你可以保持每一个拉伸动作10~30秒钟。静止拉伸更适合在缓和阶段来做。当然，你也可以在热身阶段做一些轻微的静止拉伸。

下面介绍几种最简单的静止拉伸供大家参考练习：

1. 小腿肚拉伸

◀ 用前臂支撑在墙上，然后身体前倾，前额贴在手背上。

▶ 一条腿屈膝，靠近墙面，另一条腿绷直，保持脚掌平贴地面且脚尖指向正前方或稍向内。接下来，脚的位置不变，慢慢将髋部向前移动，同时保持后腿绷直、脚掌平贴地面。此时，小腿肚肌肉会产生舒适的拉伸感，保持5~10秒钟。相反方向进行同样的拉伸。

2. 坐位腹股沟拉伸

◀ 坐在地板上，双脚合十，两手勾住脚趾前端。

▶ 上身由髋部开始慢慢前倾，直到腹股沟处感觉到轻微的拉伸。随着拉伸动作缓缓收缩腹部肌肉，保持5~15秒钟。

如果感觉很舒适，慢慢将肘部放在小腿外侧，这样能帮助你保持稳定和平衡。在拉伸张力逐渐消失以后，缓缓加大拉伸幅度，强化拉伸的感觉。如果感觉疼痛，保持姿势15秒钟，然后缓缓放松。

拉伸时要注意以下几点：

（1）保持静止状态的姿势时，缓慢而有节奏地呼吸。

（2）下颌和肩膀放松。

（3）从髋部开始前倾，腰部保持平直，两眼正视前方。

（4）错误的拉伸方法：从头部和肩膀处开始前倾。这种做法会使双肩内缩，增加腰部压力，出现疼痛感。

3. 拉伸大腿后腱和腰部

接动作2

▶ 左腿保持弯曲，右腿伸直。左脚脚底贴住右大腿内侧。注意不要让右腿膝盖"锁住"。应该保持一条腿伸直另一条腿弯曲的姿势。

▲ 由髋部开始前倾并呼气，直到产生轻微的拉伸感。保持这个姿势5~15秒钟。缓慢而有节奏地呼吸。然后，进行相反方向练习。

4. 平躺位腹股沟拉伸

注意：这个动作是很舒适的，不应有任何的疼痛感和紧张感。

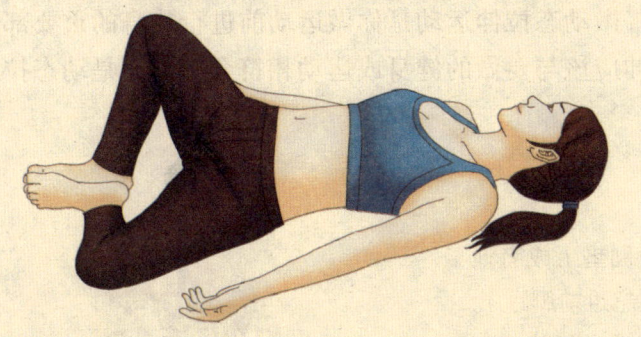

▼ 仰面躺在地板上，双脚合十，两膝盖自然分开，放松髋部。由于重力作用腹股沟会产生轻微的拉伸感，保持40秒钟，深呼吸。

5. 伸长拉伸

这是最适合每天早晨起床之前做的拉伸动作。
具体做法如下：

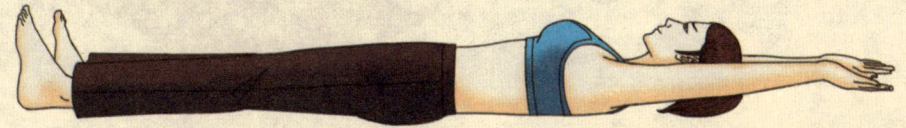

▲ 平躺，慢慢伸直两腿，双臂伸过头顶，双手伸展，脚尖绷直，保持5秒钟，然后放松。重复上述动作3次。每次拉伸时微微收缩腹部肌肉，从而起到瘦小腹的效果，感觉会非常好。这个动作既拉伸了手臂、肩膀、脊椎、腹部，也拉伸了胸腔、双脚和脚踝的肌肉。

6. 腰部和大腿后部的拉伸

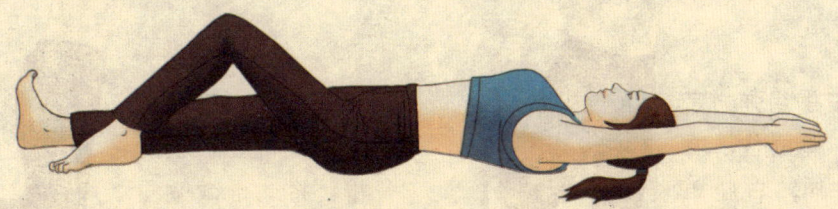

▲ 平躺，慢慢伸直两腿，双臂伸过头顶双手伸展，一条腿屈膝轻轻向胸部拉动，直到能够感觉到轻松拉伸，必要时可用双手辅助腿部的拉伸，保持30秒钟。拉伸时要保持呼吸通畅。

塑身动态拉伸

动态拉伸也被称为主动式拉伸,它是指通过一些动作拉伸肌肉。它把一些快动作变成了特别的拉伸动作。轻微动态拉伸运动是你做运动前进行热身的重要部分。热身活动过程中的动态拉伸应该与要做的健身或运动相符合。下面是动态拉伸的一些动作:

1. 单腿跪地,动态拉伸

▶ 将右脚向前跨出,左膝跪在瑜伽垫上或者地板上,右膝成90度(右膝膝盖不要超过前脚趾)。保持注意力集中,深吸气,将肚脐吸向脊椎,上提胸廓,臀部微微向前,在呼气的时候将左脚尖点地。保持这个姿势,数到3,然后放松。重复整个过程5次,然后,反方向做同样的动作。

2. 金鸡独立,拉伸股四头肌

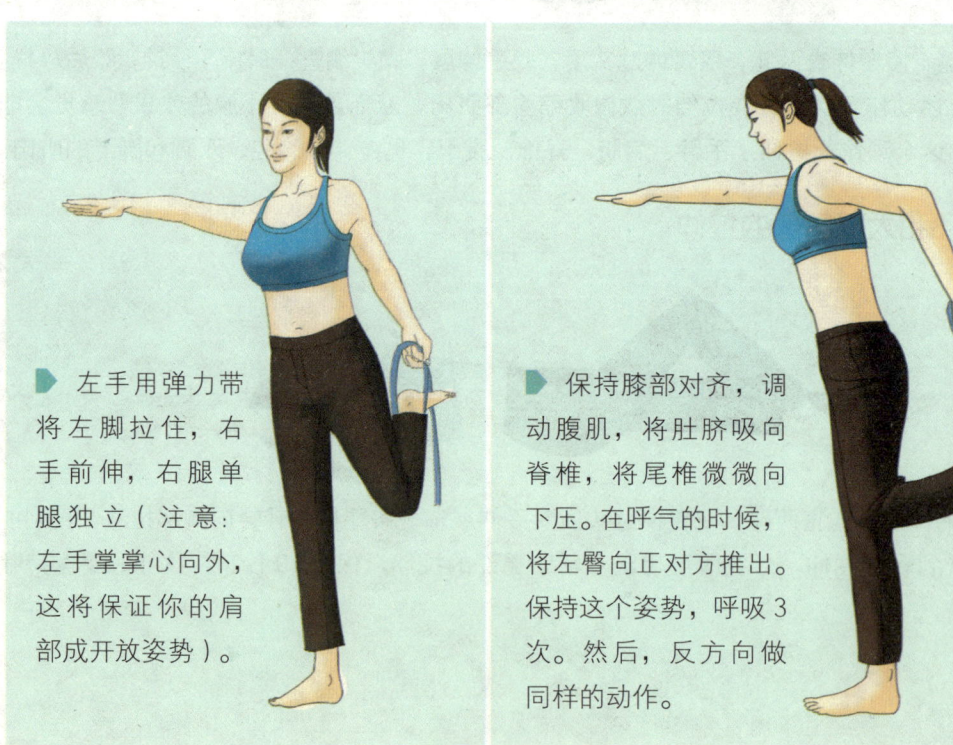

▶ 左手用弹力带将左脚拉住,右手前伸,右腿单腿独立(注意:左手掌掌心向外,这将保证你的肩部成开放姿势)。

▶ 保持膝部对齐,调动腹肌,将肚脐吸向脊椎,将尾椎微微向下压。在呼气的时候,将左臀向正对方推出。保持这个姿势,呼吸3次。然后,反方向做同样的动作。

拉伸——最好的运动＋最方便的健身

3. 仰躺于地，拉伸腿筋

用弹力带拉住右脚并尽可能伸展腿部。保持这个姿势，呼吸3次。将注意力集中在两腿的股四头肌上，将足跟指向天花板。重复整个过程5次，然后，反方向做同样动作。

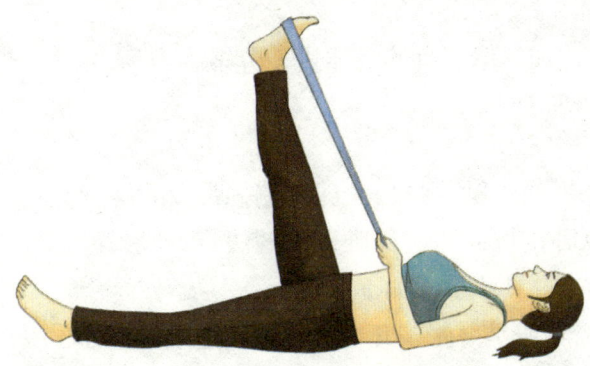

4. 脚掌相对，腰板挺直

取坐位，两只脚跟相对，将脚跟尽量靠近会阴部位。背靠墙壁，腰背挺直，深呼吸，想象你的尾椎一节一节地往上挺直。保持这个姿势，深呼吸10次。

立位拉伸法和卧位拉伸法

在现代社会，科技进步使生活舒适了很多，很多人都在使用电梯、汽车，导致运动量大大减少，筋缩也因此增加。那些长期坐着工作的白领们，筋缩的可能性大增。如果你觉得自己筋缩了，那么就该拉伸了。从拉伸的方式来说，可分为立位拉伸法和卧位拉伸法。立位拉伸法是指人们站着拉伸的方法，而卧位拉伸法就是指人们躺在床上或长椅上的拉伸方法。下面，我们就来具体介绍一下两种拉伸法的特点。

1. 立位拉伸法

中医认为，采用立位拉伸法可拉松肩胛部、肩周围、背部及其相关部分的肌腱、韧带，有利于肩颈痛、肩周炎、背痛等症的治疗。一般来说，立位拉伸法主要依赖门框来进行，具体步骤如下：

（1）先选定一个门框，举起双手，尽量伸展开双臂，按住门框上方的两个角。

（2）一脚在前，站弓步，另一脚在后，腿尽量伸直。

（3）身体要与门框保持平行，抬头，平视前方。

（4）保持这个姿势3分钟，换另一条腿站弓步，

同样站立3分钟。同样多次重复这个过程,但不宜使身体过于劳累。

2. 卧位拉伸法

卧位拉伸法主要用于拉松腰至膝后的筋腱,拉松大腿内侧韧带及大腿背侧韧带,也有助于放松髋部的关节,所以卧位拉伸法又称卧位松髋法。一般来说,卧位拉伸法要依赖椅子、茶几或床来进行,具体步骤如下:

(1)将两张安全稳妥、平坦的椅子或是一张茶几摆放在近墙边或门框处,或是选择一张两面靠墙边的床。

(2)坐在靠墙边或门框的椅子、茶几或床边上,臀部尽量移至椅子、茶几、床边。

(3)躺下仰卧,将靠里面的一条腿(左腿在里则用左腿,右腿在里则用右腿)伸直倚在墙柱或门框上,另一只腿屈膝,让其垂直落地,尽量触及地面,无法触及地面时可用书本等物垫在脚下。

(4)仰卧时,双手自然平放在椅子、茶几或床上,期间垂直落地的腿亦可作踏单车姿势摆动,有利于放松髋部的关节。

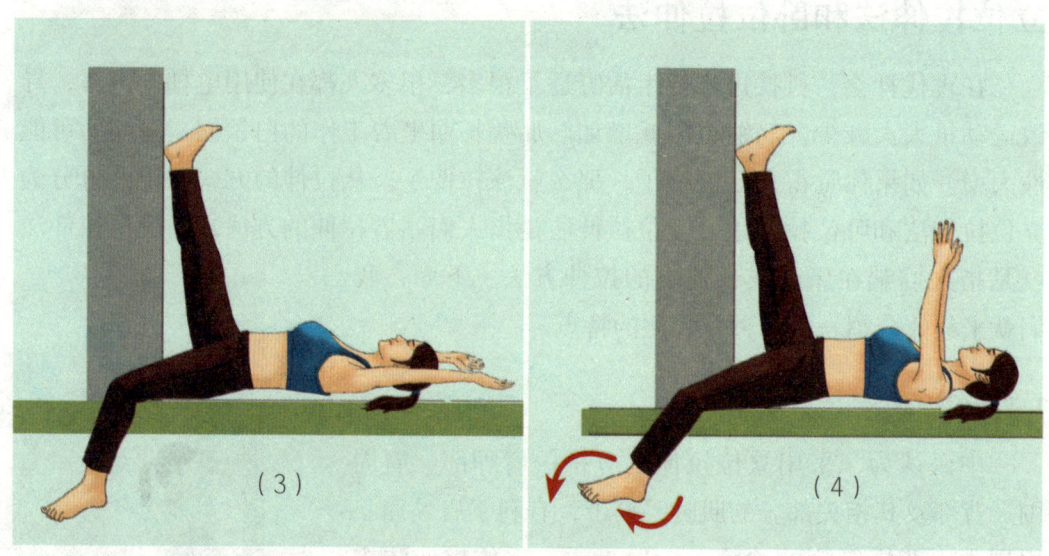

(3)   (4)

(5)保持这个姿势10分钟,然后再移动椅子、茶几靠在对侧的墙或门框,或是到床的另一靠墙的边,依上述方法,换脚再做10分钟。

第二节 拉伸前后的热身与调节

拉伸中的注意事项

拉伸虽然是看似很简单的一些小动作，但是在进行练习的时候，一定要注意一些禁忌。不然，可能会损害身体健康。

1. 拉伸前，做点小运动来热身

对于拉伸前要不要进行热身活动很多人都存有疑问，那么如果拉伸前不进行拉伸活动会不会受伤呢？如果在拉伸过程中保持正确的姿势和舒适的感觉，是不会受伤的。但是，仍然建议大家在做拉伸之前做几分钟的热身运动，比如小跑步、甩甩手脚、左右转动身体等，目的在于增加体温，使肌肉与肌腱处于备战状态。舒活筋骨，增加身体的柔韧性，减少运动中身体意外损伤的发生。

2. 拉伸使猛劲，危害很可怕

拉伸的目的，是利用肌肉肌腱的弹性及延伸，刺激肌肉梭神经及肌腱感受小体的神经信息，而逐渐地增加伸展的潜力及忍受力。因此，无论是律动式或固定式（连续30秒以上）的拉伸，拉伸的动作都要缓慢而温和，千万不可猛压或急压，尤其忌讳在拉平常拉压不到的部位时，一些人为求速成而猛烈地急压，或他人施加外力帮忙，容易因用力不当，拉伤肌腱，对人体造成损害。

3. 别只拉伸一个肌肉群

有些人拉伸时只喜欢拉手部，或是只做拉脚部的运动，这样就会导致只有一个肌肉群运动，可能影响人体结构的平衡。从医学的角度来说，对同一个动作，可能有许多肌肉共同组成相同功能的群体，协同完成动作；但是这些肌肉，因为解剖位置的不同，可能需要靠不同的拉伸动作才能伸展到；除了协同肌，方向作用相反的拮抗肌也必须对等地拉伸；如果协同肌在拉伸时有漏网之鱼，在进行某些极限动作时便可能无法"登顶"而受伤；如果拮抗肌没有全部伸展，则在强烈收缩时失去平衡，也会使之受伤。因此，人们在拉伸时不能总是拉伸某一个肌肉群，而要让身体全方位都享受拉伸的养生保健功效，以维护人体的平衡。

拉伸的程度宜"酸"不宜痛

拉伸是一个循序渐进的过程,不能猛力拉伸,以免拉伤肌腱。具体来说,就是要求人们拉伸的程度以感觉有点"张力"或"酸"为宜,绝对不能到"痛"的程度。从医学的角度来说,拉伸时产生"张力"或"酸"的感觉,是肌肉感觉神经元正确地反映出了拉伸的效果;但拉伸到"痛"的感觉,便已接近受伤,此时如果继续拉伸,就可能造成关节和肌肉活动范围过大,导致自身的伤病。

更具体一点来讲,是因为每个人的生命都赋予身体两种保护机能,它们都是特殊的神经细胞。一种类型的神经细胞在肌肉过度拉伸时会把信号传递给大脑中枢;第二种神经细胞是保护性机能的一部分,被称为"拉伸反射"。当第二种神经细胞感到某种拉伸动作过快时,大脑中枢神经就反射性地收缩拉伸的肌肉,其作用恰如汽车的"减震器",在肌肉可能被拉伤之前使动作变缓直至终止。当你过度地拉伸某一块肌肉,开始产生"拉伸反射"时,神经组织就会向大脑发出信号要求停止拉伸或减弱拉伸强度,大脑中枢神经就反射性地收缩拉伸的肌肉,从而使你产生"痛"的感觉。此时应立即减弱拉伸的强度,直至停止。

总之,为了充分拉伸肌肉或关节,你必须轻柔舒缓地进行拉筋练习,以避免产生"拉伸反射"。花上三四十秒钟的时间轻柔地进行拉筋练习直到拉伸的肌肉产生轻微的疼痛,这就是身体允许的最大范围拉伸的临界点,过了这个点,肌肉就可能被拉伤。

运动前和运动后都别忘拉伸

人们知道运动员为了挑战生理极限,常常进行剧烈的运动,因此时常发生肌腱拉伤的情况。其实,运动不仅可能拉伤肌腱,还可能引起筋缩。

对于那些经常运动的人来说,他们觉得自己筋骨活络,因此常常忽视运动前的拉伸运动,只是随便动动手脚、挥挥手臂,几分钟了事。更有甚者,运动前根本不做热身运动,这是非常错误的做法。

在做热身运动时要尽量激活全身肌肉,避免进行单调重复的拉伸运动,而使得某些部位频繁运动,而其他部位活动程度却不够。所以,运动之前一定要进行全面的拉伸,以增强身体的柔韧性,减少意外伤害。

另外,一般人只记得运动之前要拉伸,而运动后身体疲倦时,只想着坐下休息,没有想到运动后也要拉伸。其实人们在运动之后,虽然肌肉酸痛,但是仍应再缓和地做一次拉伸,使肌肉纤维重新调理,加快疲劳缓解速度,下一次运动时肌肉的状况也会更好。

第二章

日常休闲拉伸

拉伸：适合全家人的健身与运动

第一节 家居休闲拉伸

家居简易拉伸

健身锻炼不一定非要去健身房、非要用健身器械，其实在日常的家居生活中进行一些简易的拉伸运动，同样也能获得健康。

（1）头颈部运动。

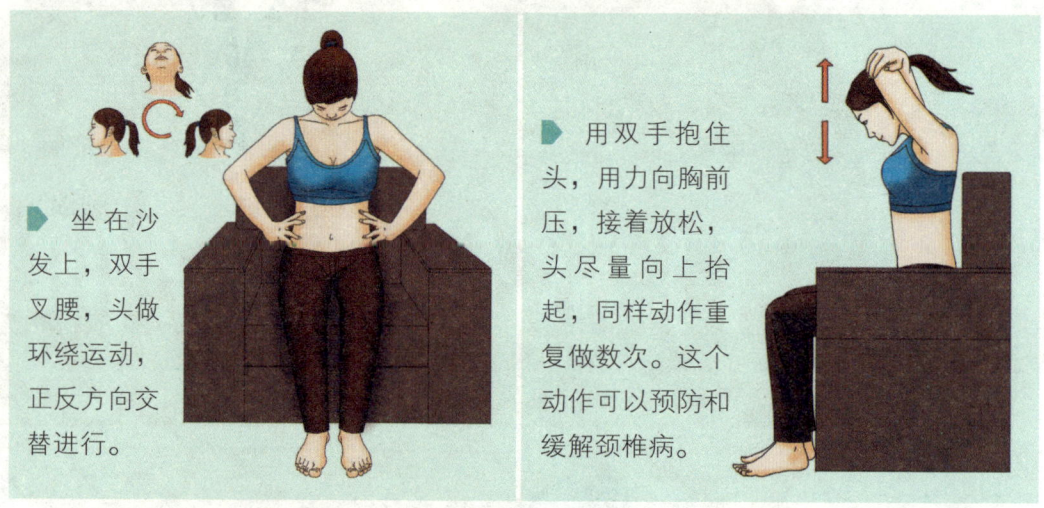

▶ 坐在沙发上，双手叉腰，头做环绕运动，正反方向交替进行。

▶ 用双手抱住头，用力向胸前压，接着放松，头尽量向上抬起，同样动作重复做数次。这个动作可以预防和缓解颈椎病。

（2）上肢运动。

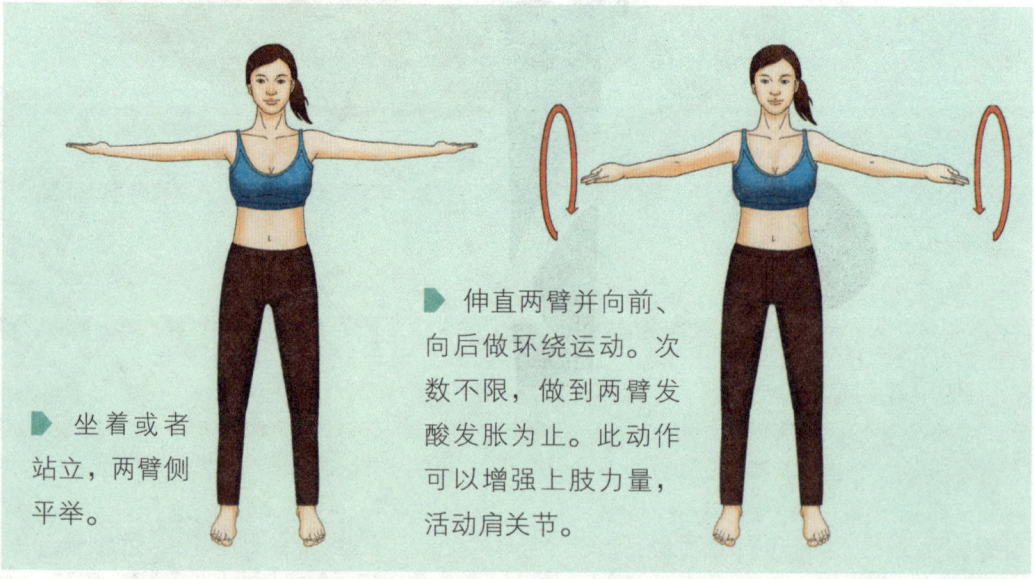

▶ 坐着或者站立，两臂侧平举。

▶ 伸直两臂并向前、向后做环绕运动。次数不限，做到两臂发酸发胀为止。此动作可以增强上肢力量，活动肩关节。

（3）腰部运动。

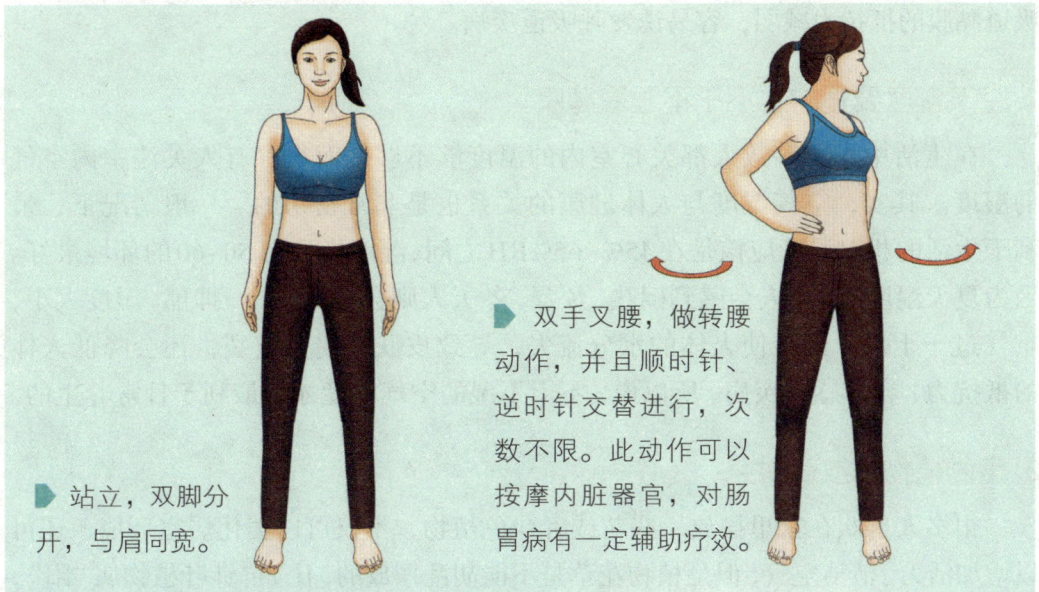

▶ 站立，双脚分开，与肩同宽。

▶ 双手叉腰，做转腰动作，并且顺时针、逆时针交替进行，次数不限。此动作可以按摩内脏器官，对肠胃病有一定辅助疗效。

（4）下肢运动。

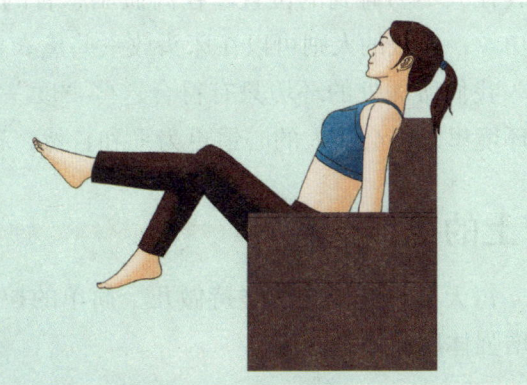

▶ 坐在沙发上，双手放在身体两侧，上身向后仰，双手支撑身体，双脚尽量勾起脚尖，并抬起与地面成45度夹角，做脚蹬自行车的动作，以增加下肢力量。

此外，远离邪气侵犯，不只局限于从人体本身做起，还要利用好外部环境这个客观因素。居处的环境应该适宜人生活，对健康能起到积极正面的影响。要达到这样的环境要求就要遵循这些要求：

1. 室温要适中，过高过低都对健康不利

人体对生活环境的温度是有一定要求的，不能太高，也不能太低。一般情况下，人体最舒适的环境温度，夏季为25~27℃，冬季则为18~20℃。

这是因为，如果室内温度过高，就会影响人的体温调节功能，由于散热不良而引起体温升高、血管舒张、脉搏加快、心率加速；反之，如果温度过低的话，

则会使人体代谢功能下降，脉搏、呼吸减慢，皮下血管收缩，皮肤过度紧张，呼吸道黏膜的抵抗力减弱，容易诱发呼吸道疾病。

2. 空气湿度要适中，不干不湿最健康

在生活中，大多数人都关心室内的温度够不够，而很少有人关注室内空气的湿度。其实，空气湿度与人体健康的关系也是非常密切的。一般情况下，最利于生活的相对湿度应该是在45%~65%RH之间，湿度指数为50~60的环境最好。因为夏天湿度过大，人会感到闷热、烦躁，冬天人则会觉得阴冷、抑郁。湿度太小，空气过于干燥，则会使人体的水分流失，导致皮肤粗糙、皲裂，还会降低人体的抵抗力，容易感染疾病。所以说，不干不湿的空气湿度才是最利于日常养生的。

3. 室内植物摆放有讲究

很多人喜欢在家里摆放一些花或者绿色植物，不仅可以美化居室环境，还可以增加活力、清洁空气，但是植物花草是不能胡乱摆放的，比如：针叶植物属"阳"，可放置在朝南的房间内；低垂圆叶植物属阴，可放置在朝北的房间；多刺的植物要放在人不易碰到的位置。在高血压患者的卧室里放一些艾叶和银花，有降血压的功效；失眠的人则可以在床头放一些薰衣草，可以加速睡眠。

我们所居处的环境只有符合这些"度"，才是最适宜人生存的。生活在这样的环境里，也会让人的心情更为平和自然，这对健康是大有益处的。

床上的拉伸

每天早晨起床之前坚持做几个简单的拉伸动作，会使你全天精力充沛，有利于增强体质、增进健康。

1. 床靠俯卧撑

▶ 以俯卧撑的姿势靠在床靠侧边，手掌在肩膀的下方，双腿伸直，双脚着地，以肩宽的距离分开双臂。背部保持挺直，小腹收紧，弯曲手肘放低身体，胸部向床的方向靠，伸直手臂，把身体推起来。重复15次。

2. 枕头仰卧起坐

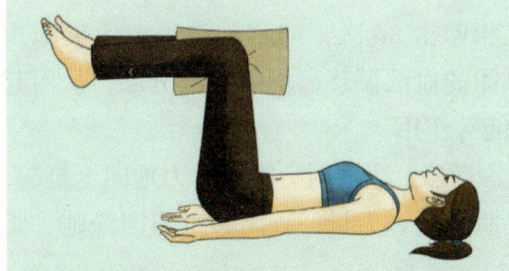

🔺 脸朝上躺在地上，膝盖弯曲，双脚并拢，小腹收紧；把枕头夹在两膝盖之间，抬起双腿离开地面，膝盖90度弯曲，令大腿与身体垂直。

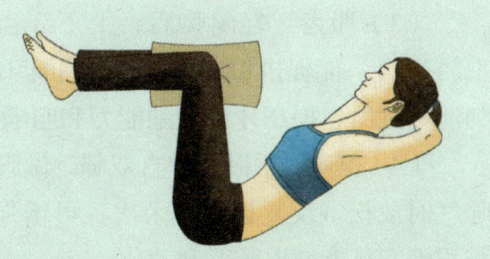

🔺 然后，双手放在头部后方，呼一口气，尽量抬起身体，双脚压紧枕头。保持手肘向外，目光向上，吸一口气，放下头部。重复15次。

3. 触地箭步蹲

🔺 双脚以臀宽的距离站立，小腹收紧，把枕头放在前面离自己大约一步距离的地方。右腿往前跨步蹲下，膝盖要在脚趾后方，把枕头举起来。

▶ 然后，右腿用力，带动身体站起来，抬起右脚的同时把枕头举到头顶。保持动作，呼吸一次。

接着右脚向前跨步蹲下，把枕头放回地上。重复10次，换另一侧再做。

除了一些拉伸保健动作，还可以用下面的辅助小动作来保健健身。

（1）搓脸：早晨起床后，先用双手的中指同时揉搓两个鼻孔旁的"迎香穴"数次。然后上行搓到额头，再向两侧分开，沿两颊下行搓到颏尖汇合。如此反复搓脸20次，有促进面部血液循环、增强面部肌肤抗风寒的能力、醒脑和预防感冒的功效。长此以往，还能减少面部皱纹，改善容颜。

（2）转睛：运转眼球，宜不急躁地进行，先左右，后上下，各转10次，能提高视神经的灵活性，提高视力。

（3）叩齿：轻闭嘴唇，上下牙齿互相叩击36次，间宜旋舌，以舌尖舔顶上腭数次，能促进口腔、牙齿、牙床和牙龈的血液循环，增强唾液分泌，从而起到清除污垢、提高牙齿抗龋能力和咀嚼功能等作用。

（4）挺腹：平卧，伸直双腿，做腹式深呼吸。吸气时，腹部有力地向上挺起，呼气时放松。反复挺腹十余次，可增强腹肌弹性和力量，预防腹部肌肉松弛、脂肪积聚，且能健胃肠、利消化。

（5）提肛：聚精会神地提紧肛门十余次，可增强肛门括约肌力量，改善肛周血液循环，预防脱肛、痔疮、便秘等。

（6）梳头：坐在床上，十指代梳。从前额梳到枕部，从两侧颞颥梳到头顶，反复数十次。可改善发根的营养供应，减少脱发、白发，促进头发乌亮，且能醒脑提神、降低血压。

（7）弹脑：坐在床上，两手掌心分别按紧两耳，用示指、中指和无名指轻轻弹击后脑，反复3~4次，可解疲乏、防头晕、强听力、治耳鸣。

（8）猫身：趴在床上，撑开双手，伸直并拢双腿，翘起臀部，像猫拱起脊梁那样用力拱腰，再放下臀部。如此反复数十次，可锻炼腰背、四肢的肌肉和关节，促进全身气血通畅，治腰酸背痛。

利用家具拉伸

下面介绍几种在家利用家具等物品进行拉伸的方法：

1. 地毯拉伸

对于家里铺了地毯的人来说，墙角转弯处的地毯就是你绝佳的拉伸场所。在地毯上拉伸的正确方式为：

▶ 寻一处墙角转弯处，面向墙，躺下，双手伸直紧贴地面，右腿或左腿举起并紧贴墙面，另一只腿与举起的腿呈90度直角向外撇开，坚持几分钟，寻一处墙转弯处，换另一只腿拉伸。

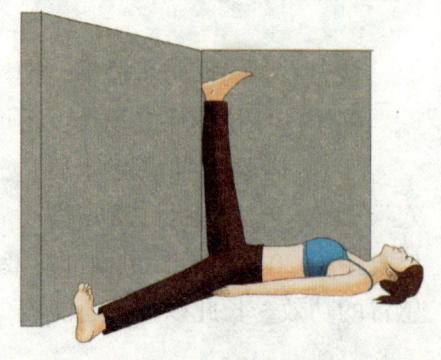

2. 板凳拉筋法

▶ 将两张椅子（餐椅）并排，靠墙将一条腿伸直，两条腿成 90 度弯曲，脚放平。这个动作办公室里也可以进行，但是要注意现在办公室大多是带轮子的椅子。万万不可用这种椅子练习，不安全，不适合拉伸。

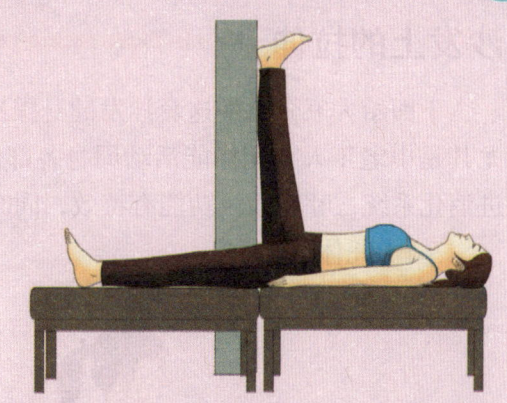

3. 飘窗拉伸法

我们现在居住的房子，大多数都有飘窗，飘窗呈矩形或梯形向室外凸起，三面都有玻璃。窗台干净整洁，空气清新，适合拉伸。在飘窗内拉伸，注意背部，脊椎要躺平躺好，不宜半个身体悬空。

4. 公园亭柱拉伸

公园里有些亭子，亭柱和座位是连在一起的，这样就可以拉伸了，而且公园里绿化较好，是拉伸的最佳选择。需要提醒的是还要注意保护背部和脊椎，千万不要半身悬空。

5. 吊树拉伸法

选择较直的树枝，树枝一定要有足够的承受力，小心折断。

▶ 双手将身体吊起来，可以防止肩周炎。如果是年老体弱者，旁边一定要有人保护。与吊树拉伸法相似的就是单杠，比较安全。

6. 吊门框拉伸法

有的房子设计的门上方有一个玻璃窗，门框中间的横条，也可以用来拉伸。但是，小心门框上有刺伤到手，最好戴个手套比较安全。

上面介绍的这些拉筋方法，都比较简单易行，刚开始拉伸可能会有些疼痛，要循序渐进，坚持练习。

拉伸：适合全家人的健身与运动

沙发上的拉伸

下面给大家介绍的这套沙发健身操易学易练，且富有随意性，适合成年人使用，尤其是中老年人。此操能活动周身各部位，尤其对各关节锻炼效果尤佳，并对促进消化系统、呼吸系统功能有特效，同时可提高两手臂、双腿的承受能力。

（1）托体运动。

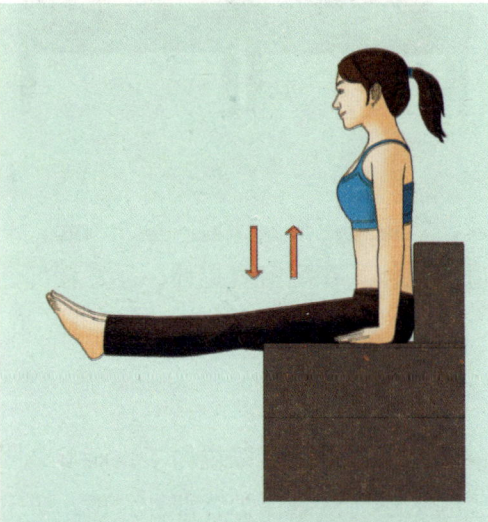

▶ 坐在沙发上，双手手臂扶住沙发扶手，用力将全身撑起，两腿向前方尽量伸直。反复撑起、落下，重复此动作数次。

（2）拧体运动。

▲ 身体成俯卧状态，双手扶住沙发扶手，双腿向后伸直。

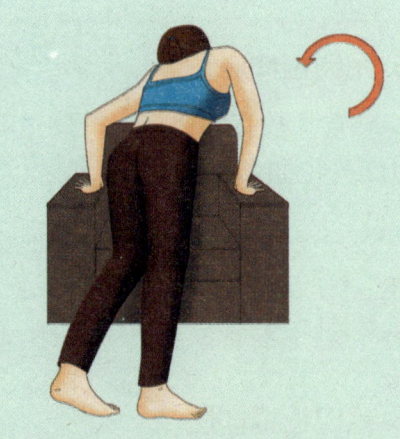

▲ 由下朝上，先向右拧转身体，以40°～45°朝上方扭动头颈及全身，整个身体随头颈部的拧转而运动。朝上时吸气，返回时呼气。再向左转，重复数次。

（3）横向打挺运动。

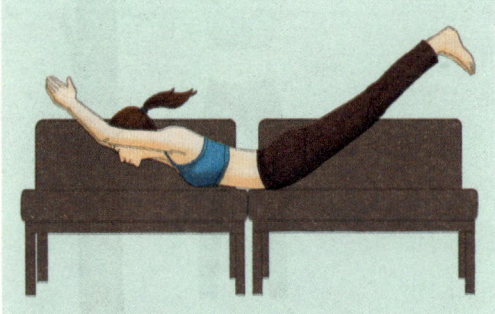

▶ 站在地上，由两沙发一侧将身体躺入沙发内，像鲤鱼打挺一般。

（4）蛙游运动。

▲ 臀部坐在沙发前沿处，双臂扶在沙发扶手上，双腿向前同时并齐伸出，再向左右分开、收回，重复数次。

（5）自由式游泳运动。

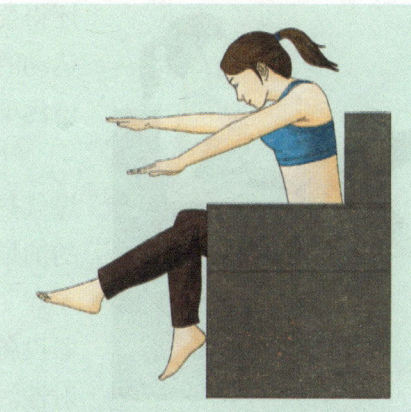

▲ 坐在沙发上，双臂扶在沙发扶手上，双腿做自由式游泳时的动作，双臂向前摔拍。

（6）项背运动。

▲ 面对沙发，双手放在扶手上，将头顶到沙发靠背的底部，身体左右摇摆。

（7）托肩运动。

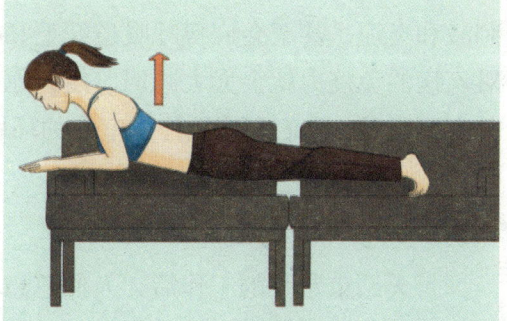

▲ 两只单人沙发对放，躺入两沙发中，两臂压在扶手上，将上身提起、放下，重复此动作。

（8）擎腿运动。

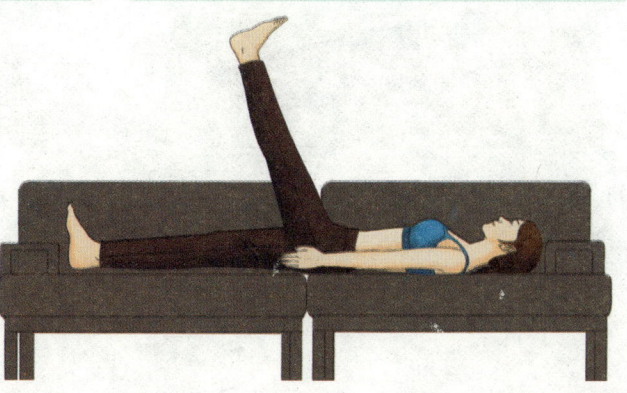

▶ 两只单人沙发对放，靠紧。躺在沙发内，将双腿交替朝上方伸擎，如此反复。

（9）臀部运动。

▲ 臀部坐在沙发前沿处，双臂扶在沙发扶手上，双腿向前上方交替蹬出，就像骑自行车一般，此动作重复做若干次。

要想让这套拉伸运动起到最大的效果，当然还得要有清新无污染的家居环境，因为在做拉伸运动时吸入体内新鲜的空气是很重要的。室内环境污染按照污染物的性质主要分为三种：

（1）化学污染：主要来自装修、家具、玩具、煤气热水器、杀虫喷雾剂、化妆品、抽烟、厨房的油烟，等等。

（2）物理污染：主要来自室外及室内的电器设备产生的噪声、光和建筑装饰材料产生的放射性污染等。

（3）生物污染：主要来自寄生于室内装饰装修材料、生活用品和空调中产生的螨虫及其他细菌等。

这些有害物质相互影响会加重室内污染对人体健康的危害，比如室内空气中的化学性污染会对人体的皮肤黏膜和眼结膜产生刺激和炎症，甚至会麻痹呼吸道纤毛和损害黏膜上皮组织。在这种情况下，人体对疾病的免疫力就会大大减弱，使病原微生物易于侵入人体并对人们的健康造成危害。所以，人们要特别注意室内的环境污染，特别是新房和新装修的家庭。

卧室徒手拉伸

每天结束紧张的工作后，人们总想赶紧回到温暖的家，躺在舒适的床上，美美地睡去。这里给大家推荐几组卧室拉伸的保健方法。不要急于赖到床上，先做几组拉伸，对健康、身材的保养都是有好处的。

（1）大腿前部运动。

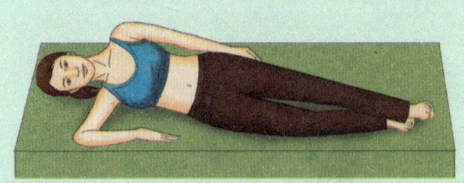

▲ 在床上侧卧，让靠床一侧的上肢肘部弯曲支撑在床上，使上身立起，同一侧下肢膝部稍弯曲，使下身稳定。保持1~3分钟，换另一侧进行。

▲ 俯卧，下肢膝关节弯曲，足背伸直向后，同时用同侧手握住足背尽量向后牵拉，使大腿前面的肌肉充分伸展。保持这个姿势30~40秒钟。

（2）大腿后部运动。

▲ 把一侧下肢伸直后放在30~40厘米高的座椅上，足尖朝上。另一侧下肢膝部稍弯曲，足尖向下前方，保持站立稳定。

▲ 双手放在大腿根部，腰部向正前方，接着上身挺直，从腰部开始向下轻压身体，胸部尽量靠近下肢，保持30秒钟后，大腿后部的肌肉可以得到充分伸展，再缓缓恢复初始状态。反复数十次，换另一侧下肢重复做同样动作。

（3）臀与股内侧运动。

▲ 腰部挺直，盘腿坐在床上，双脚足心相对，放在胸前，双手握住足背，双肘分别放在双膝部位。

▲ 背部挺直，身体前倾缓缓下压，让上身尽量贴近床面。保持此姿势约30秒钟，接着再缓缓恢复初始状态。此动作可反复多次，要注意的是，如果双肘触碰不到膝部，双膝不可离地面太远，同时还要配合做深呼吸。

（4）腿部运动。

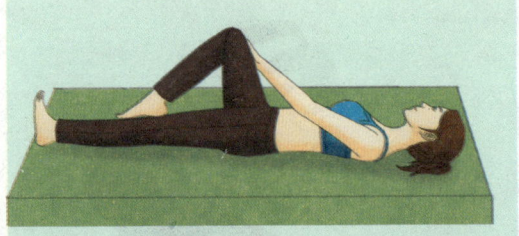

▲ 在床上仰卧，将左腿伸直，右腿膝部弯曲后放在左腿上，并用左手按住右腿膝部。

▲ 做深呼吸的同时，用按住右膝部的左手，轻轻地尽量地把右腿向胸上部牵拉，并保持不动，同时右臂要伸直平放，右肩部不要离开床。恢复初始状态后向相反方向做同样动作。

生活细节中的拉伸

这里给大家介绍一些在日常生活间隙中做的小小的拉伸运动，既可合理利用时间又可很好地保健身体。

（1）早上起床时，先在床上做猫拱脊的动作，舒展筋骨。起床后，用力伸展四肢，两手十指张开尽量伸展，打哈欠，伸懒腰，使四肢关节活动舒展拉伸。

（2）刷牙洗脸时，脚趾抓地，右脚着地，左脚抬起，用脚底撑在右腿的大腿内侧，左大腿向侧面尽量打开，以保持身体平衡，然后换腿进行。同时，家里的毛巾尽量挂得高些，这样经常踮起脚尖去拿去挂，有利于伸展身体。

（3）穿鞋袜时，不要坐着，做"金鸡独立式"，这样有利于锻炼身体的平衡能力。

做家务时的拉伸

下面就为大家介绍几种简单易学的拉伸方法，可以让你一边做家务一边锻炼身体，而且效果也相当不错。

1. 踮脚

洗碗或洗菜时，双腿稍稍用力，踮起脚尖，吸气时，抬起脚跟，呼气时，放下脚跟，整套动作做10次，这样既可以拉长小腿肌肉，又可以减轻长时间站立的疲劳。

2. 单腿

站立切菜时，将全身重心放在一条腿上，另一条腿则迈出一步，脚尖着地，腿用力伸直，向侧面提起，保持20秒钟，换另一条腿。

3. 弯腰

洗碗时若弯腰时间过长会使你的腰部肌肉感到疲劳。结束洗碗池边的工作时，两脚分开与肩同宽，距池边有一大步距离，双手扶着水池边缓缓弯腰，以拉伸腰背肌肉，下压5次。

4. 下蹲

将炊具放在橱柜最下层，每次必须蹲下才能拿到炊具。下蹲时两腿并拢，腰部以上部位用力挺直，这样可以锻炼腰部及大腿的力量。

5. 转腰

洗碗或洗菜时要顺便多运动一下腰，不要把洗好的东西就近放在手旁，双脚原地不动，通过转腰将洗净的物品放在身后的某个位置。

6. 转头

利用炒菜等待的间隙，站在锅边活动一下头部及肩部。头部向左和右交替转动，可缓解颈部疲劳。

7. 手臂伸展

拿取较高位置的调料或炊具时，不要随意地一拿了事，要用力伸展手臂，将力量由大臂一直传导至指尖，同时双腿用力，踮脚尖。

厨房里的拉伸

都市人常常抱怨没有时间锻炼，而如果你经常进厨房，可按如下方法进行厨房健身。

（1）单腿站立：在站立劳动时就可以做这个动作，将重心放在一条腿上，另一条腿迈出一步，脚尖着地，腿伸直并向侧面抬起，保持一会儿，再交换另一侧重复做，这个动作可以缓解腿部的疲劳。

（2）转腰：干活的时候尽量多运动自己的腰，不要把需要的东西都放在手旁，而是放在身后的位置，想要取东西时保持双脚原地不动，利用腰部力量尽可能地转身，就可以经常活动腰部了。

（3）压腰：长时间站在洗碗池边，会使腰部疲劳，所以可以两脚分开与肩同宽站立，距池边距离稍远，双手扶住池边，向下压腰，这样可以拉伸背部与腰部的肌肉。

（4）伸展手臂：在等待饭菜做熟的过程中，可以将双手支在冰箱或者桌子上，手臂弯曲、双腿绷直，让上身缓缓地向冰箱或者桌子靠近。一般每次做饭都能做上15次这种厨房里的"俯卧撑"。

（5）舒展全身：在做饭需要等待的空隙中，可以舒展一下不知不觉中紧张起来的肌肉，双臂曲肘放于头后，左手握住右手时，身体向侧面弯腰，转动颈部和肩膀，这些动作幅度不必过大，但都可以有效地伸展全身，使身体得到最大限度的放松。

睡前放松拉伸

睡前放松操不仅能减轻疲劳，而且能提高睡眠质量，下面介绍七步睡前放松操。

（1）旋转颈部：直立，手臂自然下垂，尽可能地向左、右、前、后伸展颈部。如果感到颈部疼痛，应去医院做检查。

（2）转肩：头不动，慢慢地向前、向后转肩。

（3）抬臀。

▲ 先蹲立，再两手向背后伸出撑地。

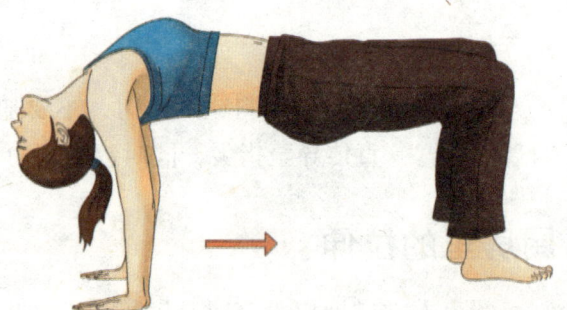

▲ 然后向上抬臀，两手慢慢地向脚后跟靠拢。20秒钟后恢复到开始姿势。

（4）两臂上举。

▲ 两手臂置于头上，十指交叉，两臂紧贴耳部，做最大限度的手臂上伸动作；然后十指分开，两臂在空中自然抖动，放松上肢肌肉。

（5）抖手捶腿。

站立，两臂在体前放松甩动并抖动，以放松肌肉。用手捶打、搓动大腿肌肉，使大腿放松。

（6）空中抖动下肢。

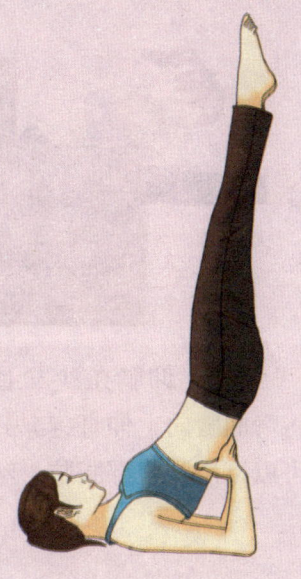

（7）滚动。

▲ 在床上或席上，两手抱膝而坐，然后成球形前后滚动。可放松背部肌肉、减轻腰痛症状。

◀ 仰卧，双手托住腰，并努力使臀部和下肢向空中竖起，在空中进行下肢的抖动，借以放松大腿肌肉；再屈膝坐于床上，用双手搓动小腿的"腿肚子"，放松小腿肌肉。

看电视也不忘拉伸

人体的健康靠的是日积月累，只有天天保健，才能换来天天健康，不要小看一些小动作，时间一长，它就是你最好的保健医生。看电视休闲的时候，就是做这些小动作的最佳时机，既能看到自己喜欢的电视节目，同时又能健身保健。不妨按照下面的步骤试试：

（1）仰躺在沙发上，双手抱头，两腿夹住垫子，向上抬起，来回做5~10次。这个动作可以燃烧腹部、臀部及腿部的脂肪。

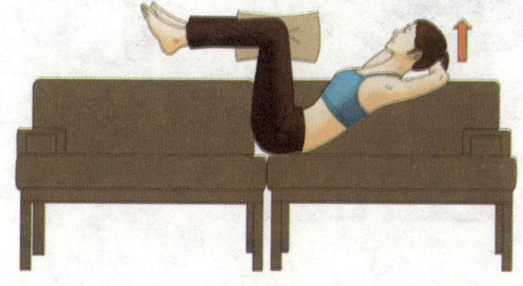

拉伸：适合全家人的健身与运动

（2）坐在沙发上，两腿向前伸直，双手向后交叉，将前胸尽量贴在腿上，注意不要弓背。这个动作能够使胸部肌肉更紧实，同时锻炼腰、臀部肌群。

（3）坐在沙发上，双腿并拢，两手在脑后交叉。上身向前倾，贴在腿上，注意上身始终保持挺直。这个动作可以保健腰腹部。

（4）坐在沙发上，两臂伸直，双腿并拢，大腿向上抬，与沙发面成45度，上身保持不动，两腿交叉。这个动作可以消除腹部、臀部赘肉，塑造大、小腿线条。

（5）一腿伸直，另一腿弯曲侧躺在沙发上，双手在胸前交叉，上身向弯曲腿相反方向侧弯。可以燃烧腹部脂肪，拉紧大腿外侧线条。

（6）仰躺在沙发上，一腿伸直，另一腿弯曲。将弯曲腿向上伸直，与另一腿成90度。反复做5~10次。可以燃烧腰腹部脂肪，塑造腿部线条。

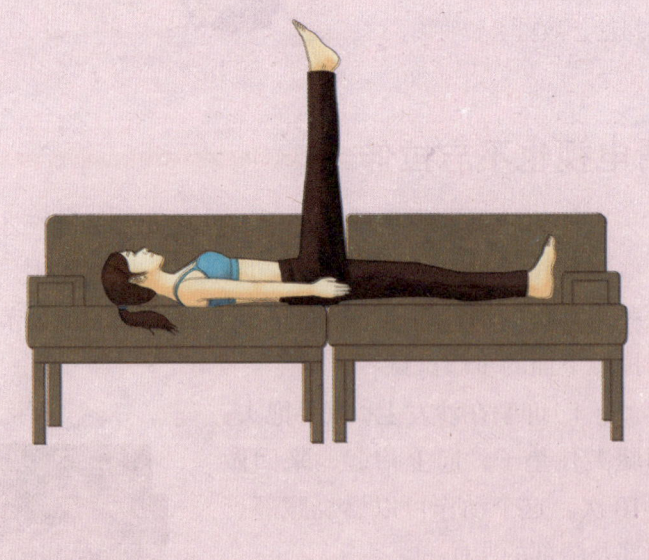

（7）侧身坐在沙发上，一腿伸直，另一腿弯曲成45度，上身保持直立，双手抱头，转动腰部成45度扇面，转动身体。

为了避免电视综合征的发生，还自己一个健康的身体，看电视就要注意以下事项：

1. 时间不宜过长

连续看电视最好不要超过1小时。时间过长会造成视觉疲劳，并可诱发青光眼。眼睛长时间在光线较强的彩色电视屏幕刺激下，眼底视紫质消耗过多，眼晶状体和眼球肌就要用力，引起眼压增高，出现头痛、头晕、身体倦怠和流泪等症状。据测试，视力1.5的人，连续看电视2小时，视力将一过性下降到0.7~0.8或更多。如果长期长时间看电视，还会引起永久性视力下降。

2. 不宜看刺激性太强的节目

有报道称，某国家老年人在电视机前猝死的人数竟占全部急性死亡总人数的1/4，原因与这个国家放映惊险、武打、球赛、竞技等刺激性过强的节目有关。猝死是因为原有的冠心病由于强烈的精神刺激，导致血压骤增或冠状动脉痉挛，造成急性心肌梗死或诱发心室颤动，从而使心搏骤停所致。

3. 不要久坐不动

看电视时要经常站起来活动一下肢体，既可松弛精神，减轻疲劳，又可预防因下肢血液流动不畅而导致下肢静脉血栓的形成，后者有可能引发肺栓塞而危及生命。

4. 注意光线、距离和位置

看电视时房间里最好开一盏小瓦数的灯，电视屏幕的亮度要适中，对比度要适当。电视机的位置应略低于视平线，人与电视机的距离，要大于屏幕对角线5倍以上，但也不宜距离太远。不要躺着看电视。这样的光线、距离和位置，对视力和健康才有益。

5. 不宜边看电视边吃饭

看电视最好在吃完饭半小时以后。边看电视边吃饭，会影响食物在胃肠内的消化，长期如此，易引起消化系统疾病。

散步时的拉伸

散步是一种非常适合老年人的健身方法，适当地散步，可以起到延年益寿的作用。

不同体质的人可以选择不同的散步方法。

1. 体弱者——甩开胳膊大步跨

体弱者要达到锻炼的目的，每小时走5000米以上最好，走得太慢则达不到强身健体之目的。时间最好在清晨和饭后，每日2~3次，每次半小时以上。

2. 肥胖者——长距离疾步走

肥胖者宜长距离行走，每日2次，每次1小时。

3. 失眠者——睡前缓行半小时

晚上睡前散步，缓行半小时，可收到较好的镇静效果。

4. 高血压患者——脚掌着地挺起胸

高血压患者散步，步速以中速为宜，行走时上身要挺直，否则会压迫胸部，影响心脏功能，走路时要充分利用足弓的缓冲作用，要前脚掌着地，不要后脚跟先落地，否则会使大脑不停地振动，容易引起一过性头晕。

5. 冠心病患者——缓步慢行

冠心病患者散步步速不要过快，以免诱发心绞痛。应在餐后1小时后再缓慢行走，每日2~3次，每次半小时。

6. 糖尿病患者——摆臂甩腿挺起胸

糖尿病患者行走时步伐应尽量加大，挺胸摆臂，用力甩腿。最好在餐后进行，以减轻餐后血糖升高，每次行走半小时或1小时为宜。

我们还要注意在散步前后，要进行一些拉伸热身活动，可以使散步健身达到理想的效果，拉伸方法如下：

（1）选择一处坚实的支撑物，双腿一前一后站立。抬起手臂，将前臂靠在支撑物上，额头枕于手上。

弯曲前面的一条腿，前脚指向正前方，伸直后面一条腿，将髋部缓慢前移，腰部保持平直。拉伸时，后面一只脚的脚跟不能离开地面，脚尖要指向正前方，或者稍稍偏于内侧，做动作不要太快。保持轻松拉伸10~15秒钟，然后交换双腿的前后位置，再重复做同样的练习。

（2）双腿一前一后站好，将膝盖略微弯曲，并让髋部下移。做这个动作时，要让背部始终保持平直，后面一只脚的脚趾稍微向内，或者指向正前方，但不能让脚后跟离开地面。将这个姿势坚持10秒钟。

（3）左手从身后握住右脚前部，将右脚脚跟向臀部轻轻拉伸。将这个姿势保持10~20秒钟。并且每条腿都做同样的动作。

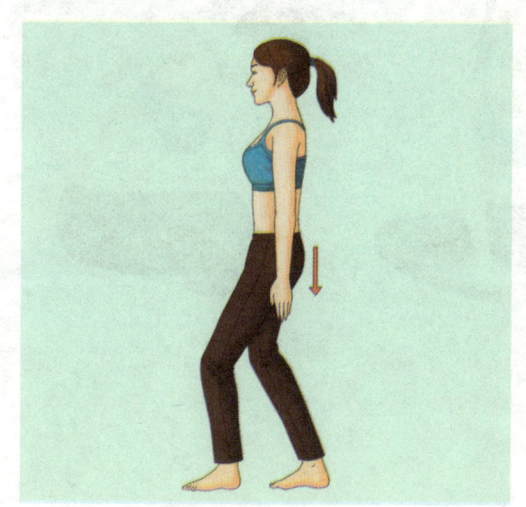

（4）略微弯曲膝部，脚后跟平贴地面，两脚尖指向正前方，双脚分开站立，与肩同宽。将这个姿势保持30秒钟。

（5）站立姿势，双脚分开约与肩同宽，脚尖指向正前方。

身体轻轻向下弯曲，并略微弯曲膝盖，以便使腰部的压力得到减缓。颈部和手臂尽量放松，缓慢拉伸到两腿后部产生轻微的拉伸感。保持这个拉伸姿势5~15秒钟。

（6）后脚的前脚掌撑地，前腿屈膝，使大腿与地面保持平行，双手重叠置于前腿上，髋部下压以产生轻微的拉伸感。将这个动作坚持做5~15秒钟。

（7）双脚合十，两手分别握住两脚的脚趾。

轻轻地由髋部开始向前弯曲身体，直到腹股沟部位产生舒适的拉伸感。同时，后背有同样的拉伸感。将这个姿势保持20秒钟。

（8）坐姿，把一条腿的膝盖向另一侧肩膀拉，令髋部侧面略微有拉伸舒展的感觉。将这个姿势保持10~15秒钟。

（9）将右腿伸直，让左脚脚底轻轻触碰右大腿内侧。保持一条腿伸直，另一条腿弯曲的姿势。

让身体从髋部慢慢向前倾，逐渐朝右脚靠近，产生轻微的拉伸感。将这个姿势坚持5~15秒钟。另一侧也用相同方式做。

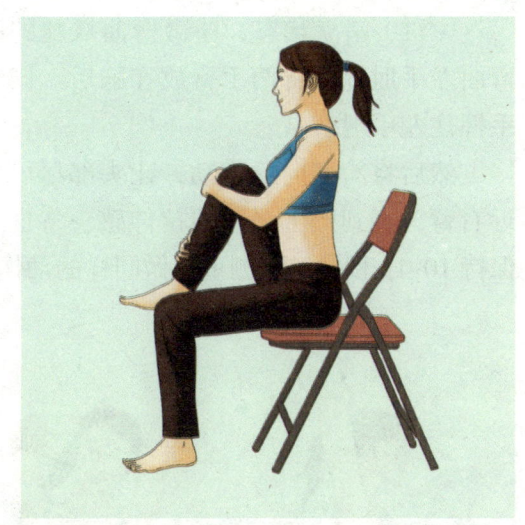

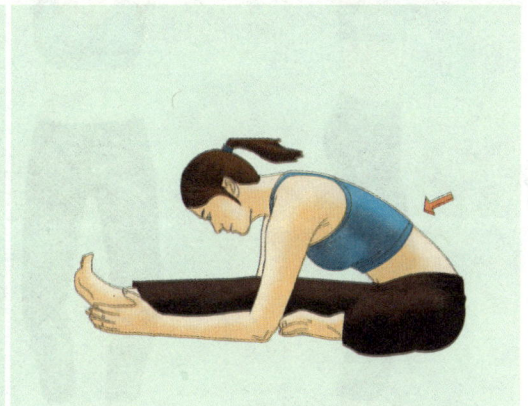

（10）站在门框下方，两只手放在门框的两边，高度与自己的肩膀相当即可。

然后慢慢将身体向前移动，头部和腰背要保持挺直。略微弯曲膝盖。这个动作坚持一会儿，再缓缓恢复到初始姿势。

（11）站立状态，略微弯曲双腿的膝盖。弯曲左手肘部，将两手臂放在脑后。同时用右手握住左手肘。

然后将头部向后移动，让头部尽可能地靠近右臂，直到产生轻微的拉伸感。将这个姿势保持10~15秒钟，两侧重复做同样的动作。

（12）先将肩膀分别向耳朵的方向耸起，这时颈部和肩膀处会稍稍产生一些紧张感。将这个姿势保持5秒钟。然后放松，让肩膀自然下垂。在做动作的同时，心中默念："肩膀上升，肩膀下降"。

散步同其他体育活动一样，也有一套方法和要领。

1. 调身

就是调整身体，使散步的姿势端正。散步的时候，要抬头、挺胸、收腹，两臂前后自然摆动。眼睛要看前方远处的山、树、屋等目标，并注意由远而近、由近而远地调整视力。头部可以缓慢地左右转动，以活动颈部。行走的时候注意用脚的大拇指、脚后跟的内侧用力着地。这不仅对端正姿势有好处，而且对舒经活络，防治静脉曲张、小腿抽筋有一定作用。

2. 调心

就是调整心态，使心境处于宁静、喜悦的状态，丢掉一切烦恼和苦闷，轻松愉快地、专心致志地散步。为了做到这一点,可以边走边欣赏风景,看看蓝天、白云、绿树、红花;还可以用手指梳梳头发,促进头部血液微循环。

3. 调息

就是一边走一边调整呼吸。把体内的二氧化碳等废气从体内慢慢吐出来,把新鲜空气徐徐吸进去,不断进行"吐故纳新"。呼吸要注意轻慢深细,不要憋气,不要拼命用力,保持自然、均匀。

下班后的家居拉伸

上班族虽然很需要运动,但忙碌一天,回家也披星戴月了,户外运动根本不现实,去健身房更没精力。那么,向大家推荐一些在家里就可轻松进行的养生操,对脊骨及全身的养护大有裨益。

(1)躺在床上,双手抱住左腿,将左膝盖往胸部方向靠近,头往左膝盖靠近,停5秒钟,换另一侧,重复10次。

(2)躺在床上,双手抱住双腿,将膝盖往胸部方向靠近,头往膝盖靠近,停5秒钟,重复5次。

(3)盘坐,身体前倾,上臂往前伸展,直到感觉拉伸到背部的肌肉,停5秒钟,要恢复坐姿前,可先将手肘放在膝盖上,再慢慢将身体撑起,重复5次。

（4）坐姿，两腿弯曲抱在胸前，下巴弯向胸部。再缓缓向后躺，前后滚动，放松，重复5次。

（5）四肢跪在地板或床上，往胸部收紧下巴，使背部弓起，停5秒钟，放松，重复10次。

利用矿泉水瓶的拉伸

凹凸匀称的曲线是每一位女性共同追求的梦想，今天我们来学学用矿泉水瓶做拉伸运动，专门针对腰、臀、腿部肌肉进行拉伸锻炼，帮你塑出窈窕下身。

1. 后摆臂拉伸

（1）站立，双脚打开，与肩同宽。肩颈放松，双臂自然下垂，双手各握一个装满水的矿泉水瓶。

（2）上身前倾与地面平行，两臂自然向后抬起，用背部挤压脊椎，然后慢慢还原，重复8~10次。

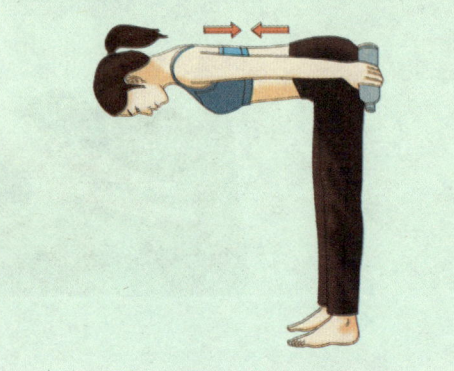

2. 左右臂拉伸

（1）站立，双脚打开，与肩同宽。肩颈放松，双臂自然下垂，双手各握一个装满水的矿泉水瓶，双眼平视前方。

双手持矿泉水瓶朝身前平举，与地面平行时，保持5~10秒钟后还原。

（2）双手持矿泉水瓶朝身体右侧抬起，上臂与地面水平时，保持数秒钟后还原，转向左侧重复该动作，左右两边交替做5~8次。

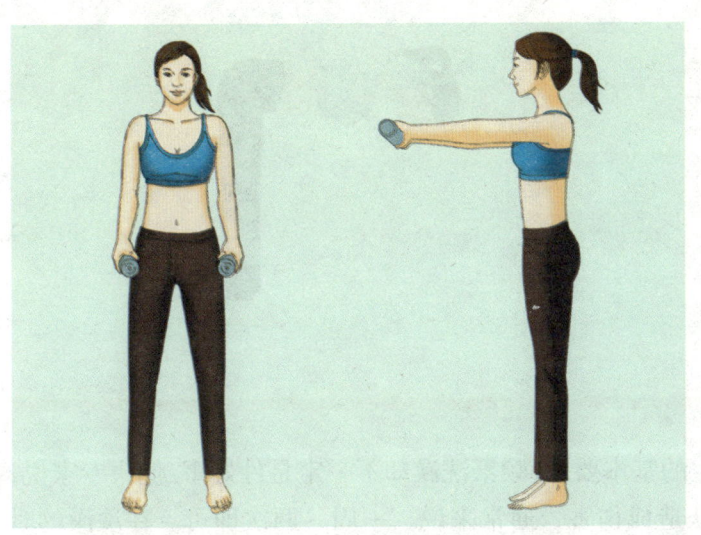

3. 双臂开展拉伸

（1）站立，双脚分开，与肩同宽。双肩放松，双臂自然下垂，双手各握一个装满水的矿泉水瓶，双眼平视前方。

两臂自然从体侧向上抬起，感觉肩部肌肉紧缩。当矿泉水瓶与肩部平行时，保持3~5秒钟后还原，重复5~8次。

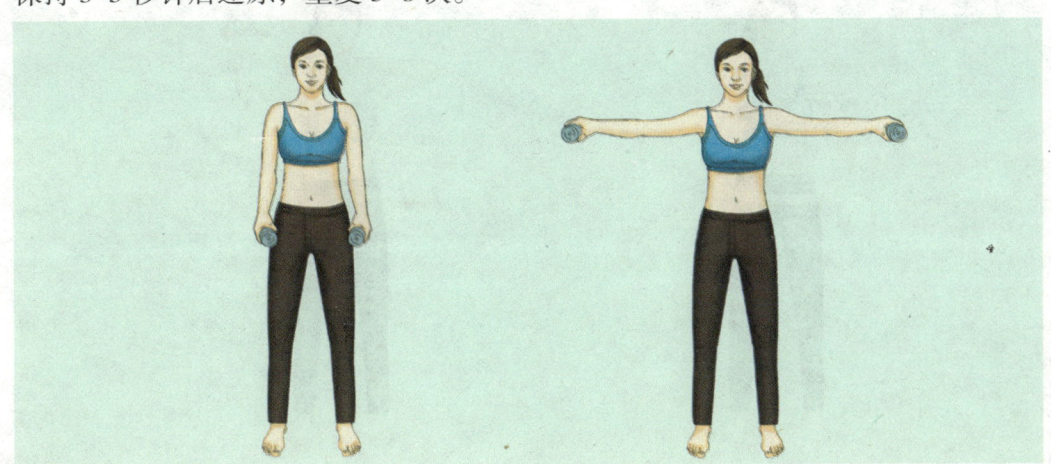

（2）站立，双脚分开，与肩同宽，双肩放松，双臂自然下垂，双手各握一个装满水的矿泉水瓶。

上身前倾至与地面平行，收紧小腹，保持背部挺直，慢慢抬高双臂，使之与肩膀同高。收紧肩胛骨，保持3~5秒钟后还原，重复做10~15次。

浴室拉伸

勤洗澡是保持个人卫生的基本要求，频繁洗澡却不一定是件好事。健康专家说，老人洗澡太勤很容易对皮肤造成伤害，通常来说，一周一两次即可。在洗澡的时候我们可以做一些保健身体的拉伸运动，洗澡健身两不误：

（1）双手分别抓紧毛巾两端，并使毛巾与小腹部紧密相贴。

然后向左右两个方向伸展毛巾，重复练习20次，不断向上移动位置，注意跳过乳房部分，然后在颈部下方，继续左右伸展20次，放松还原。

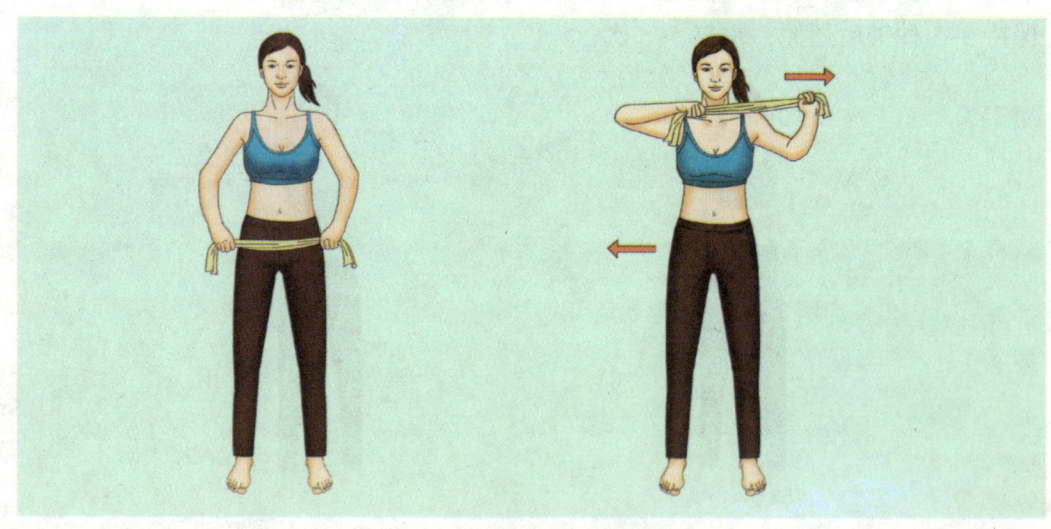

（2）双手分别抓紧毛巾两端，并使毛巾与臀部下方紧密相贴。然后向左右两个方向用力拉动毛巾，不断向上移动，直到腋下。重复练习 20 次后，慢慢向下继续拉动 20 次。

（3）左手抓住毛巾一端置于左肩，右手抓住毛巾另一端置于右臀上方，使毛巾与后背紧密相贴，然后双手不断拉动毛巾，拉动过程中，左手不断移动位置，重复练习 10 次后放松。左右手交换位置，以同样的动作要领继续练习。

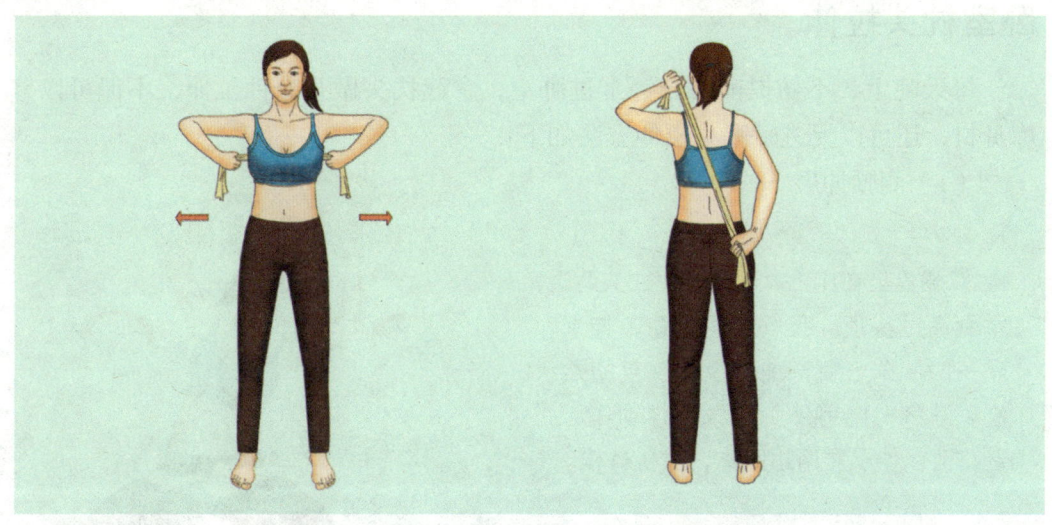

（4）右手抓住毛巾一端置于右肩，左手抓住毛巾另一端置于右臀上方，使毛巾与后背紧密相贴，然后双手不断拉动毛巾 10 次，然后向另一侧移动位置，右手向左肩移动，左手则向左臀移动，再上下拉动毛巾 10 次。

（5）双手分别抓住毛巾两端，使毛巾与肩胛骨紧密相贴，然后双手不断向左右方向拉动毛巾 10 次，拉动过程中，慢慢上移到后颈上部，再继续左右拉动毛巾 10 次后还原。

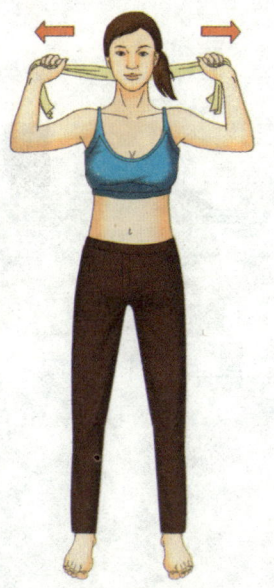

皮肤是人体最大的器官，更需要呵护和休息。就像适当地运动有利健康，而过度地锻炼反而对身体有伤害一样，适当洗澡有利于皮肤清洁，但过频洗浴却可能造成伤害。如清洗太多，不仅对皮肤是一种刺激，而且容易损伤鳞状上皮细胞，使皮肤的自然"防御"功能降低，招致细菌入侵，引起疖肿、癣类等皮肤病。每次洗澡时间不要太长，一般以 15~20 分钟为宜，洗完澡后，需休息片刻再离开。

洗澡的频率要看皮肤的情况和具体的季节来决定，一般冬天洗澡一周 1 次就够了；春天、秋天一周 2 次为宜；

夏天天热出汗多，如果是体质较胖、皮脂腺分泌旺盛、出汗较多的人，洗澡次数可适当增多；但体瘦出汗少的人则最好控制次数，特别是冬天、春天和秋天不出汗的时候，可以用擦澡等方式来代替泡澡。

另外，值得注意的是，老年人或者心脏不好的人宜洗"半身浴"。因为长期浸泡在水中，水压会加重心脏负担，影响血液循环易导致意外。

卧室枕头拉伸

每天晚上，不妨提前几分钟走进卧室，拿起枕头做几分钟拉伸，不但可以修炼身材，还可以促进睡眠。拉伸方法如下：

（1）侧腰伸展。

▲ 双腿盘坐在床上，双手抓住枕头两边，举到高过头顶。吸气的同时朝上伸展，呼气时腰向一侧弯曲。吸气恢复初始状态，呼气时向另外一侧做同样动作。此动作可以伸展腰两边肌肉，放松脊椎。

（2）肩膀拉伸。

▲ 跪在床上，双手从身体后侧抓住枕边。吸气时双臂朝上举高，保持2次呼吸。

▲ 呼气时上身向一侧扭转，保持2次呼吸。吸气恢复初始状态后，向相反一侧重复做同样动作。此动作可以使双臂朝上伸展到极致，充分释放肩胛区肌肉的紧张，还可以达到使大脑放松的效果。

（3）双腿背部伸展式。

● 坐在床上，双腿向前伸，将枕头放在腿上。

● 呼气时上身压向枕头，头向一边，保持5次呼吸。吸气时恢复初始状态。借助枕头可以弥补上身与腿之间的距离，更好地消除双腿的压力，改善睡眠质量。

（4）蝗虫式。

▶ 俯卧在床上，枕头放在胸下，双手交叉后放在下颌的下方。

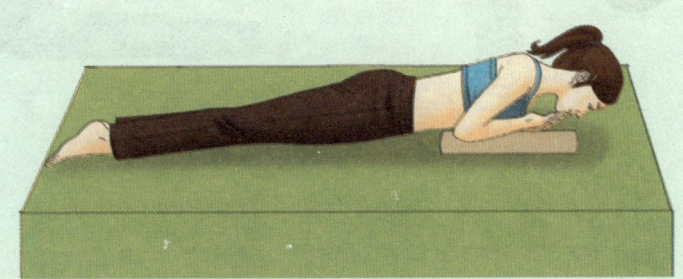

▶ 吸气时一侧腿朝上抬高，保持3次呼吸。呼气恢复初始状态，向相反一侧重复做同样动作。此动作可收紧臀部，塑造臀部线条，臀大肌的张弛可以将能量推向脊椎。

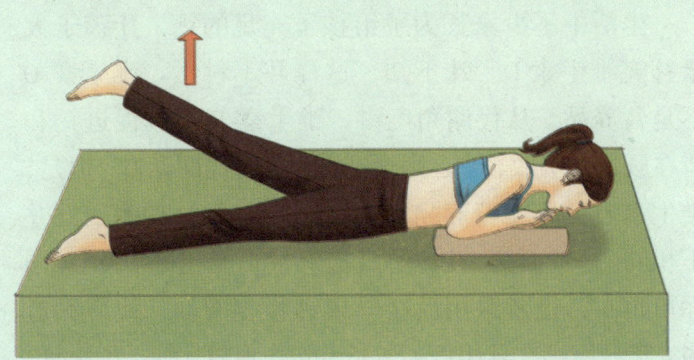

拉伸：适合全家人的健身与运动

第二节 孩子生长拉伸

留住小儿体内钙质的拉伸

对于不明显缺钙的孩子可以通过豆制品、奶制品和鱼肉等食物来补充，并且配合阳光的紫外线作用，通常上午10点和下午2点的阳光最适合孩子。此时，再配合一些拉伸动作，促进钙在人体内的吸收利用率，这样孩子体内就不会缺乏钙质。

（1）高抬腿跑5分钟。

（2）两脚并拢站立，上体前屈，两手抱小腿，头触膝部，反复做20次。

（3）平坐，一条腿向前伸直，另一条腿向后伸直，身体前屈，两臂前伸，做20次后，再换另一条腿向前伸直做20次，动作同前。

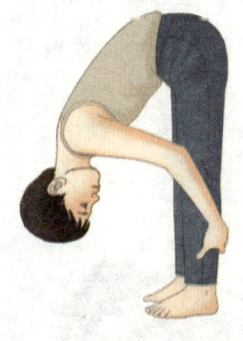
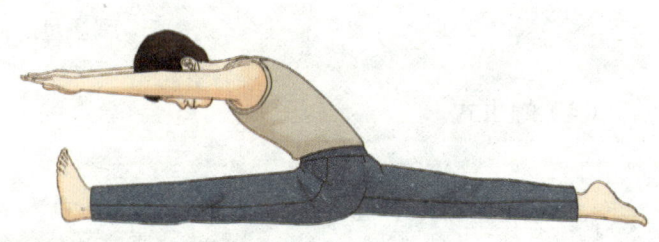

（4）两手握单杠悬垂，尽量放松身体2分钟。

（5）站立，然后分别用左腿、右腿和双腿尽力起跳，向上摸高，各反复跳高50次。

（6）慢跑，5分钟。

生活中不少家长为了给孩子充足的钙，让孩子大量补充维生素D。殊不知，这样并不科学。维生素D不是营养品。从代谢角度讲，维生素D可以促进钙和磷在肠道的吸收，缺乏则会造成钙、磷代谢紊乱。但是，维生素D并不是营养品，人体对维生素D的耐受性并不相同。一般而言，儿童每日摄入量不能超过400IU（国际单位），过量服用后会导致钙吸收增加，使血钙过多，容易使钙在软组织（包括心脏、血管、肺、肾小管）

内沉积，轻度中毒可表现为食欲减退、消瘦、口渴、恶心、呕吐、烦躁、便秘或便秘与腹泻交替出现，严重则会影响孩子智力发育及患上骨硬化。

给孩子补钙最好的方法应从膳食中得到，钙的食物来源以乳和乳制品为最好，乳制品不仅含钙量高（100毫升牛奶约含钙120毫克），而且容易被人体吸收利用。同时，乳制品还提供优质蛋白质、丰富的维生素，可供生长发育所需。因此建议青少年每天应喝1瓶牛奶。

此外，绿叶蔬菜、大豆和豆制品、芝麻酱、小鱼、小虾、海带、紫菜中都含有丰富的钙。尤其是虾皮含钙量最高，100克虾皮中含钙2000毫克，青少年应多选用这些食物以补充钙。有些食物则不宜多吃，如菠菜、笋、莴苣、茭白等因含草酸较多，易和钙结合形成不溶于水的草酸钙，影响钙的吸收。

儿童健脑拉伸

《灵枢·海论》说："脑为髓之海。"在中医看来，人的脊髓是先天的，而大脑是后天形成的。道教认为脑是阴性的，而《黄帝内经》却认为脑为阳，为"诸阳之会"，脑部是所有阳经会聚的地方，入脑的经脉有督脉、膀胱经、肝经、胃经、奇经八脉中的阳经和阴经六条。

脑的主要生理功能有主宰生命活动、主精神意识和主感觉运动。

1. 主宰生命活动

《本草纲目》中说"脑为元神之府"，大脑主宰人体的生命活动。元神存则生命在，元神败则生命逝。得神则生，失神则死。

2. 主精神意识

人的精神活动，包括思维意识和情志活动等，都是外界客观事物反映于脑的结果。脑主精神意识的功能正常，则精神饱满、意识清楚、思维灵敏、记忆力强、语言清晰、情志正常；否则，便会出现精神思维及情志方面的异常。

3. 主感觉运动

眼、耳、口、鼻、舌等五脏外窍，皆位于头面，与脑相通。人的视、听、言、动等，皆与脑有密切关系。

脑髓充则神全，神全则气行，气行则有生机、感觉和运动，所以我们一定要好好地保养自己的大脑。

儿童时期保健大脑是非常必要的，现在大家都信奉一些保健品保健法，其实

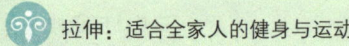 拉伸：适合全家人的健身与运动

拉伸是一种最健康、最安全的保健大脑的方法。

（1）自然站姿，双手叉于腰际。

先将头部慢慢上仰，保持数秒后再用力下压，慢慢增加力度。

然后，头部向左右两侧用力下压，最后头部按顺时针和逆时针两个方向，在空中做圆周运动，充分伸展后全身放松。

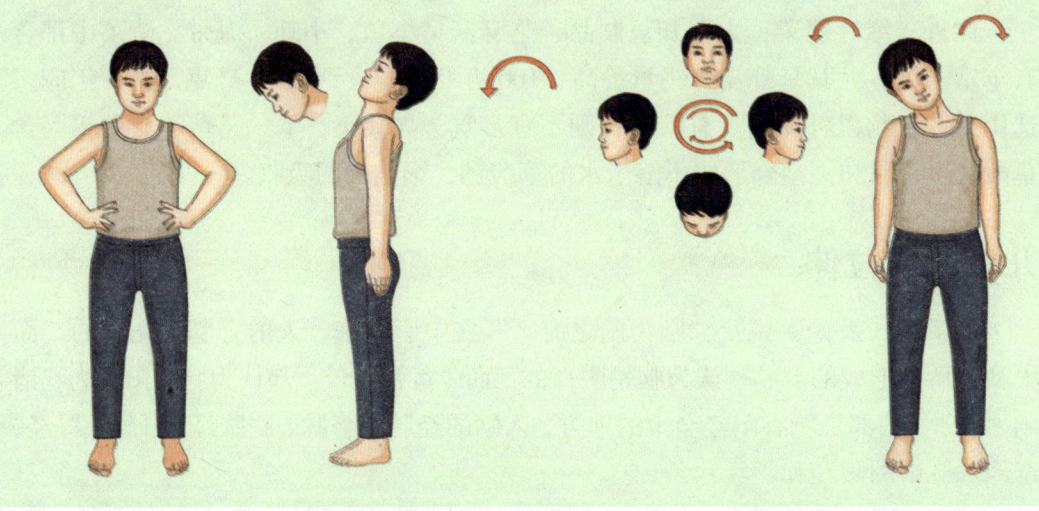

（2）自然站姿，双臂自然下垂。

然后将肩部用力上提，头部和颈部则用力下压，保持姿势几秒后，回到自然站姿。

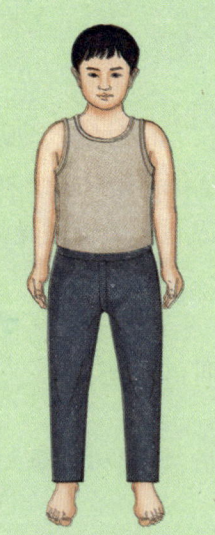 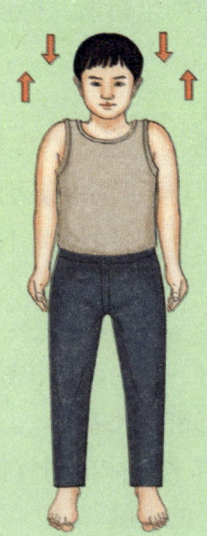

日常休闲拉伸 第二章

(3) 自然站姿，双臂垂于两侧。

然后慢慢将双臂向后抬起，直到最大限度，保持姿势几秒后，回到自然站姿。

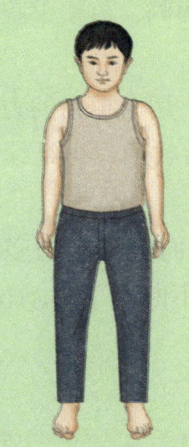

(4) 自然站姿，双手在胸前合掌，十指交叉。

然后双臂前举的同时，使头部向下垂于双臂中间，保持姿势几秒后，慢慢回到初始姿势。

(5) 自然站姿，双手在胸前合掌，十指交叉。

然后，上半身向左右两侧充分旋转，随着次数的增加慢慢加大转动幅度，最后回到初始姿势。

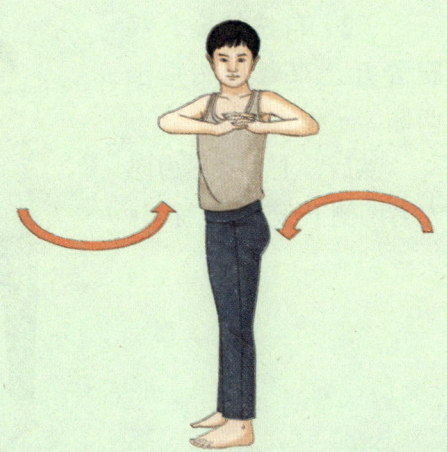

（6）自然站姿，双臂自然垂于两侧，放松手腕后，用力抖动手臂和手腕。

（7）双手放于脑后，十指交叉。用大拇指的力量，向下压住按摩天柱穴，停顿几秒钟后收回，再继续下压按摩，重复练习10次。

（8）双手置于耳后，寻找一块向上隆起的坚硬的骨头，然后从附近开始不断按摩，并不断向下移动位置。

养护小儿脊柱拉伸

为了保证孩子的脊柱能够健康地成长发育，日常生活中可以让孩子多练一些保健脊柱的拉伸运动。

（1）自然站姿，双腿分开，双手叉于腰际。

然后，上半身从顺时针和逆时针两个方向，在空中做圆周运动。

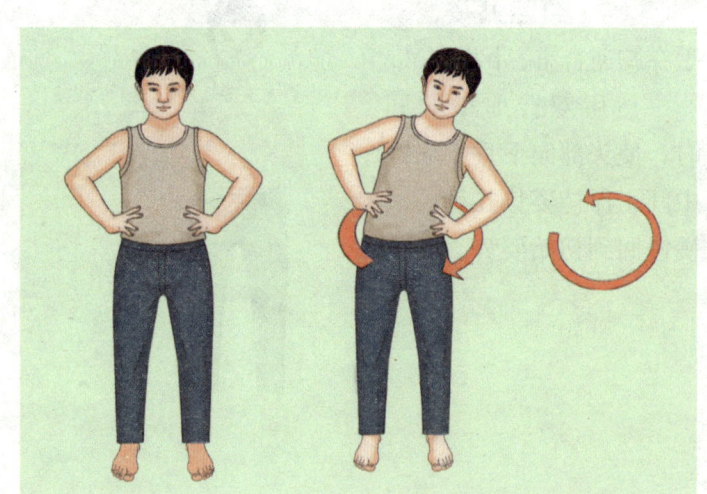

（2）自然站姿，双腿分开，双臂自然垂于两侧。

然后，上半身尽力向左右两侧下压。重复练习。

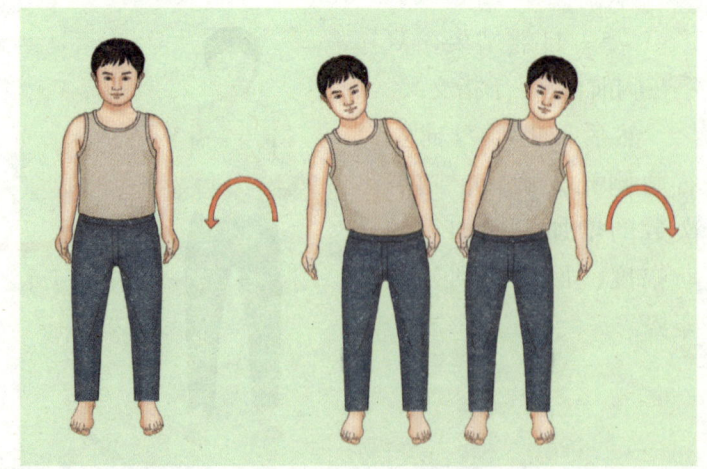

（3）自然站姿，双腿分开，双臂自然放在身后臀部。

然后左右两侧肩膀尽量向后扩展，注意保持胸部上挺，头部略向后仰。重复练习。

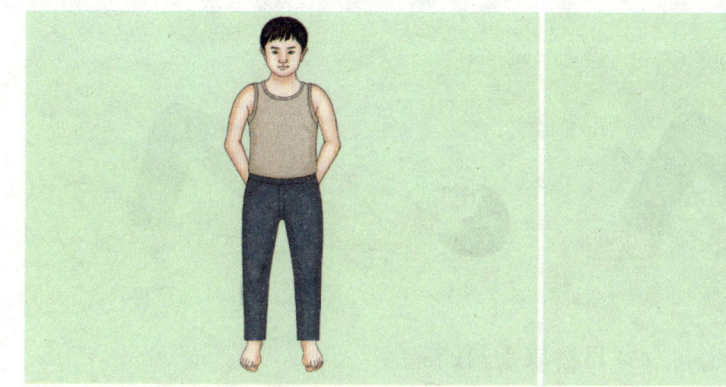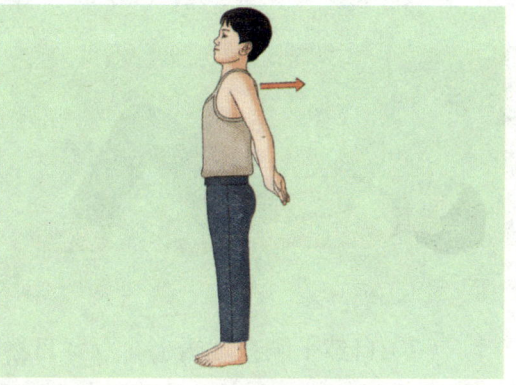

（4）自然站姿，双腿分开，双臂自然垂于两侧。

然后上半身向前弯曲，直到双手能接触地面。重复练习。

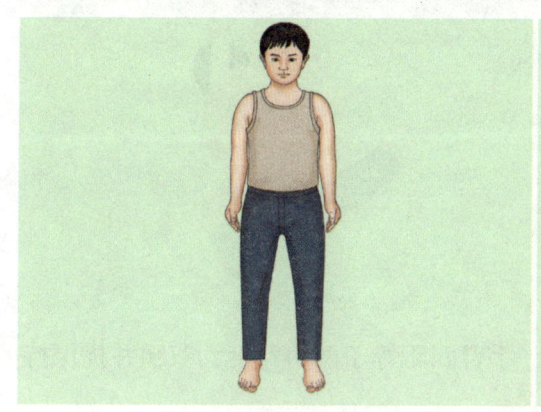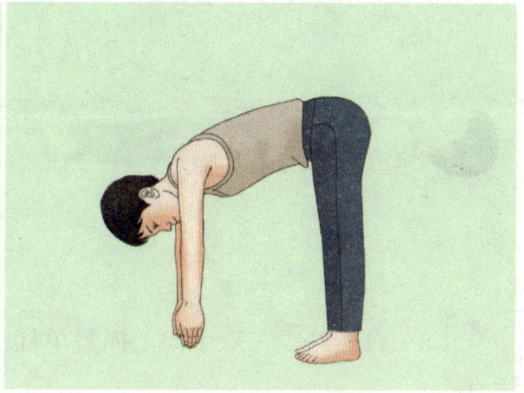

（5）自然站姿，双腿分开，双臂侧举至与肩同高。

然后上半身向前弯曲的同时，用力抬起左手，右手则向下伸展，直到能碰触到右脚尖。以同样的动作要领，左右手交换位置重复练习。

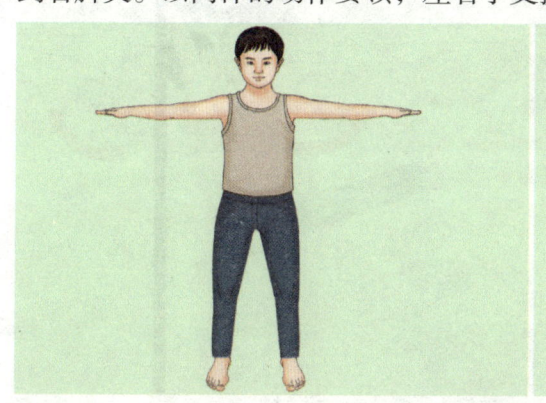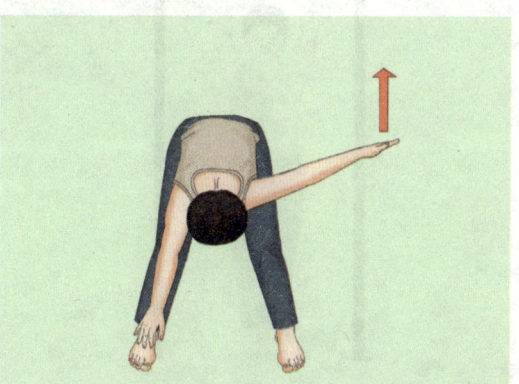

（6）自然平躺在地板上，双腿自然弯曲，双臂自然放于两侧。

然后，臀部向上抬起，同时腹部上挺，带动身体上抬，保持数秒后回到自然仰卧。重复练习。

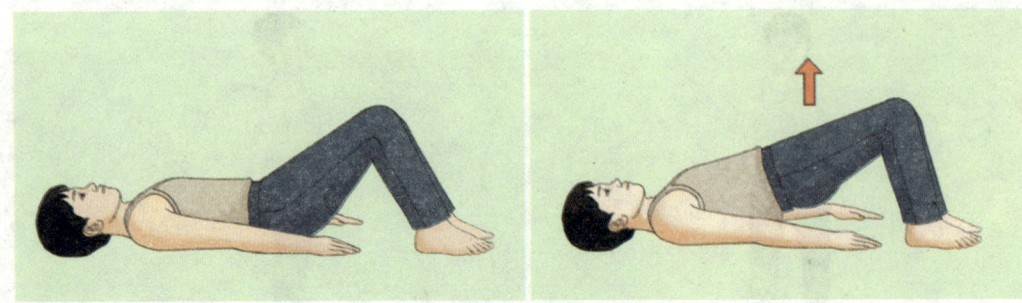

（7）自然平躺在地板上，双臂自然放于两侧。

然后上半身向上直立，双臂向上伸直，双腿也用力上抬。重复练习。

（8）自然站立，双手向上抓紧单杠，手臂间距等于两肩宽度，双腿并拢保持绷直。

然后抬起双腿，让身体在空中自然摇摆。

矫正青少年驼背的拉伸

青少年驼背,是一种较为常见的现象,脊柱变形,主要由背部肌肉薄弱、松弛无力所致。青少年还处于发育期,纠正驼背可以通过加强背部伸肌的力量,并牵拉胸部前面韧带的运动进行矫正。

操前预热运动取仰卧位,全身尽量伸展与放松,同时两臂尽量外展;接着坐位,尽量伸展与屈身;再立位,伸展与放松,同时膝关节屈曲与伸展反复进行,此法每日可做2~4次,每次20~30分钟,下面为大家介绍一下告别驼背拉伸六步曲。

(1)自然平躺在床上。

右手向上伸直,同时左手向下拉伸。注意深吸一口气,上挺胸部,肩膀微微向上抬起。然后还原,深呼一口气。

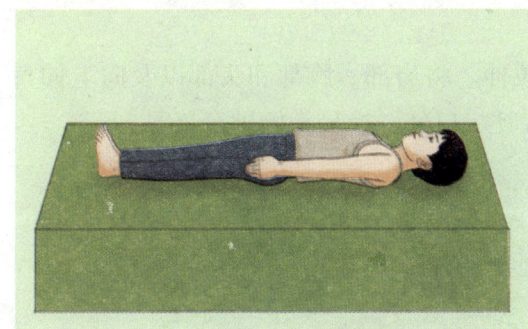 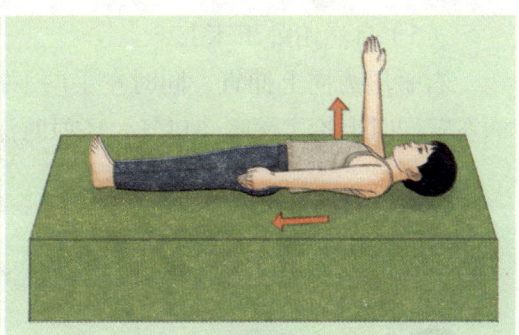

(2)自然平躺在床上。左手向上伸直,同时右手向下拉伸。然后慢慢将右腿向上抬起,大约60度,深吸一口气,保持数秒后,向下还原,深呼一口气。

(3)自然平躺在床上,左手向上伸直,同时右手向下拉伸。右腿自然屈膝,直到右手能够握住右脚脚踝。

然后,慢慢上抬腰部和臀部,深吸一口气,保持数秒后还原,深呼一口气。

（4）自然侧卧于床上。

然后左手向上用力伸直，同时右手向下拉伸。将肩部胸部和头部同时上抬，并深吸一口气，还原时深呼一口气。

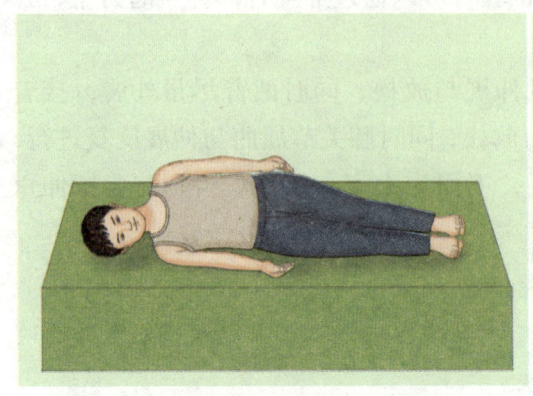
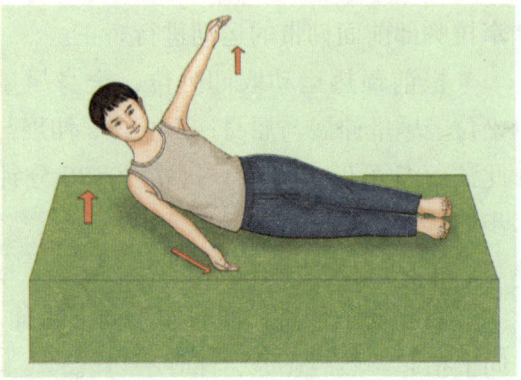

（5）自然俯卧于床上。

右手用力向上伸直，同时左手向下拉伸。将肩部、胸部和头部以及向上伸直的右臂同时上抬，深吸一口气，还原时深呼一口气。换另一侧进行练习。

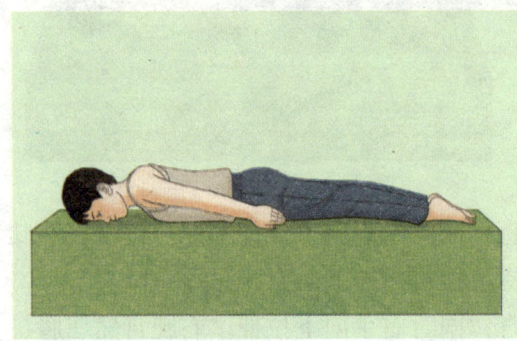
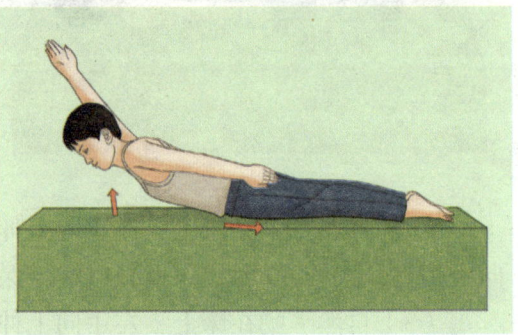

（6）自然俯卧于床上。左手用力向上伸直，同时右手向下拉伸，将肩部、胸部和头部以及向上伸直的右臂同时上抬，并且向上抬起右腿保持绷直，深吸一口气，还原时深呼一口气。换另一侧进行练习。

做以上动作时，注意放慢速度，可以每天锻炼一次，每个动作需要重复练习20~30次。

含胸驼背可以通过仰卧扩胸运动来进行有效矫正。具体方法：平躺在地板上，可在身下铺瑜伽垫或小毛毯，双臂向两侧打开，身体呈"T"字形，然后大小臂弯曲成90度角，整个手臂贴在地板上，这时会感到胸部肌肉被拉紧。只需简单保持这个姿势就可以有效牵拉胸部和肩部肌肉，做动作时要放松，且呼吸缓慢。每次保持15~30秒，放松一会儿再重复，共练习5~6次。

防治青少年斜肩拉伸

造成青少年斜肩的原因主要有两种：一是经常单肩负重，两肩受力不均，使脊柱轻度侧弯造成的；二和遗传因素有关，父母有斜肩缺陷。斜肩如不及时矫正，除有碍形体美外，还会影响到同侧胸肌的发达和心脏的健康。下面介绍几种矫正斜肩的有效方法：

（1）保持自然站姿，双臂向两侧屈肘，直到能分别触及左右两肩。然后双臂按顺时针和逆时针两个方向，在空中做圆周运动，可慢慢加大幅度。

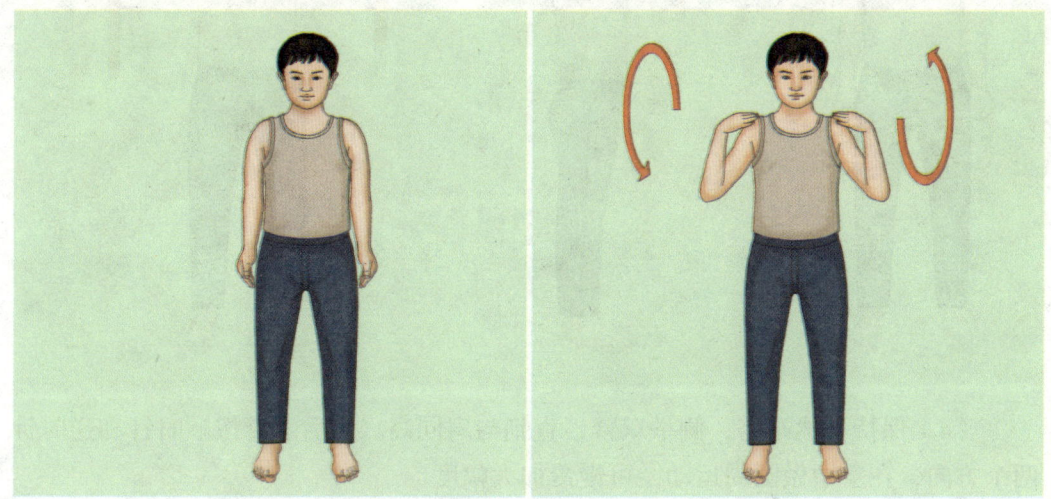

（2）保持自然站姿，双腿分开，双手分别握住毛巾两端。然后用力向上抬起双臂直到头顶上方，再用力向身后拉伸。

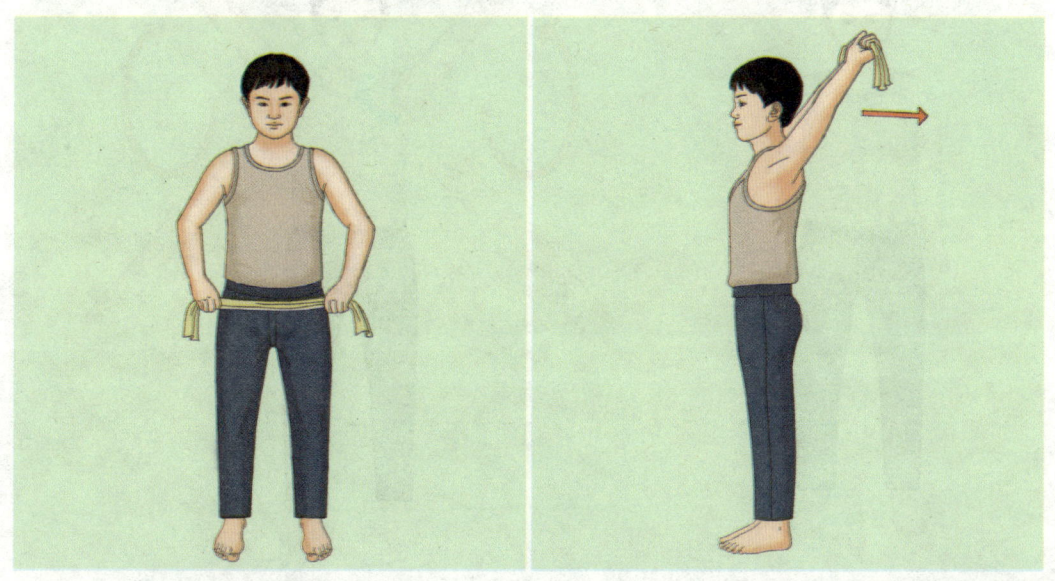

拉伸：适合全家人的健身与运动

（3）保持自然站姿，双腿分开，双臂自然垂于体侧，握紧双拳。
首先，双臂前举，向上摆动，再从两侧收回。
然后，双臂侧举向上摆动，再从前收回。

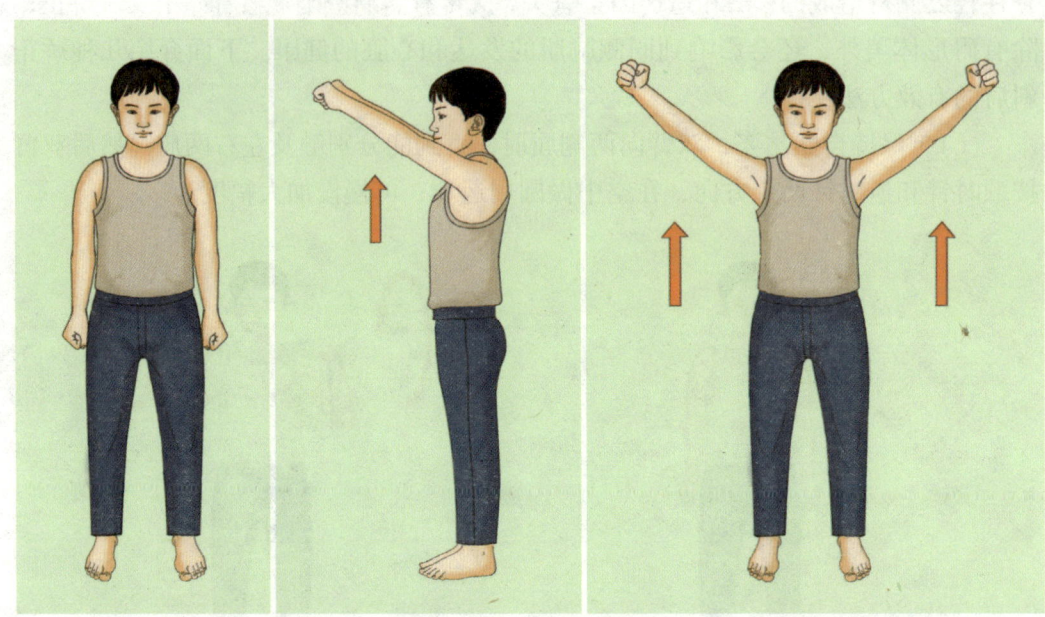

（4）保持自然站姿，侧举双臂，直到与肩同高。然后双臂按顺时针和逆时针两个方向，在空中做圆周运动，可慢慢加大幅度。

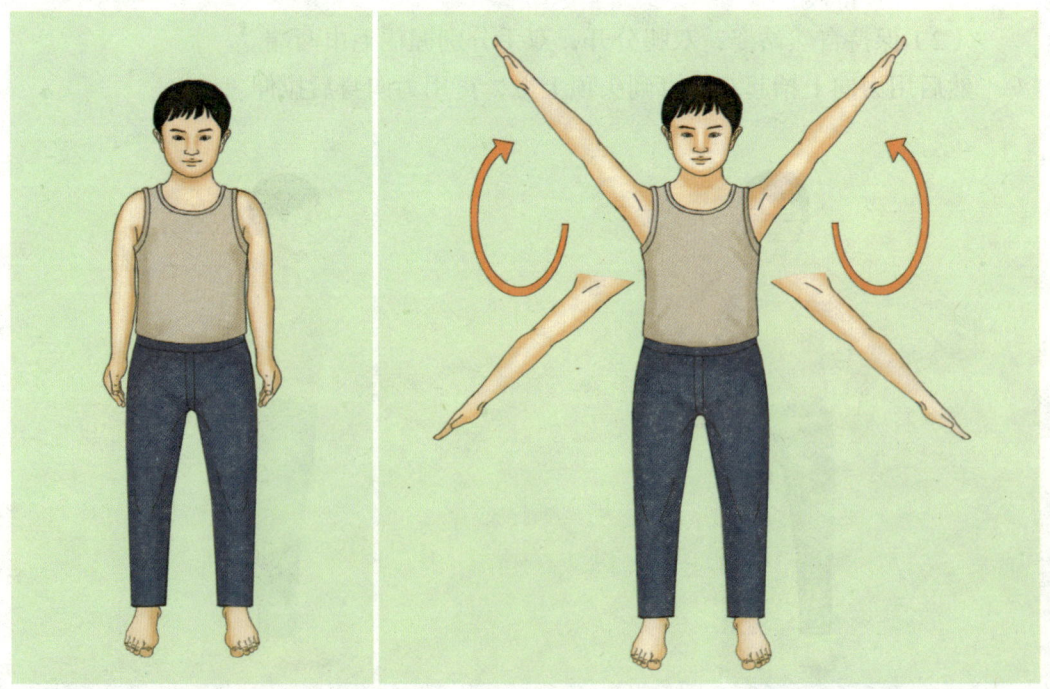

（5）自然坐于椅子上，保持上半身直立。然后先将左肩向上耸起，再慢慢还原，交换右肩重复练习。

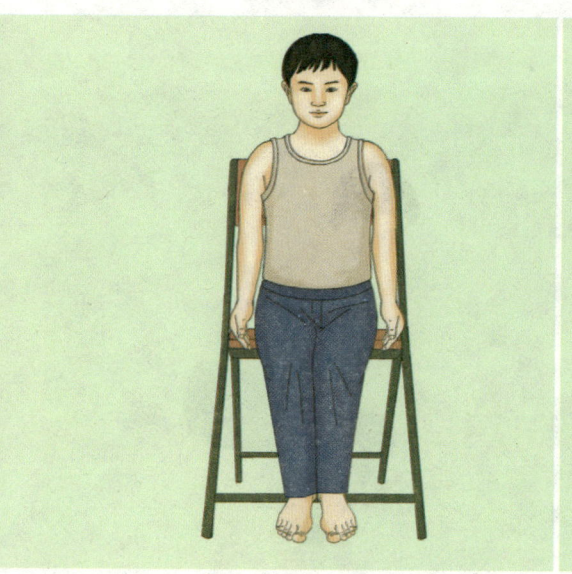

防治小儿佝偻病拉伸

小儿佝偻病是一种由于钙、维生素 D 不足所致的慢性营养缺乏病。由于发病缓慢，所以不容易被我们发现。不过，一旦症状明显，孩子的抵抗力就会大大下降，不仅会产生"O"形腿、"X"形腿及鸡胸等后遗症，还容易并发呼吸道和消化道感染性疾病而危及生命。这种病在 3 岁以下的婴幼儿中发病率最高，为我国重点防治的四大婴幼儿疾病之一。

拉伸就是纠正小儿佝偻病的一个好方法：

（1）自然站立，先将左侧小腿用力向左侧抬起，直到最大限度，交换右侧小腿反复练习。直到微微出汗即可。

（2）保持站姿，双腿分开，双腿屈膝，两膝向内侧靠拢，身体向下半蹲。

然后双手分别按住两侧小腿，用力按压，保持数秒钟后还原为自然站姿。重复练习20~30次。

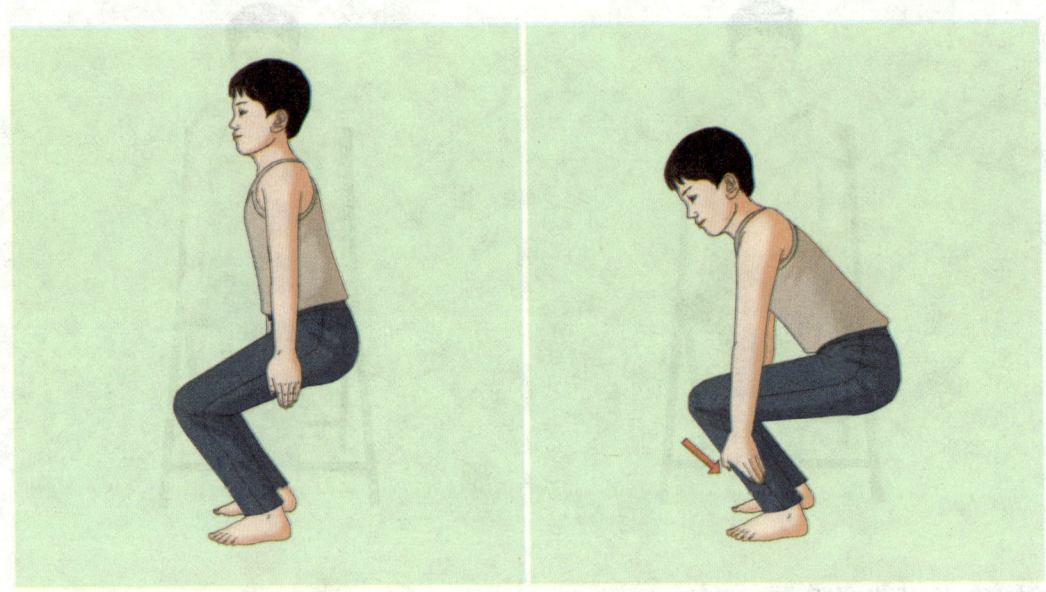

（3）保持站姿，在左右膝盖中间放一物品。然后慢慢下蹲，注意放置的物品不能掉落，刚开始练习时，放置的物品可以较厚，越往后则找越薄的物品，重复练习20~50次。

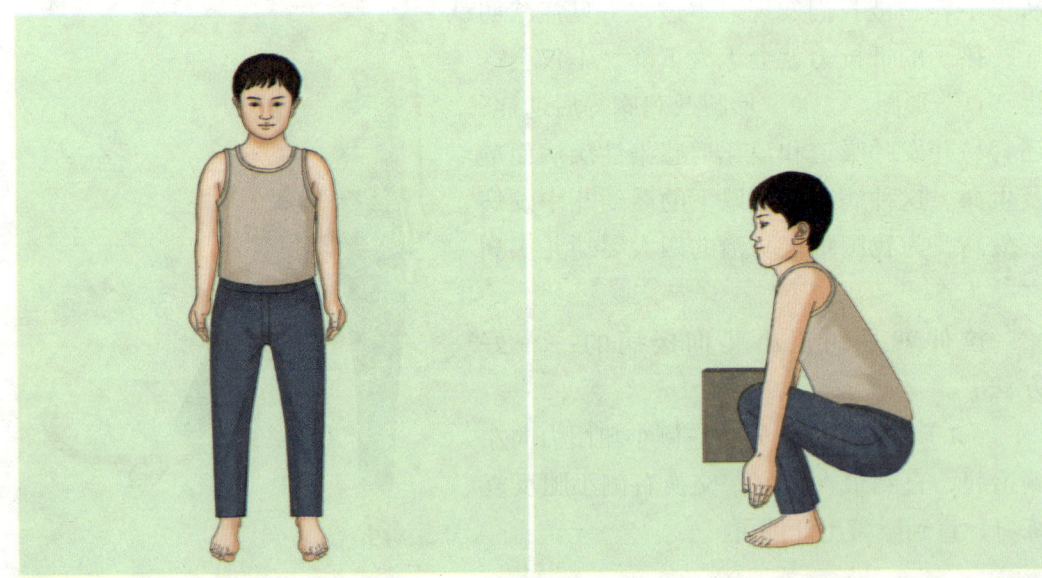

第三节 女性塑形拉伸

女性从头到脚做拉伸

（1）颈部。

▶ 坐姿或者站立，最大限度地将头部旋转画圆，顺、逆时针交替进行。

▶ 双手交叉放在脑后，下颌贴在胸上部，接着双手向下压头部同时抬头后仰，每分钟5~10次。

◀ 仰卧，将两臂贴于身体两侧，头部缓缓抬起，将下巴尽量向胸部贴近，直到极限，每分钟 5~20次。

（2）肩部。

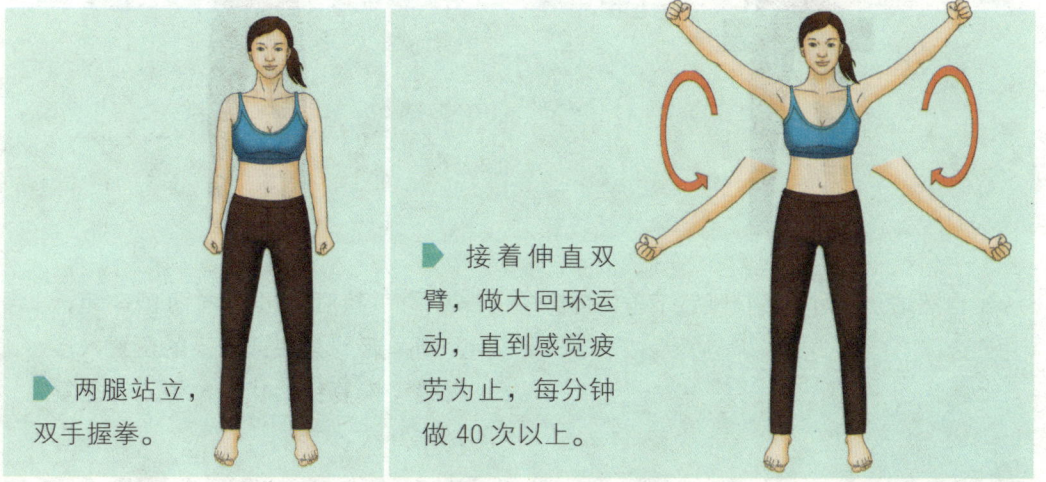

▶ 两腿站立，双手握拳。

▶ 接着伸直双臂，做大回环运动，直到感觉疲劳为止，每分钟做40次以上。

拉伸：适合全家人的健身与运动

▲ 紧握双拳，做体前直臂迅速交叉动作，放松恢复初始状态，再重复直到疲劳为止，每分钟40次。

▲ 自然站立，两手各持哑铃体前下垂。

▲ 将哑铃向前上方举起，肘部略微弯曲，直到与视线平行高度，接着缓缓放下恢复初始状态，每分钟重复做20~30次。

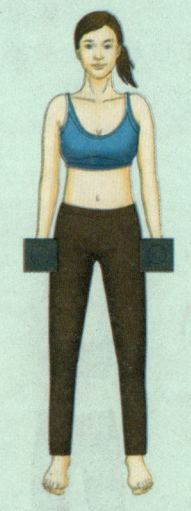

▲ 自然站立，两手各持哑铃下垂体前。

▲ 两手持哑铃同时向两侧举起，直到举起到与头部齐高的位置，接着缓缓恢复初始状态，每分钟重复15~20次。

（3）臂部。

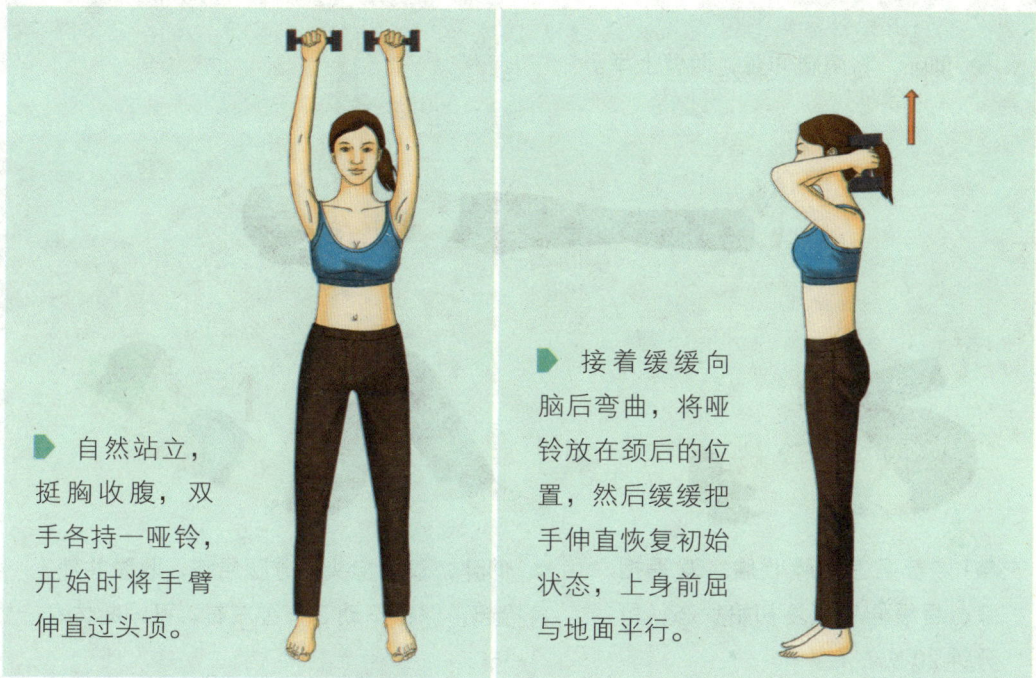

▶ 自然站立，挺胸收腹，双手各持一哑铃，开始时将手臂伸直过头顶。

▶ 接着缓缓向脑后弯曲，将哑铃放在颈后的位置，然后缓缓把手伸直恢复初始状态，上身前屈与地面平行。

（4）胸部。

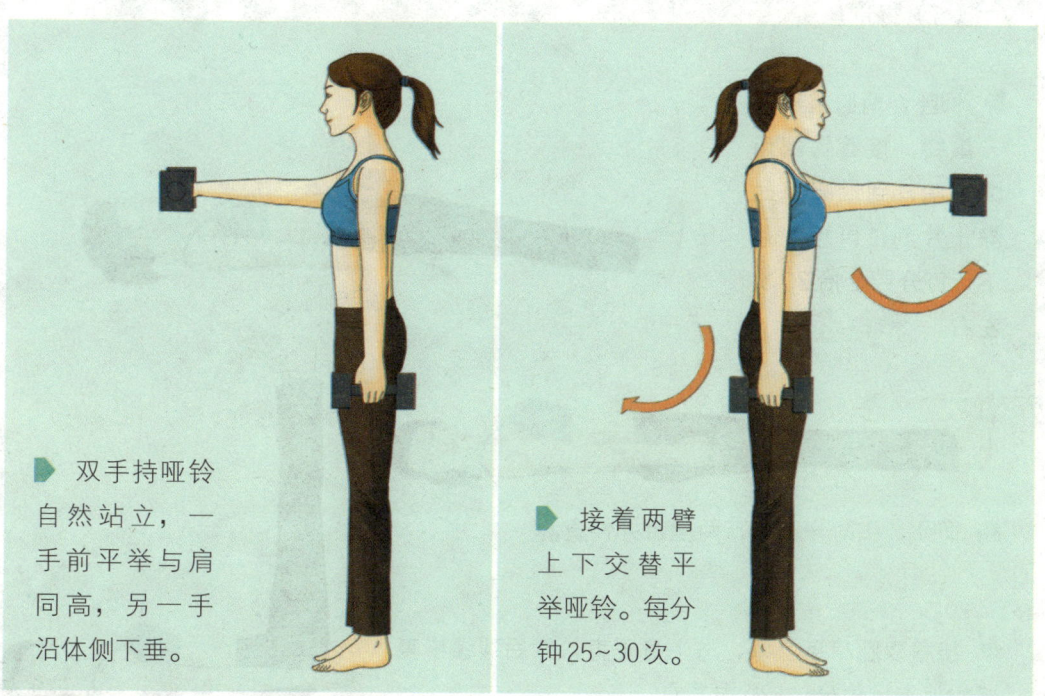

▶ 双手持哑铃自然站立，一手前平举与肩同高，另一手沿体侧下垂。

▶ 接着两臂上下交替平举哑铃。每分钟25~30次。

(5)腰腹部。

▶ 仰卧,将两腿伸直,两臂上举。

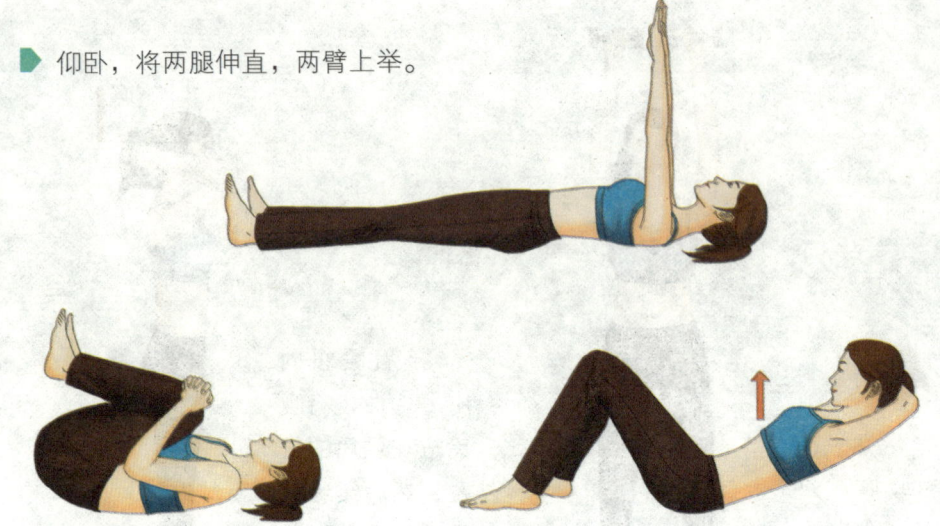

▲ 接着迅速屈膝收腹,双手抱膝,缓缓伸展恢复初始状态,每分钟20次左右。

▲ 仰卧,双手抱头,分腿屈膝,收腹并使上身抬起,保持不动3分钟左右,可间断休息。

(6)臀部。

▶ 仰卧,两胯上部放一重物,接着臀部用力上抬,到最高点时静止片刻,再缓缓落下,每分钟上抬20次左右。

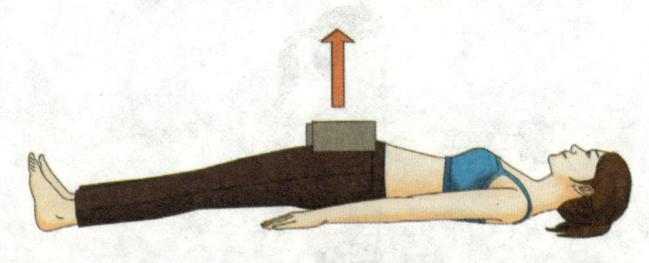

▲ 仰卧,头向一侧偏,两腿合并伸直。

▶ 接着双腿尽量上举,与上身垂直,然后缓缓恢复初始状态,每分钟20次左右。

（7）大腿部。

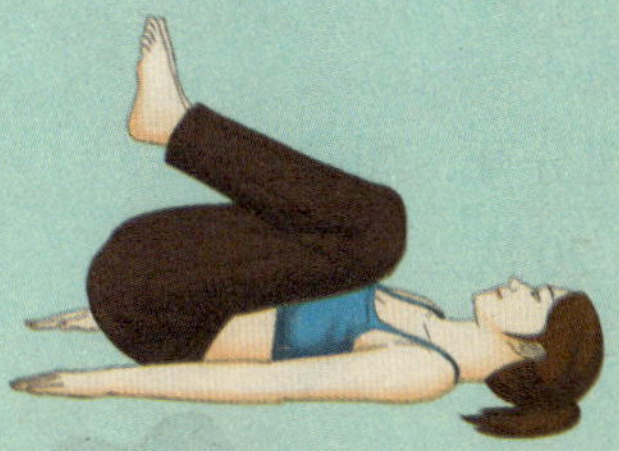

◀ 仰卧，双腿屈膝放在胸前。

◀ 接着伸直上举，与上身垂直，缓缓恢复初始状态，每分钟15~20次。

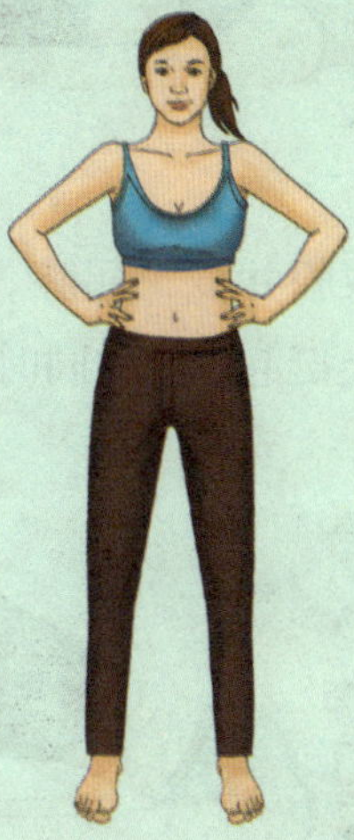

◀ 站直，双手叉腰。

◀ 接着两腿屈膝交替上抬到胸前，每分钟25~30次。

（8）小腿部。

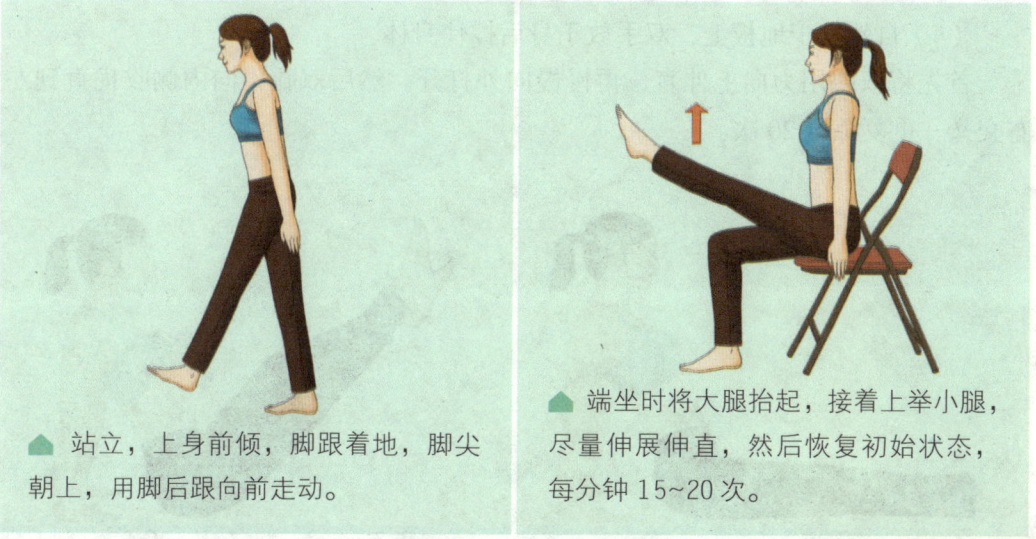

◀ 站立，上身前倾，脚跟着地，脚尖朝上，用脚后跟向前走动。

◀ 端坐时将大腿抬起，接着上举小腿，尽量伸展伸直，然后恢复初始状态，每分钟15~20次。

拉伸：适合全家人的健身与运动

女性养生拉伸

拉伸是女人养生塑形的好方法：

（1）找到耻尾肌后，先慢慢将其收缩，再加快收缩。快慢交替收缩，重复练习 100 次。

（2）自然平躺在地板上，双臂垂于两侧，双腿分开，屈膝。

先将双腿向内收拢，再向两侧打开，重复练习 20 次。

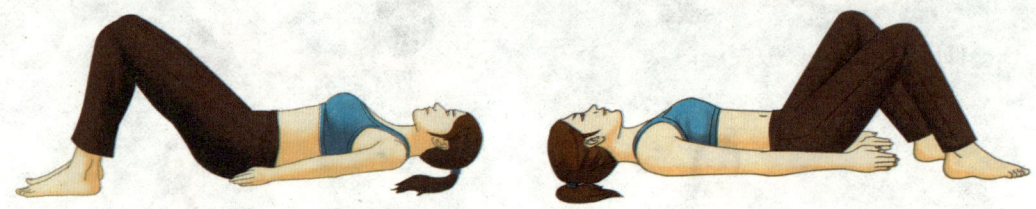

（3）自然半躺在地板上，双臂垂于两侧，双腿并拢，屈膝。

先收紧臀部，然后慢慢上抬，带动上半身向上挺起，与此同时，双腿向外打开，重复练习 20 次。

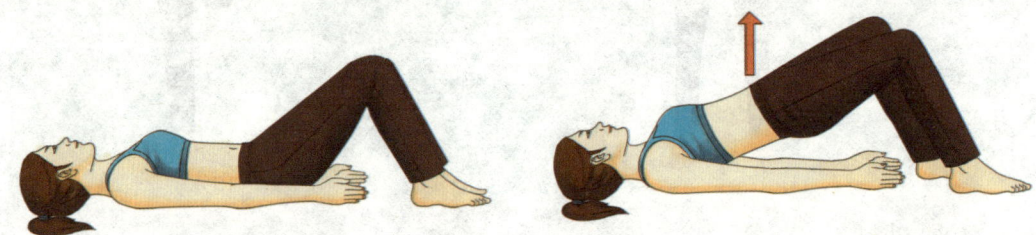

（4）自然坐于地板上，双手放于身后撑住身体。

首先将双腿用力向上伸直，再慢慢向外打开。然后双腿再向内侧收拢直到左右交叉，重复练习 20 次。

（5）自然跪在地板上，臀部坐在小腿上。

然后上半身向前弯曲，同时双手向前伸展，直到与地面紧密接触。注意将臀部向上撅起的同时，腰部下陷。接着，依靠双臂的力量撑起身体，成跪卧的姿势，重复练习20次。

胸部塑形拉伸

女性健美的重要标志之一，就在于健美的乳房耸起所形成的外部体形曲线美。专家表示，一些不良的生活习惯，是导致胸部越来越平坦的元凶。

导致平胸的坏习惯有以下几个方面：

1. 用过冷或过热的浴水刺激乳房

乳房周围微血管密布，受过热或过冷的浴水刺激都是极为不利的，如果选择坐浴或盆浴，更不可在过热或过冷的浴水中长期浸泡。否则，会使乳房软组织松弛，也会引起皮肤干燥。

2. 不清洁乳头、乳晕部位

女性乳房的清洁十分重要，长时期不洁净会引起麻烦，如出现炎症或造成皮肤病。因此，必须经常清洁乳房。

3. 穿胸罩误区

长期穿戴过大的胸罩可能导致胸部下垂，而过小的胸罩则会影响胸部的发育。随着年龄的变化以及婚前、婚后或孕育前后，女性的乳房大小会发生变化，这时选购胸罩就要调整尺码，试过之后再买。

4. 按摩不当

按摩可以促使乳房丰满，但如果随便拍打或者向下按摩只会让乳房越来越小。

5. 乱用药物

用避孕药来除青春痘，或用避孕药让乳房变丰满的做法都是不可取的。避孕药的主要成分是雌激素和孕激素，长期服用会打乱女性的内分泌平衡，造成月经不调，这样只会使胸部越来越小。

6. 过度节食

乳房内部组织大部分是脂肪。有些女性一味地追求苗条，不顾一切地节食，甚至天天都以素菜为主，结果使得乳房发育不健全，干瘪无形。过量的运动或运动时不注意内衣穿戴可能伤害乳房。有些人运动时会感到胸罩是个累赘，因此不戴胸罩，这样容易使胸部曲线走样。特别是跑步、跳绳等，运动时更要注意保护胸部，避免胸部下垂。下面介绍几种美胸的拉伸疗法：

（1）头向前，身体伸直，然后双手握拳，手臂摆于胸前，双脚张开与肩同宽，双臂分别左右展开，同时用力。

（2）直立或坐姿，胸部尽量向前挺，可有效增进肌肤紧实度，确保胸肌保持弹性，身材更见玲珑。

（3）直立或坐姿，双手向胸前合掌，力量集中在手掌，然后用力推压，每日做5~8次。

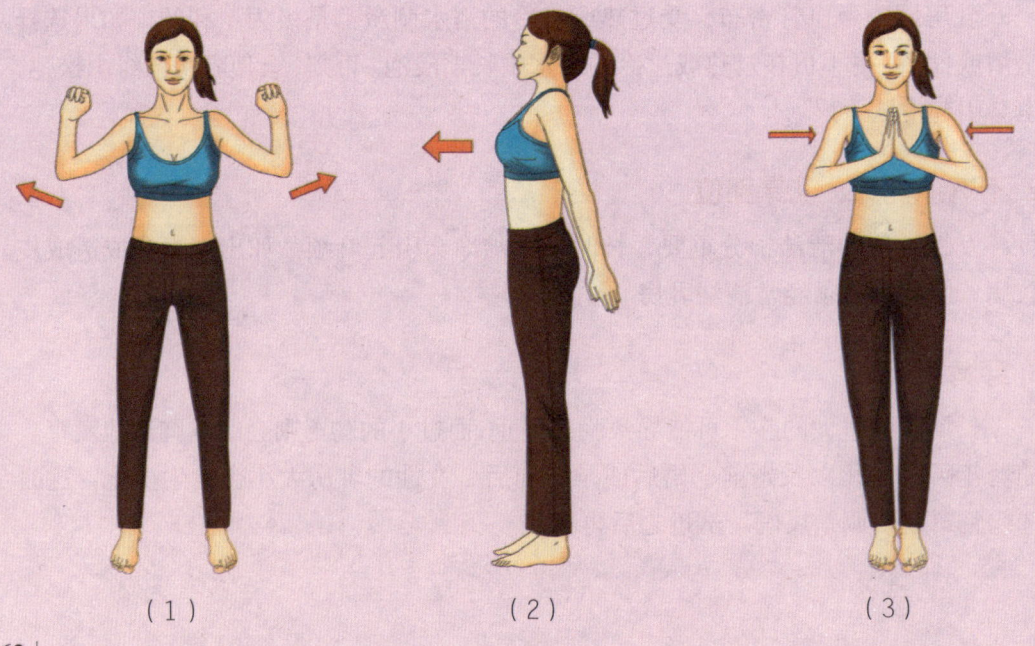

（1） （2） （3）

（4）直立或坐姿，左手抓住右手手臂，再伸直向外用力推，持续数秒放松，重复动作5~6分钟。

（5）双腿微屈及紧贴坐在地面，再以双手按着膝盖内侧吸气。

呼气时就将膝盖向外拉开，坚持5~10秒钟。

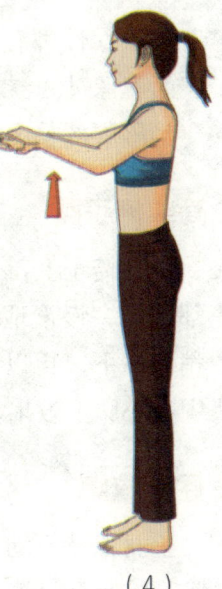

（5）　　　　　　　　　　　　　　　　（4）

祛除腹部赘肉拉伸

腹部赘肉的形成一般是由于以下几种原因造成的：

1. 坐式生活

不爱运动，平日久坐可谓是现代人最普遍的通病；吃饱饭后就坐着看电视，或是边吃零食边上网。摄取食物后继续坐着不动，糖分都转换为脂肪，变成赘肉囤积在腹部。

2. 姿势不良

不少人腹部的肌肉力量不够，坐着的时候习惯将身体瘫在椅背上，不自觉地将后腰部腾空，或者是走路习惯弯腰驼背的人，身体会不知不觉向前倾，小腹也就跟着来"报到"了。

3. 生活压力

面对工作压力，许多人都会借大吃大喝来缓解心中的压力，或者是常常吃得过饱，吃到很撑才停止，不知不觉中就过多地摄入了热量和不必要的食物，容易造成肠胃突出。

4. 排便不畅

不少女性都有便秘的困扰，一旦长期便秘，人体的废物会堆积在肠子里，肠子表面就像过滤器，滤孔被阻塞后，就会形成慢性腹胀。

消除腹部赘肉的拉伸方法有以下几种：

1. 简单椅子操

坐在椅子上，双手轻松放在大腿两侧的椅子边缘，身体和大腿成90度。利用腹部施力，慢慢地从1数到5，同时，将两腿膝盖向胸部靠近，达最高点后在空中稍停一下，再以同样速度将双腿缓缓放下。身体须和椅背保持距离，让施力点集中在小腹上效果才能事半功倍。

2. 屈腿收腹

上身保持不动，手放在身体两边，屈腿收腹，当腿放下时要伸直，但脚不要着地，用腹部控制，每组15个，共3组，中间休息30~40秒钟。

3. 按摩腹部

这是一种最常用的腹部减肥法，利用揉捏的动作加上按摩霜对于脂肪的改善效果很不错。以肚脐为中心，在腹部打一个问号，沿问号按摩，先右侧，后左侧，各按摩30~50下，每天按摩1次。

美臀翘臀拉伸

臀部变形一般是由于以下几种原因造成的：

1. 坐姿有误

坐不好，不仅背脊体型受影响，臀部也会随时间增长而变形。像软骨头似地斜坐在椅子上会使压力集中在脊椎尾端，造成血液循环不良，氧气供给不足。而只坐椅子前端三分之一处，则会造成身体重量集中在臀部这一小方块处，长时间下来臀部疲惫变形就不可避免了。

只坐椅子2/3处是良好的坐姿。尽量合并双腿，坐时踮起脚尖来，尽量不要长时间双腿交叉坐，否则会导致血液循环不好。

2. 饮食不当

高热量、高甜度、口味重的饮食形式，又不爱运动，是造成肥胖的主要原因。

3. 抽烟、喝酒、熬夜

抽烟、喝酒、熬夜及压力太大，会导致血液循环不好、代谢不良、肌肉松弛，臀部也跟着遭殃！

4. 久 站

站太久，血液不易自远程处回流，会造成臀部供氧量不足，新陈代谢不好，同时还会让你的腿产生静脉曲张的恐怖现象。挺背、提肛、举腿是良好的站姿，背脊挺直，缩腹提气，此时感觉一下肛门收缩的动作，常做可收缩臀部。

下面介绍一种简易美臀拉伸运动：

（1）俯卧姿势，头部轻松地放在交叉的双臂上。

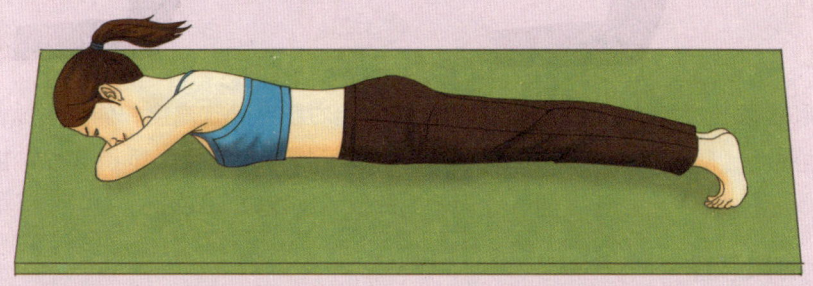

（2）缓缓吸气，同时抬起右腿，在最高处暂停几秒钟，然后边吐气边缓缓放下。

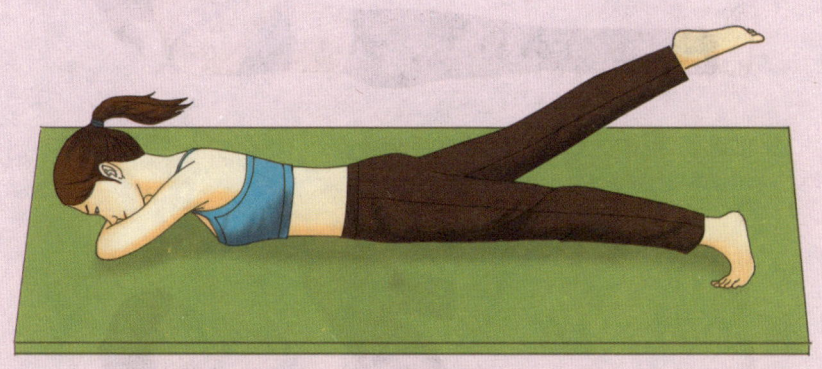

（3）在抬腿时需注意足尖下压，并且臀部不能离地。尽量将腿伸直、抬高，你会感到臀部正在收紧。

（4）重复上述动作20次，然后换腿。每日进行一次。再为大家介绍一种饮食美臀法。尽量以玉米油、橄榄油与葵花籽油取代动物性脂肪，它们均含有大量不饱和脂肪酸，能让你兼顾美丽与健康。多吃鱼，鱼肉不仅热量比肉类低，还含

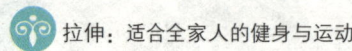 拉伸：适合全家人的健身与运动

有更丰富的蛋白质、矿物质、维生素，可以促进新陈代谢与体内脂肪的消耗。多喝水，水可以清除代谢废物，防止肿胀。

纤美秀腿拉伸

下面介绍一组纤腿训练拉伸，长期坚持能取得不错的效果。

（1）趴地抬腿。

🔺 以双肘和左膝支撑身体，左腿小腿和脚背面紧贴地面。

🔺 抬右腿至一定高度，伸直小腿，脚掌与小腿保持一定角度，坚持3秒钟换左腿。每条腿反复做10次。

（2）脚跟靠臀。

🔺 仰卧，手臂交叉，下巴放在手臂上。

🔺 抬右腿，使脚跟尽量向臀部靠近，至最大限度，然后换左腿，每条腿重复做10次。

（3）收缩腿部肌肉。

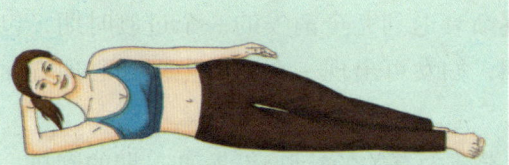

▲ 侧卧，一只手握拳支撑头部，双腿伸直；上侧腿膝盖弯曲，将脚放在下侧腿的小腿后侧。

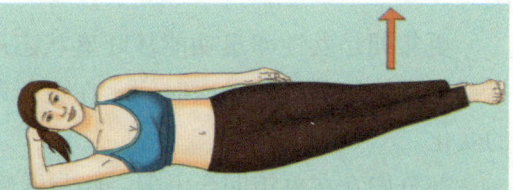

▲ 大腿内侧肌肉收缩，抬起下侧腿，重复做10次后，换另一侧腿做相同的动作10次。

（4）弯膝抬腿。

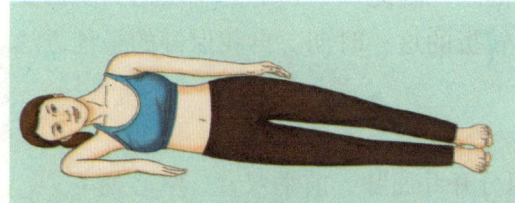

▲ 侧卧，肘部支撑身体。

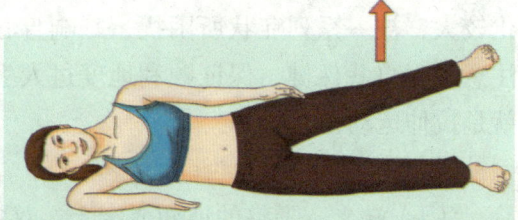

▲ 双腿膝盖微曲，上侧腿做抬起、放下动作，反复10次后换另一条腿做相同的动作10次。

（5）压膝收腿。

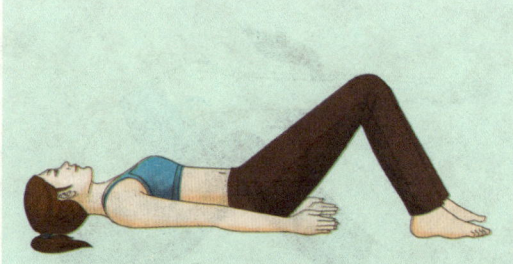

▲ 仰卧，双臂伸直，膝盖弯曲。

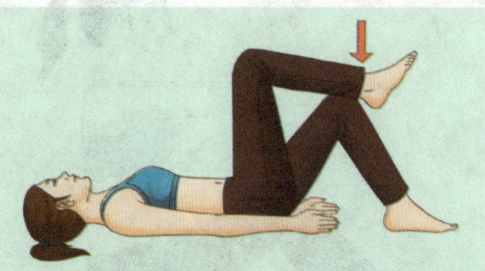

▲ 先将右腿放在左腿膝盖处，以脚踝为支撑向下压。

◀ 将双手置于左腿后侧，左脚抬起，脚尖绷直，右腿姿势不变，左腿尽量朝胸部收，至最大限度停留3秒钟换另一侧做相同动作。每条腿做10次。

更年期塑形拉伸

更年期是女性卵巢功能从旺盛状态逐渐衰退到完全消失的一个过渡时期，包括绝经和绝经前后的一段时间。在更年期，妇女可出现一系列的生理和心理方面的变化。

部分妇女在更年期会出现一些与性激素减少有关的特殊症状，如早期的潮热、出汗、情绪不稳定、易激动等。晚期因泌尿生殖道萎缩而发生的外阴瘙痒、阴道干痛、尿频急、尿失禁、反复膀胱炎等，以及一些属于心理或精神方面的非特殊症状，如倦怠、头晕、头痛、抑郁、失眠等，称为更年期综合征。

多数妇女能够平稳地度过更年期，但也有少数妇女由于更年期生理与心理变化较大，被一系列症状所困扰，影响身心健康。因此每个到了更年期的妇女都要注意加强自我保健，保证顺利地度过人生转折的这一时期。自我保健的最佳方法就是拉伸运动：

（1）端坐于平整的地面或床上，双腿分开并屈膝，前举双臂，掌心朝下。

上半身向前弯曲的同时，拉动双臂前举，将头埋于两膝之间，然后回到自然坐姿。休息6秒钟之后，重复刚才的动作24次。注意上半身向前弯曲时呼气，还原时吸气，绷直腰背的同时注意收紧腹部。

（2）两腿交叉，盘腿坐于平整的地面或床上。双臂自然放于两侧的地面上。

右手从右侧滑出，同时上半身也向右侧弯曲，而左臂用力上举，并向右侧来回摆动，重复向右摆动4次，回到盘坐姿势。注意上身侧屈时臀部要保持不动，摆动虽缓慢但要具有节奏。以同样的动作要领换左侧摆动。

（3）自然端坐，双臂贴于身体两侧。

右腿向左屈膝，左腿屈膝后用力上举，脚放在右侧大腿的外部，同时，上半身向左侧旋转，右手放在左腿的脚后跟上，左手则自然放于身后的地面上，眼睛望向左肩，保持这个姿势20秒钟，注意，转动上身时要收紧腹部，深深呼气和吸气。交换左右腿位置重复刚才的动作2次。

（4）跪坐在地上或床上，抬头挺胸，背部绷直。然后头部自然下垂，收紧腹部肌肉，将背稍稍向外拱起，保持这样的姿势5秒钟后回到跪姿。注意收腹时深呼一口气，而还原时则要用鼻孔轻轻吸气，重复练习8次。

（5）平躺在床上，身体放松。右侧手臂向身后放直，同时右腿也要伸直，左腿屈膝撑起，左臂自然放于体侧。

注意背部与床紧密接触，右臂向前抬起的同时右腿向上抬起，直到右臂与右腿能够触及彼此。以同样的动作要领练习12次，再交替左腿和左臂练习12次。

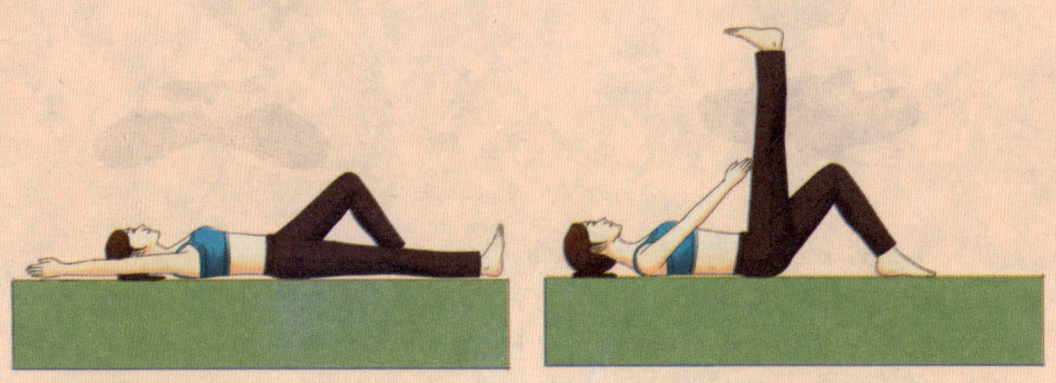

（6）仰卧于床上。双腿自然分开，腰部与床紧密相贴，双臂自然放于两侧，注意收腹，绷直脊椎紧贴床，保持这个姿势6秒钟后，回到仰卧姿势，重复练习12次。

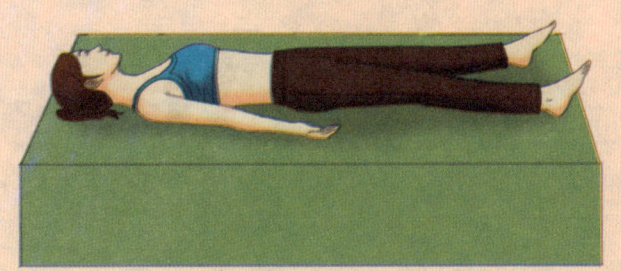

（7）仰卧于床上。左腿屈膝，并将左脚压在右侧大腿上，双臂自然放于两侧，掌心朝下。

左膝用力向右侧摇摆，重复这个动作8次。然后交换右腿和右膝重复刚才的摆动，左右两边分别做2遍。注意摆动腿时，双臂和肩膀的位置均保持不变。

除此，还可以按压三阴交穴位。三阴交位于内踝上3寸处，胫骨后缘。女性朋友对于这个穴位应该予以高度重视，经常对它进行刺激，可以有效治疗月经不调、痛经等妇科常见病症。

在饮食上，对于更年期有头晕、失眠、情绪不稳定等症状的女性，要选择富含B族维生素的食物，如粗粮（小米、麦片）、豆类和瘦肉、牛奶。牛奶中含有的色氨酸，有镇静安眠功效；绿叶菜、水果含有丰富的B族维生素。这些食品对维持神经系统的功能、促进消化有一定的作用。

此外，要少吃盐（以普通盐量减半为宜），避免吃刺激性食品，如酒、咖啡、浓茶、胡椒等。

改善内分泌拉伸

很多女性不得不面临这样的问题：好好的皮肤突然出现了黄褐斑，肥胖总在不经意间造访，身体的某些敏感部位会出现肿块。其实，这都是人体生理机能的调控者——内分泌系统在作怪。

人体有内分泌系统，分泌各种激素和神经系统一起调节人体的新陈代谢和生理功能。正常情况下各种激素是保持平衡的，如因某种原因使这种平衡打破了（某种激素过多或过少）就会造成内分泌失调，引起相应的临床表现，如肌肤干燥、暗淡无光、月经紊乱、带下异常、乳房松弛、局部肥胖、失眠多梦、情绪波动、烦躁忧虑，等等。内分泌失调不仅仅影响容貌，还时刻威胁着女性健康。

那如何让内分泌回归平衡状态呢？不妨试试拉伸：

（1）保持站立姿势，双腿自然分开与肩膀同宽，双臂自然下垂于两侧，保持正常呼吸，注意全身放松，保持微笑，目光深邃而平静，神态安详，头部与颈部均要伸直，头脑中设想自己年轻气盛的形象。

（2）慢慢深入想象到一种寂静的状态，用鼻孔深呼一口气；然后深吸一口气，同时注意头部略微向上抬起，脖子也稍稍伸展，胸部放松扩开，腹部顺其自然向前，此外还要上提双肩和会阴，缩肾提肛，此时开始吸入大量的新鲜空气；吸够充足的空气时，双肩向后伸展再深吸一口气；深呼一口气的同时，脚后跟缓缓落下并屈膝，身体向前方倾倒大约5度，略微收紧小腹，双臂在身前自然放置，并排出体内的浊气。重复刚才的动作要领8次，还原到站立姿势。

拉伸：适合全家人的健身与运动

（3）保持自然站立姿势，先深吸一口气，然后配以脑海的想象正常呼吸，使全身上下皆处于彻底放松的状态。也就是说，深吸一口气，并在心中默念"松"，深呼一口气，则默念"静"，以同样的动作要领重复8次，则可渐渐趋向放松入静的境界，小腹尤其需要放松。

（4）保持前几个动作所形成的虚静状态，腰部略微用力，屈膝，头脑中设想从小腹开始颤动，并连同全身上下的肌肉和内脏轻柔而有节奏地上下抖动，抖动时要注意心情愉悦，全身放松，而且频率应大于或等于每分钟164次，这样，身体越抖越放松。保持这样的姿势1~2分钟后，缓缓还原。

（5）抖动结束以后，双腿伸直，做一次深呼吸。

接着继续屈膝，双膝向地面自然下垂，嘴巴稍稍张开；开始旋转肩部，左肩向左前方旋转60度左右，则右肩、腰部均能得到伸展。

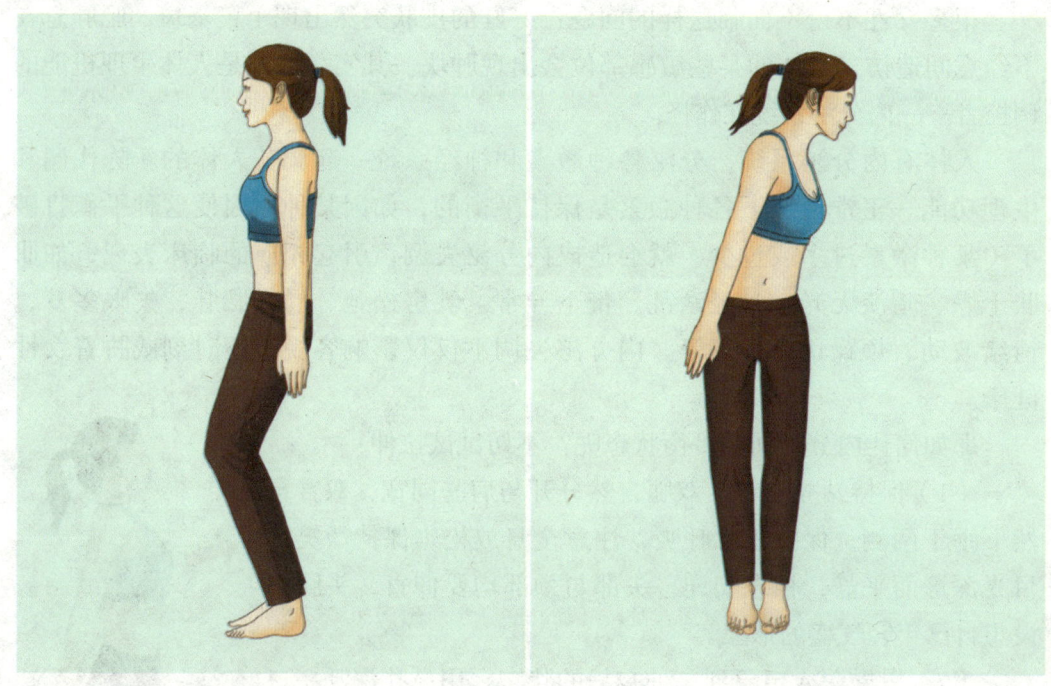

（6）继续保持第五步的姿势，并使左肩向前下方旋转半圆的弧度，右肩则向后上方旋转画弧，直到双肩基本持平时才停止。

然后交替为右肩向右前方转动60度左右，此时，腰左转，左肩朝上。将第五步和第六步联系起来，同时扭动左右两肩和腰部，左右交替重复同样的动作8次。

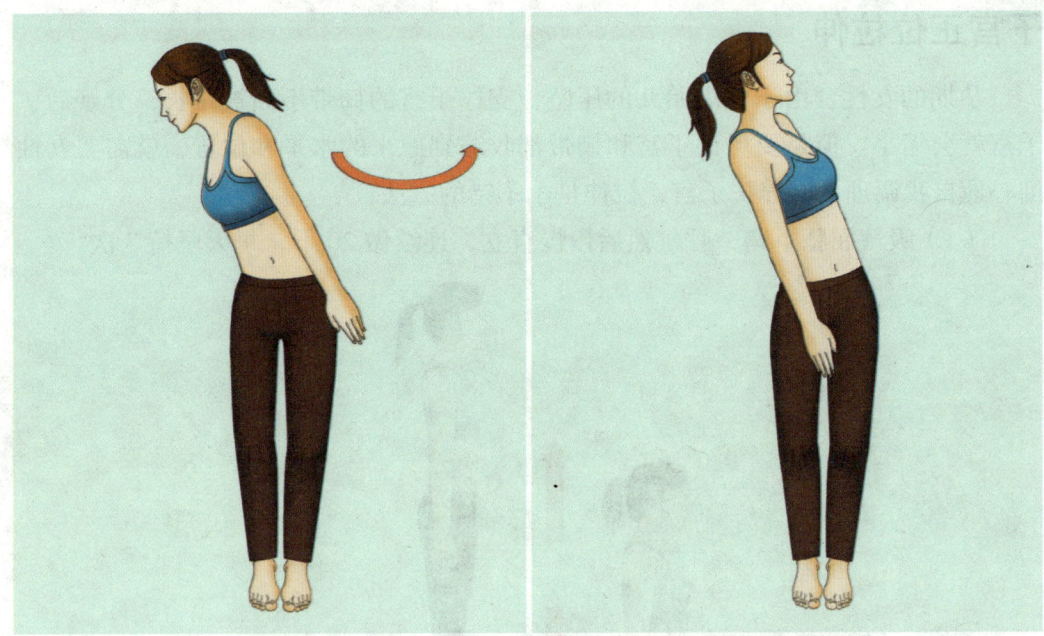

（7）最后一步，上举双臂，在头顶上方合掌，深吸一口气，并轻轻提起脚后跟。然后再深呼一口气，同时，双手像拜佛一样渐渐下落，落至小腹前向身体两侧滑开，收功。

子宫正位拉伸

孕期的女性，由于体内胎儿的压坠，支撑子宫的韧带不断被拉长，分娩后，子宫就会缩小。但是要保证子宫和韧带都收缩到原来的水平和位置，就需要女性细心地自我调理了。养护子宫，拉伸是个不错的方法：

（1）吸气屈膝下蹲，呼气然后慢慢直立，连续做20下，每天坚持3次。

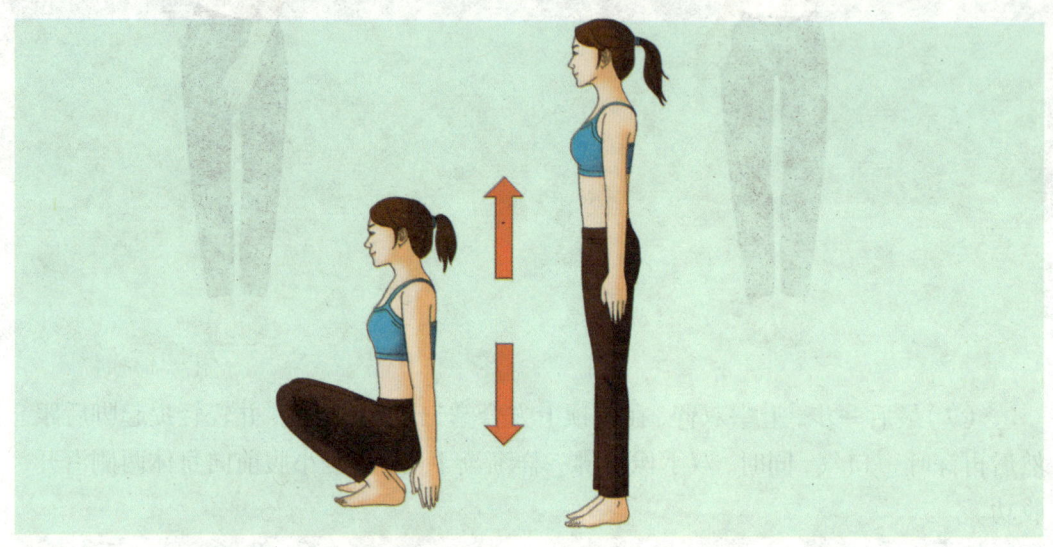

（2）并拢双腿，收紧臀大肌，收腹。

吸气时提起脚跟，然后呼气再放下，连续做20下，每天坚持3次。

（3）仰卧，左右两腿轮流提腿屈膝20次，屈膝时膝盖尽量接触到下颌，每天坚持2次。

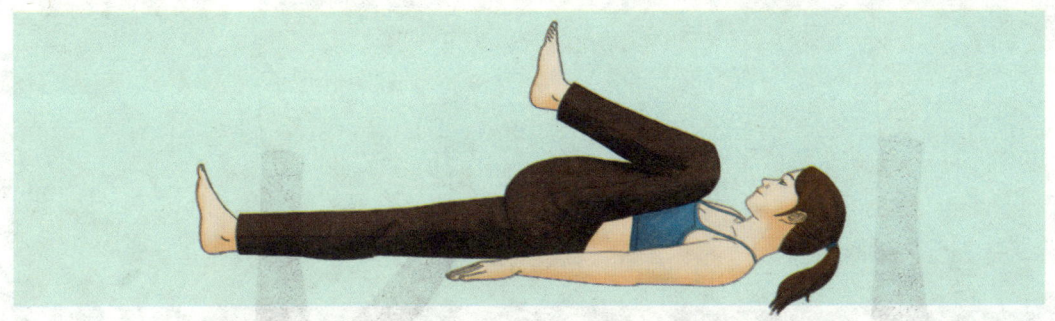

（4）双手搓热掌心后分别贴于后腰部，并上下按摩50次，至局部温热为止，随后掌心仍贴腰部3分钟，做时宜心静、体松、神注。动作柔和，意识要和动作一致，不宜过猛，呼吸自然，在意识导引下逐步将动作和呼吸配合协调。动作次数由少到多，根据个人体力而定，每天可做3次。

女性分娩后如果能做些恢复体操，就可以增强子宫韧带的弹性，也可以预防子宫脱垂。

（1）跪在地上，胳膊向前、向下伸展，接触地面。然后整个胸部和肚子接触地面，而将臀部高高翘起，保持这个姿势10秒钟。

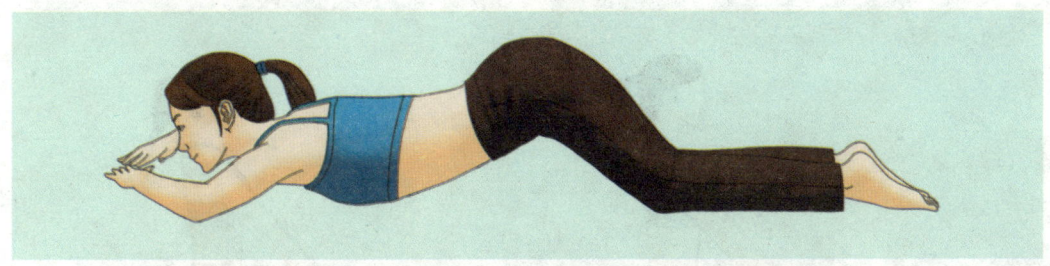

（2）平躺在地上，膝盖弯曲，用脚掌蹬地，使得臀部上提。坚持10秒后放下臀部休息5秒钟，然后重复这一动作。

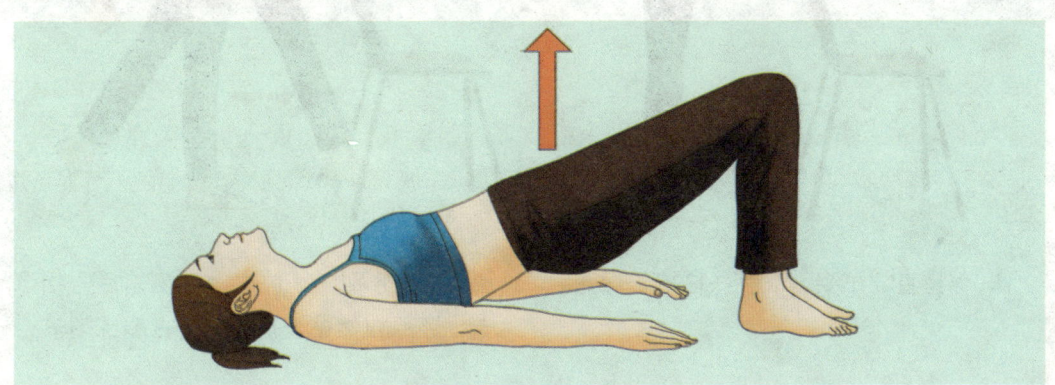

（3）平躺在地上，臀部垫一个枕头，然后两腿向上伸直，使其与上身成一个直角。然后两腿可小幅度交叉摆动。

孕期保健拉伸

（1）站立抬腿。

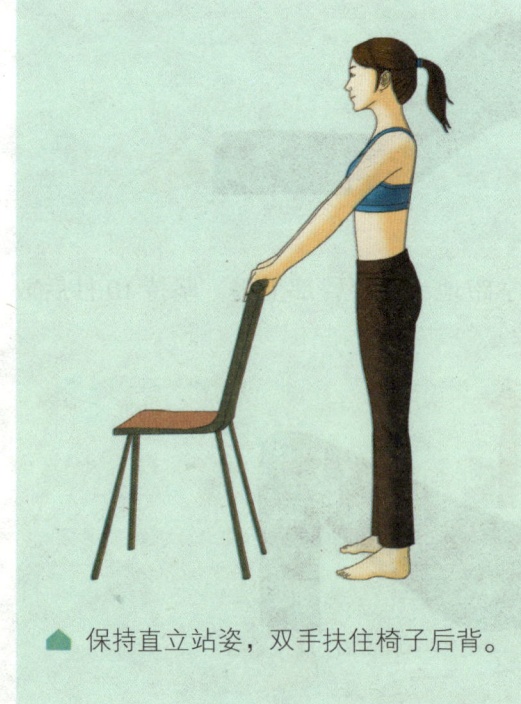
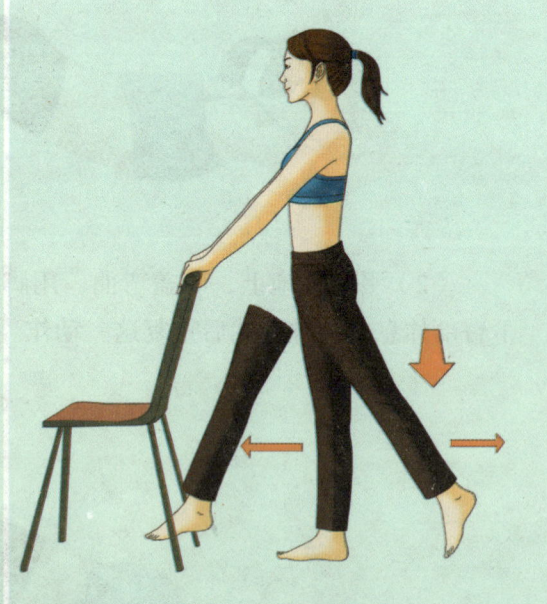

▲ 保持直立站姿，双手扶住椅子后背。

▲ 左腿分别向正前方、左侧、后方抬起，还原自然站姿后，交换右腿练习。

（2）站立半蹲起。

🔹 保持直立站姿，双腿距离略微宽于两肩。首先，双臂前举至肩部。

🔹 然后半蹲屈膝，还原到直立站姿。

（3）站立腰侧屈。

🔹 保持站立姿势，双腿分立，略大于肩宽。双臂向两侧上举。

🔹 首先腰部向右拉伸，此时左臂上举，而右臂则往身后拉伸。以同样的动作要领，换做腰部向左侧拉伸练习。

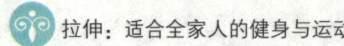

（4）俯撑弓背。

▲ 跪于平整的地面，上身直立，双臂向前伸展支撑住身体，首先头向下低、含胸、脊背略弓。

▲ 然后再往上抬头、挺胸、腰部略微往下。

（5）仰卧屈伸腿。

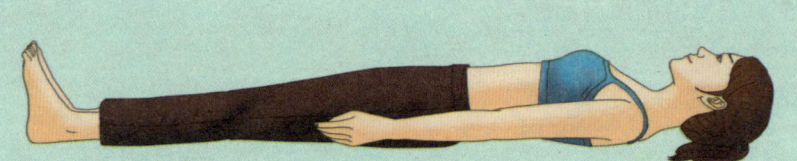

▲ 身体放松，面部朝向天花板，仰卧在床上。双腿自然放平，但要保持伸直。

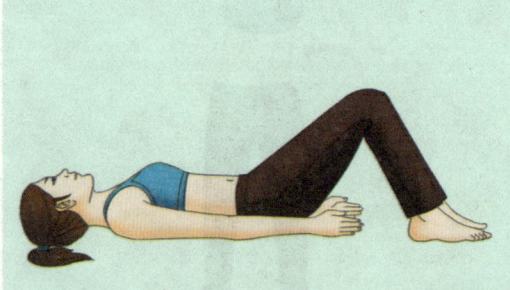

▲ 然后，两腿先屈膝。

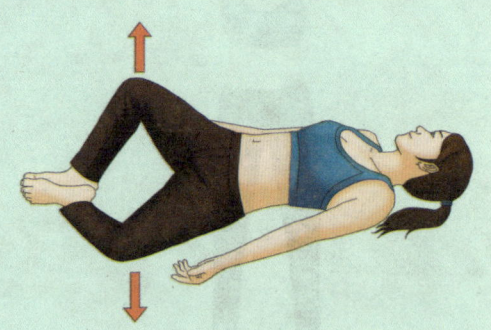

▲ 再往外扩开又收拢，最后两腿还原到自然放平的状态。

（6）仰卧抬臀。

▲ 面部朝向天花板，仰卧在床上，双手自然放在双腿边。

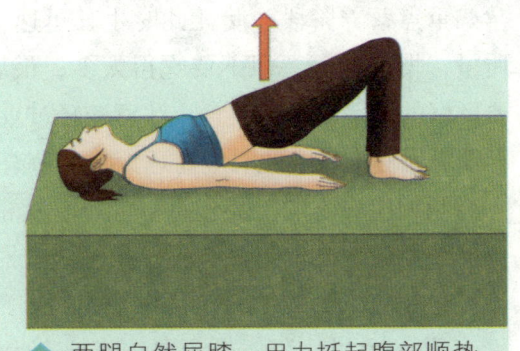
▲ 两腿自然屈膝，用力挺起腹部顺势抬起臀部，稍微保持几秒钟之后再还原到仰卧状态。

（7）侧卧抬腿。

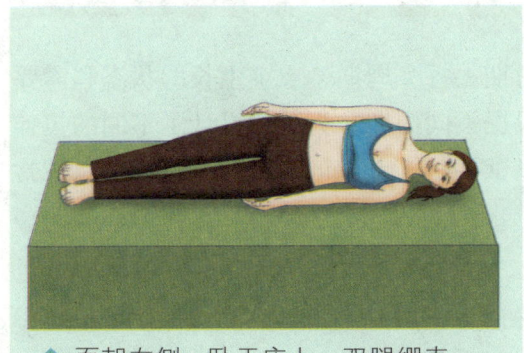
▲ 面朝左侧，卧于床上。双腿绷直。

▲ 然后右腿上举，之后还原。换成右侧卧，交换左腿继续练习。

《黄帝内经》中说："阴阳者，天地之道也。万物之纲纪，变化之父母，生杀之本始。"男为阳，女为阴，中医认为：胎儿的形成就是男女的阴阳精气与天地之气交合而成的，男女的原始之精形成了胎儿的形体。怀孕期间，因为胎儿血液循环、胎儿器官和骨骼生长发育、胎盘生长及其正常功能等，母体对营养的需求量大大增加。所以，妊娠期间，饮食的质比量更为重要。但是，生产后很难恢复正常体形是大部分孕妇所顾忌的，既要保证妊娠期的营养，又能尽量不破坏美好的形体，是每一个孕妇所希望的。

所以，要了解妊娠期不同阶段身体对营养的需求，只要保证营养充足就可以了，饮食可根据自己的食欲而定。

孕期前3个月内，正是胎儿的器官形成阶段，此时一定不要偏食，应多吃些粗制的或未精加工的食品，不要吃有刺激性的东西和精制糖块；妊娠4~6个月期间是

拉伸：适合全家人的健身与运动

孕妇重点营养阶段，胎儿此时生长迅速，需要大量营养，孕妇应适当提高饮食的质量，增加营养，但不要吃得太多；最后3个月接近分娩和哺乳的阶段，孕妇需要良好的营养，平衡饮食，注意减轻过重的体重有助于晚上的睡眠，为孕妇的分娩和哺乳做好准备。此时应注意少吃不易消化的或可能引起便秘的食物。具体来讲：

孕妇应少吃的食品包括：油条、糖精、盐、酸性食物、咸鱼、黄芪等。

孕妇应少吃的果品包括：山楂、桂圆、水果等。

孕妇应少喝的饮料包括：茶、咖啡、糯米甜酒、可乐型饮料、冷饮等。

此外，女性在妊娠期不要一味地安胎静养，在妊娠早、中期，身体尚灵活的时候，可以根据自己的身体素质和爱好，适当地参加一些体育活动，如打太极拳、散步、简单的体操等。妊娠期适当的体育活动能促进机体新陈代谢与血液循环，可增强心、肺功能，有助于消化，还能增进全身肌肉力量，减少分娩时的痛苦。

孕期周期拉伸

怀孕周期，指从受孕到生产之间的时期。每个周期，宝宝生长的状态和需要母体提供的环境是有所不同，下面我们根据不同周期，为孕妇设计了不同的拉伸方法，准妈妈们在身体允许的情况下可以试一试（考虑可能有的危险，图以正常人体显示）。

（1）怀孕第4个月，抬脚休息式。

▲ 平躺的时候，放置一把椅子在前方。深吸一口气，再深呼一口气。

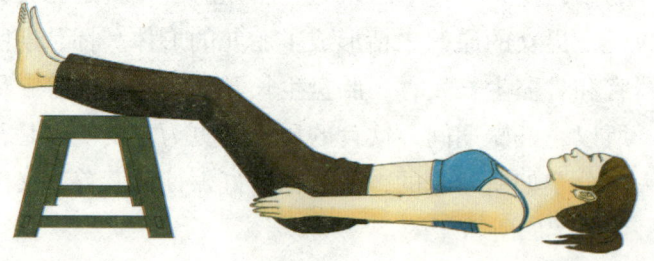

▲ 然后双腿略微张开抬到椅子上，双臂自然放在身体两侧。注意保持放松，持续数十秒钟之后，放下双腿，还原到平躺姿势，调整呼吸。这个动作首先可以减轻腰部疲劳，使腰部肌肉得到完全放松。此外，这也是舒缓腿部疲劳、促进脚步血液循环以及预防腿部水肿的最佳方法。

（2）怀孕第5个月，云雀式。

▲ 跪坐于平坦的床面，深吸一口气，再深呼一口气。右脚向后伸直。

▲ 脚跟放于会阴下方。再次深呼吸，调整身体到平衡状态后，双臂向两侧伸直。此时，面部朝上，上半身则向后仰到一定程度，保持姿势数十秒钟后回到跪坐姿势，调整呼吸，并换左脚练习。这个动作通过刺激腰部和腿部，可以有效增强孕妇的抵抗力、增强身体各方面的机能以及保持身体的平衡。

（3）怀孕第6个月，孕妇娃娃休息式。

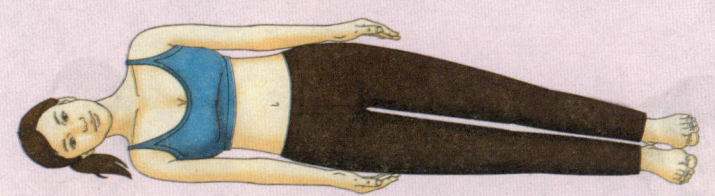

▲ 选择一侧方向，缓慢躺下。

▲ 仍然先做深呼吸，然后将身体转向地板，面朝左，左手自然弯曲放于胸前。右腿保持伸直，左腿则自然弯曲但要能撑住身体，保持几秒钟之后再次做深呼吸，回到开始时的侧躺姿势，调整呼吸，换相反的方向继续练习。练习这个动作切记要全身放松，这样才能达到安眠、缓解疲劳、预防腰背疼痛的效果。

拉伸：适合全家人的健身与运动

（4）怀孕第 7 个月，后视式。

▲ 跪坐于平整的床上，仍然先来一组深呼吸。

▲ 然后身体慢慢向下弯曲，并使臀部坐于两小腿间的空位上，深吸一口气，同时上半身向右侧旋转，左手扶住右膝外侧，右手则用力向后方最大限度地伸展，保持姿势数秒钟之后，调整呼吸，回到开始时的跪坐姿势。换相反的方向继续练习。这个动作主要为了锻炼腰部和背部，调节身体各部分的机能和神经功能，以及预防关节松弛和脚抽筋等情况。

（5）怀孕第 8 个月，吉祥式（注意，此动作有一定的危险性，慎做）。

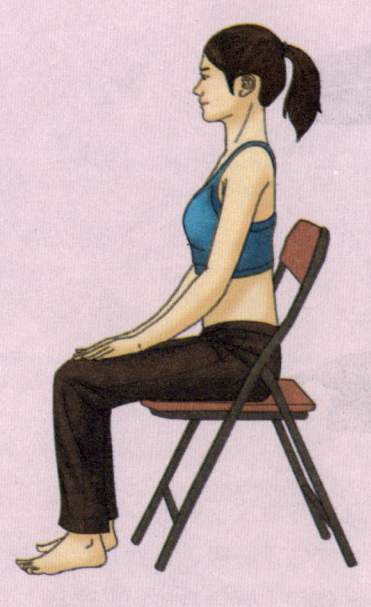

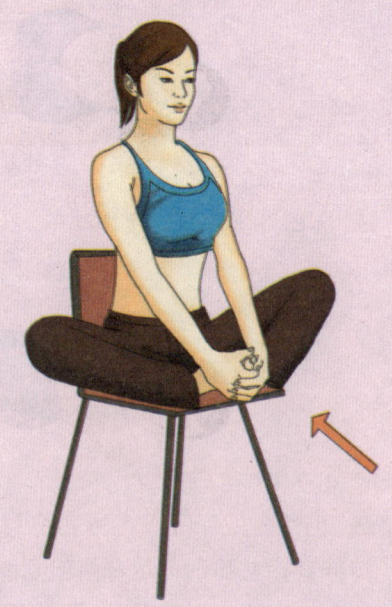

◀ 端坐于椅子上，仍然进行深呼吸。

▶ 使两脚掌向内相对，往会阴方向拉伸脚跟，注意绷直腰背，深呼吸保持姿势数秒钟，然后调整呼吸，放松双腿，还原到端坐式。这个动作的关键之处在于，它可调节骨盆并伸展其关节和肌肉，有助于生产时婴儿的顺利通过。

（6）怀孕第9个月，胸贴地猫式。

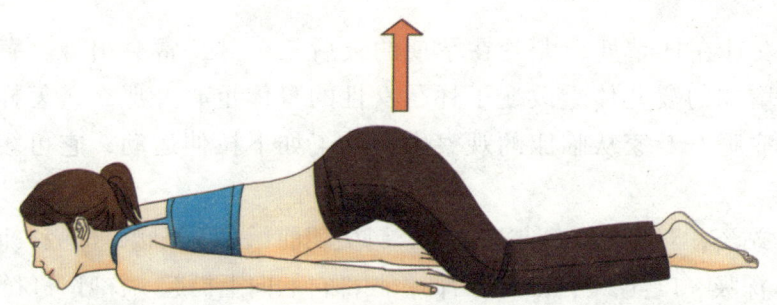

▲ 跪坐于床上，先来一组深呼吸。向上缓慢抬起臀部，双臂伸直自然放于膝盖前，不要大于两肩宽度。注意下颌、胸部和腰部都要最大限度地贴近地面，保持几秒钟之后，调整呼吸，回到跪坐式。

这个动作是怀孕末期的最佳选择，有利于调节胎位，确保顺利生产，此外还能拉伸身体各部，继续减缓四肢疲劳。

（7）怀孕第10个月，天线式。

▲ 深吸一口气的同时，打开左右手，正对着肩部。深呼一口气，并尽力使上身向后仰，保持数秒钟之后，调整呼吸，回到跪姿。这个动作是生产前的多功能动作：首先可使孕妇愁云消退，心情平静，静待生产；此外，它可增加氧气的吸收，促进新陈代谢。

▲ 跪坐于床上，绷直腰背，双臂在胸前自然交叉。

拉伸：适合全家人的健身与运动

缓解孕期腰背痛的拉伸

许多女性在怀孕期，尤其在孕期的最后三个月，常会出现腰背痛。这是由于日趋增加的婴儿体重改变了怀孕女性的身体重心。那么，怎样才能缓解孕期腰背痛呢？专家从临床的观察中设计了如下拉伸运动，它可缓解孕妇的腰背痛：

（1）站姿，双腿分立，与肩同宽，脚尖朝前，双手叉腰，深吸一口气。

（2）深吸一口气，身体略向后仰，腹部自然向上挺起。深呼一口气，身体略微向前屈，直至腰部和背部之间呈现拱形，反复练习10次。

（1）　　　　　　　　　　　　（2）

孕期避免腰背痛，在日常生活中还要注意以下几点：

（1）注意保暖，避免腰背部受凉。

（2）避免睡过软的床垫（棕榈床垫比较合适）；穿轻便的低跟软鞋行走。到了妊娠中后期可对腰背部进行按摩（需遵医嘱）。

（3）保持良好的姿势。走路时应双眼平视前方，把脊柱挺直，并且把身体重心放在脚跟上，让脚跟至脚尖逐步落地；避免长时间站立；坐下时可在腰部的位置上放一个软枕，增加腰部的承托力，或把两腿提高，或者把脚放在小凳上，双腿弯曲；睡觉时，若为侧卧位，需把双腿一前一后弯曲起来，若为平躺位，在躺下时，可以先把双腿弯曲，支撑起骨盆，然后轻轻扭动骨盆，直到调整腰部舒适地紧贴床面为止。

（4）避免提重物，需要弯腰取物时，保持背部挺直，弯曲下肢，抓起东西然后伸直双腿拿起来，避免腰部弯曲用力。

（5）适当控制体重的增长，避免胎儿过大或孕妇过于肥胖，以减少脊柱及腰脊肌的负荷。

（6）有意改善一些生活细节，有助于预防腰背痛。比如，使用长柄的拖把或扫帚；把办公椅的高度调整到最舒适的位置等。

产后塑形拉伸

拉伸是产后塑形的好方法。

（1）选一处平整的地面，盘腿而坐。

左右手分别尽力握住脚踝的地方，头部用力往身后仰，重复这样的练习30次，有利于绷直脊背，使胸部更加健美。

（2）选一处平整的地面，盘腿而坐。深吸一口气，然后向左右两侧分别交替旋转腰部，有利于消除腰部多余脂肪，使曲线更加柔美。

（3）选一处平整的地面，面部朝向天花板，自然平躺。

在肘部的下方垫上垫子，然后肘部略微向上弯曲，用力抬起双腿，以防臀部下垂。

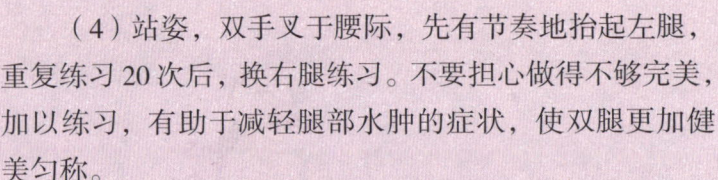

（4）站姿，双手叉于腰际，先有节奏地抬起左腿，重复练习20次后，换右腿练习。不要担心做得不够完美，加以练习，有助于减轻腿部水肿的症状，使双腿更加健美匀称。

此外，还要注意保养以下部位：

1. 会阴保健

每次洗完澡后将甜杏仁油（如果有旧的伤疤的话可以使用维生素E油）抹在会阴上，将手指放在阴道里，然后轻轻向着肛门方向按摩，记住要用力均匀，轻柔地向前按摩后再退回来，手法要稳，可按照U字形来回按摩5~10分钟，直到有轻微的灼热感、发麻或有些刺痛感为止（在生产过程中，当婴儿的头出来时就和这种感觉类似）。

2. 阴道收缩

自然生产后，阴道一般都会变得松弛，如果做做下面这些锻炼可促进弹性的恢复，使阴道紧实。

在小便的过程中，有意识地屏住小便几秒钟，中断排尿，稍停后再继续排尿。如此反复，经过一段时间的锻炼后，可以提高阴道周围肌肉的张力。

在有便意的时候，屏住大便，并做提肛运动。经常反复，可以很好地锻炼盆腔肌肉。

仰卧，放松身体，将一个手指轻轻插入阴道，然后收缩阴道，夹紧阴道，持续3秒钟，然后放松，重复几次。时间可以逐渐加长。走路时，有意识地绷紧大脚内侧及会阴部肌肉，然后放松，重复练习。经过这些锻炼，可以大大改善盆腔肌肉的张力和阴道周围肌肉，帮助阴道恢复弹性。

产后收腹拉伸

产后女性肚子一般都会变大，若想恢复之前平坦的小腹，不妨试试以下拉伸方法：

（1）基本运动：平躺在地板上。双腿自然并拢的同时，屈膝。使骨盆仍然放置在中间的地方，放松肩膀，双手抱住头部。

然后深吸一口气，先将腹部自然放平再慢慢收紧，肩膀上抬，头部也顺势向上抬起。并深呼一口气，注意脊背要始终保持与地面紧密接触，还原到仰卧时，深吸一口气。刚开始可以练习10次，慢慢要增加次数尽量到25次。中间尽量不要休息，然后我们开始后面的动作。

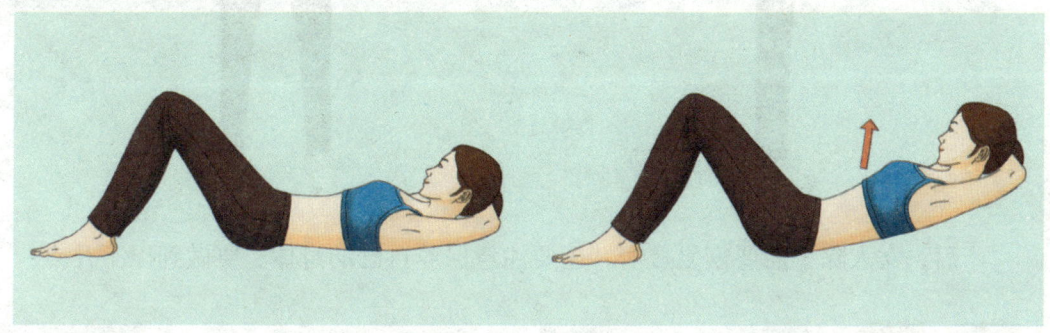

（2）首先跪于地面，双臂举至前方，手掌分开，指尖朝内，带动身体向地面下降，保持几秒钟之后再慢慢向上还原。一共运动6~8次。

（3）先将身体重心置于右腿。然后用右手抱住左腿，并以此力量用力抬起左腿，注意保持抬头挺胸，尽量放松上半身，然后换左腿为重心，左右交替一共练习5次。

（4）保持站立姿势，双臂向身前交叉，再往两侧扩展，注意扩展时不能呼吸。如果有条件，也可在手里增加重物，如哑铃等器械。以同样的动作要领，反复练习5~10次，交叉扩展归为一次。

产后，女人除了需要恢复瘦身，还要注意保养自己的身体，要做到以下几点：

1. 吃好、睡好

产妇的身心极度劳累，所以分娩后的第一件事就是让产妇美美地睡一觉，家属不要轻易去打扰她。睡足之后，应吃些营养高且易消化的食物，同时要多喝水。"月子"里和哺乳期都应吃高营养、高热量、易消化的食物，以促使身体迅速恢复及保证乳量充足。

2. 尽早下床活动

一般情况下，顺产的产妇在第二天就应当下床走动。但应注意不要受凉并避免吹冷风。也可以在医护人员的指导下，每天做一些简单的锻炼或产后体操，有利于恢复，并保持良好的体形。

产后一个星期，产妇可以做些轻微的家务活，如擦桌子、扫地等，但持续时间不宜过长，更不可干较重的体力活，否则易诱发子宫出血及子宫脱垂。

3. 注意个人卫生

"月子"里产妇分泌物较多,每天应用温开水或 1∶5000 的高锰酸钾溶液清洗外阴部。勤换卫生巾并保持会阴部清洁和干燥。

产妇每天应刷牙一两次,可选用软毛牙刷轻柔地刷动。每次吃东西后,应当用温开水漱口。居室内经常通风,室内温度不可太高,也不可忽高忽低。过去常有将门窗紧闭,不论何时产妇都要盖厚被的说法,这是十分危险的,尤其是在夏季,极易造成产妇中暑。

4. 尽早喂宝宝母乳

分娩后乳房充血膨胀明显,尽早哺乳有利于刺激乳汁的分泌,使以后的母乳喂养有个良好的开端;还可促进子宫收缩、复原。哺乳前后,产妇应注意保持双手的清洁以及乳头、乳房的清洁卫生,防止发生乳腺感染和孩子的肠道感染。

5. 合理安排产后性生活

恶露未干净或产后 42 天以内,由于子宫内的创面尚未完全修复,所以绝对禁止性生活,否则很容易造成产褥期感染,甚至造成慢性盆腔炎等不良后果。

恶露干净较早的产妇,在恢复性生活时一定要采取可靠的避孕措施,因为产褥期受孕也是常见的事,应引起重视。

6. 按时产后检查

产后 42 天左右,产褥期即将结束,产妇应到医院做一次产后检查,以了解身体的恢复状况。万一有异常情况,可以及时得到医生的指导和治疗。

7. 不要吹风、受凉

如果室内温度过高,产妇可以适当使用空调,室温一般以 25~28℃为宜,但应注意空调的风不可以直吹产妇。产妇应穿长袖上衣和长裤,最好还要穿上一双薄袜子。产妇坐月子期间不可碰冷水,以防受凉或产生酸痛的现象。

缓解贫血的拉伸

缺铁性贫血是因缺铁引起的一种小细胞低色素性贫血。引起缺铁的原因有 3 大类:

(1) 铁的需要量增加但没有及时补充,见于人体发育期、妊娠期、月经期和哺乳期。

（2）失血，如消化性溃疡、钩虫病、月经过多和各种出血等。

（3）铁的吸收不良，见于胃酸减少（如萎缩性胃炎、胃大部切除）和慢性腹泻等。缓解缺铁性贫血，我们不妨试试拉伸生长哑铃操。下面这套动作能够对骨骼尤其是脊柱产生刺激，能够促进全身机能的改善，提高骨骼的造血功能，缓解贫血，具体做法如下：

1. 辅助提高造血功能的拉伸

（1）保持自然站姿，双腿分立，间距约等于两肩宽度。

双手分别持一哑铃放在身体两侧，然后脚跟慢慢向上抬起再回落。

上半身慢慢向下蹲，双手从两侧向前转动，仍然自然下垂。

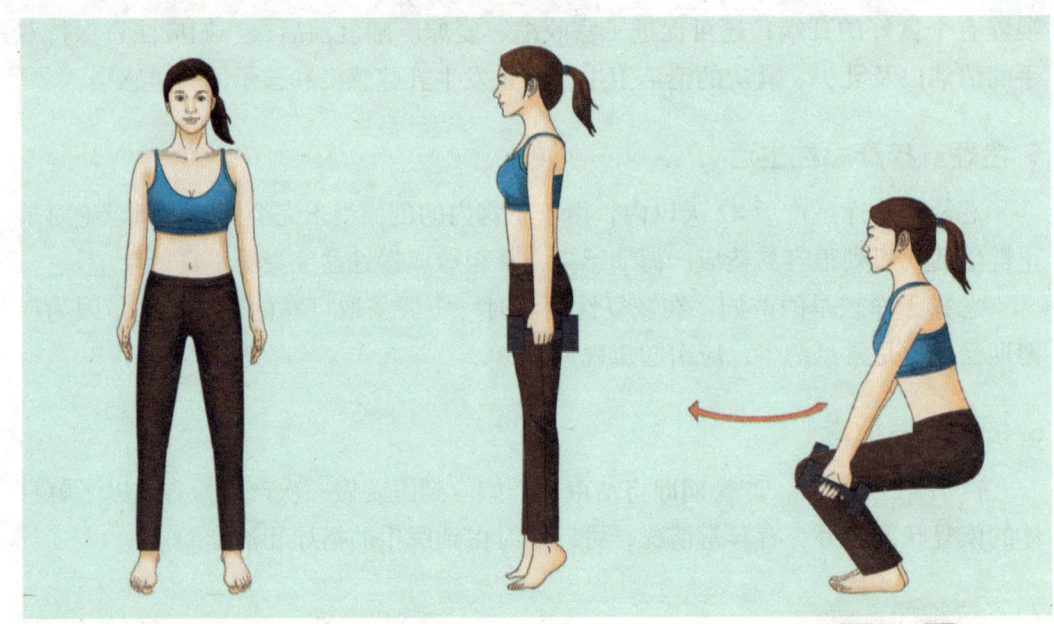

（2）下蹲，直到大腿平行于地面后；慢慢向上直立，双手用力上举，掌心相对。尽力将哑铃举至头顶上方，同时绷直大腿，抬头，全身上提。保持姿势3~4秒钟后，再成下蹲姿势，双手收回。反复练习。注意动作要慢，下蹲和还原时间控制在6~10秒钟之间。

2. 辅助血管的疏通

（1）面朝左侧，自然卧于床上，绷直身体，右脚略微向前移动，直到能与地面充分接触，右手握住哑铃或适合的重物，自然放于身前，同时左手自然屈肘。

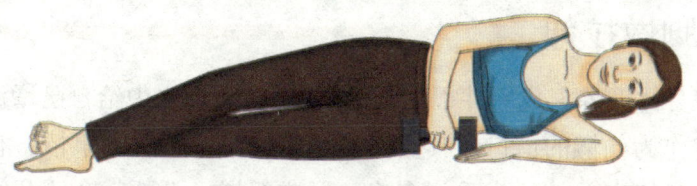

（2）腰部尽量向身后拉伸，同时右手有力上抬，回到侧卧姿势，反复练习。以同样的动作要领，换为右侧卧练习。

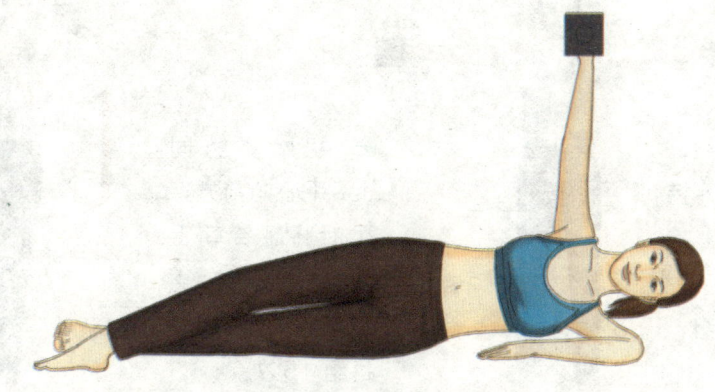

以上动作，能够有效缓解女性贫血的症状。通过刺激脊柱等骨骼，改善全身机能，提高造血功能。

此外，也可以采用以下食疗方改善贫血症状。

1. 猪脊骨莲藕汤

【材料】猪脊骨连髓 500 克，莲藕 500 克，油盐调味适量。

【制法】上述材料加水煲熟。

【用法】服用一般 2~3 天一次。

【功效】治疗肝肾阳虚，气白虚之贫血。

2. 牛骨汤

【材料】牛骨约 500 克，调料适量。

【制法】牛骨砸碎加水煮 2 小时，去骨头，用骨汤、油盐等佐料，菜煮熟。

【功效】治疗再生障碍性贫血。

拉伸：适合全家人的健身与运动

第四节 | 男性练肌拉伸

男性从头到脚做拉伸

很多男性把身体锻炼想成一件很复杂的事，这在无形之中给自己增添了压力，有些人干脆把它作为偷懒的借口。其实，锻炼是最简单不过的事情，它只不过是把一些简单的对身体有益的行为重复多遍，形成习惯。下面就介绍几组拉伸锻炼的方法：

（1）肩部练习。

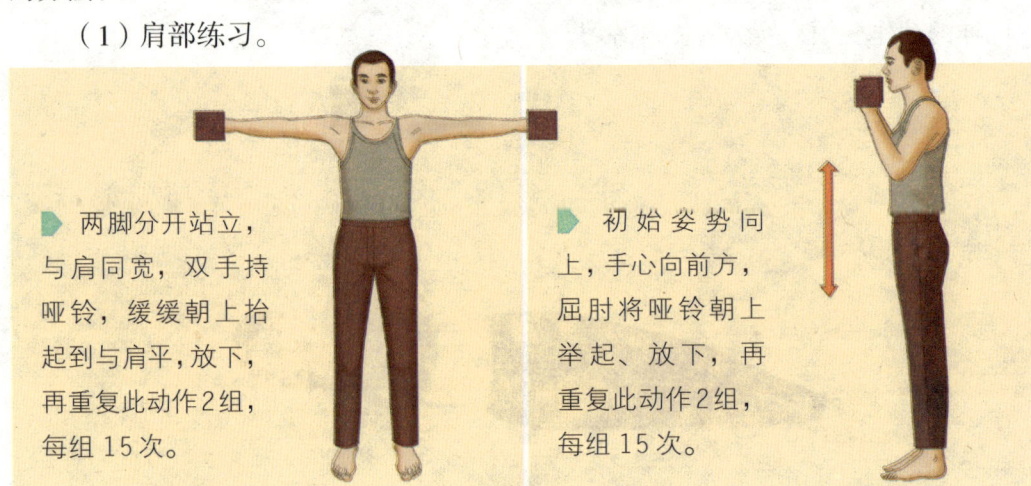

▶ 两脚分开站立，与肩同宽，双手持哑铃，缓缓朝上抬起到与肩平，放下，再重复此动作2组，每组15次。

▶ 初始姿势同上，手心向前方，屈肘将哑铃朝上举起、放下，再重复此动作2组，每组15次。

（2）手臂后侧和肩膀练习。
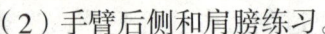

▲ 站立或者端坐，右手持哑铃，缓缓弯曲到脑后。

▲ 接着拉起，左手尽量下垂，重复此动作2组，每组10次，左右交替练习。

▲ 直立，双手持哑铃，重复抬起放下，抬起放下时动作要缓慢，注意力集中在前臂肌肉上，重复练习3组，每组20次。

（3）下腹部练习。

▶ 两脚分开站立，与肩同宽，右手叉在腰间，左手持哑铃自然下垂。

▶ 身体向左侧弯曲，左手尽量下垂，再拉直身体。重复练习2组，每组20次。两侧交替进行。

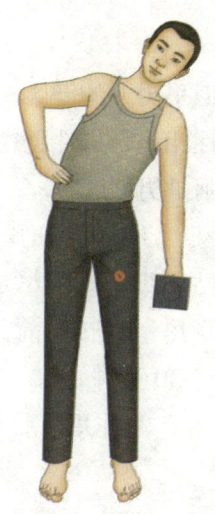

（4）背部练习。

▶ 两脚分开站立，与肩同宽，膝盖弯曲，胸部向前倾，始终保持背部挺直。

▶ 双手持哑铃，向两侧水平提起，感觉到背部肌肉在用力，重复此动作2组，每组20次。

◀ 起始姿势同上，胸部前倾，左手按在膝盖上，右手持哑铃向脚尖方向尽量伸展。

◀ 接着用背部的力量回拉到臀侧，注意胳膊不要弯，控制好速度，重复2组，每组15次。

拉伸：适合全家人的健身与运动

最适合男性的拉伸

在不少人心中，男人就是强壮、阳刚和健美的代名词，似乎男人的健康根本就不用担心一样。事实并非如此，与女性相比，男性免疫力较低，耐久力较差，生命力较弱。为了呵护男性健康，下面介绍几组适合男性的日常拉伸锻炼：

（1）正压腿：单脚站立，另一脚抬起，与胯同高，站立脚的脚尖尽量朝向正前方，抬起脚的脚尖往回勾，上身尽量直腰向前，向下压。左右腿各进行2~3次，每次保持30秒钟。

【作用】拉伸大腿后部及腰部的肌肉和韧带。

（2）一脚放在单杠或者其他固定物上，膝盖弯曲呈直角。另一脚膝盖弯曲，上身下压，前面的一条腿弯曲的程度可根据自己的情况决定。

自然站立，然后双手叉腰，髋关节向前挺，左右腿各进行2~3次，每次保持30秒钟。

【作用】拉伸大腿前面的肌肉和韧带。这个动作要注意的是髋关节向前推，注意收腹。

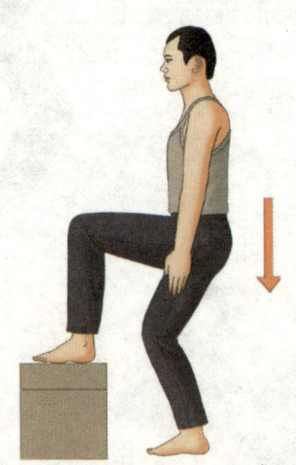

（3）侧压腿：侧向单杠或者其他固定物，一脚抬到与胯同高的位置；站立脚在身体的正下方，脚尖尽量朝向正前方。

抬起脚，脚尖朝上，双手抱头，上身尽量向抬起脚的方向下压。左右腿各进行2~3次，每次保持30秒钟。

【作用】拉伸大腿内侧的肌肉和韧带。

日常休闲拉伸 第二章

（4）压小腿：单脚站立，另一脚脚尖放到固定物上，挺直身体，脚伸直后向前压。左右各做2~3次，每次保持20~30秒。

【作用】拉伸小腿后面的肌肉。

（5）背部拉伸：双脚分开略比肩宽，上身前屈，双手伸展拉住固定物，臀部向后用力，拉伸背部。拉伸20~30次或者根据练习的需要进行。

（6）胸部拉伸：双脚分开与肩同宽。双手向后交叉相握后尽量伸开。手臂高度不同，刺激的部位也不同，可以每个部位拉伸20~30秒钟。

拉伸：适合全家人的健身与运动

白领男性简易拉伸

白领男性常久坐不动，这样会影响男性性功能，所以建议大家多做拉伸运动。

（1）膝上提：锻炼大腿前侧、下腹部肌肉。

（2）膝上提之伸展运动。

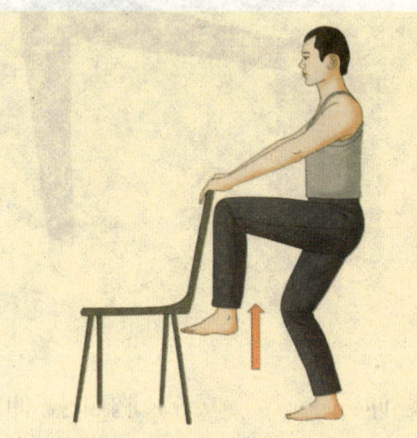

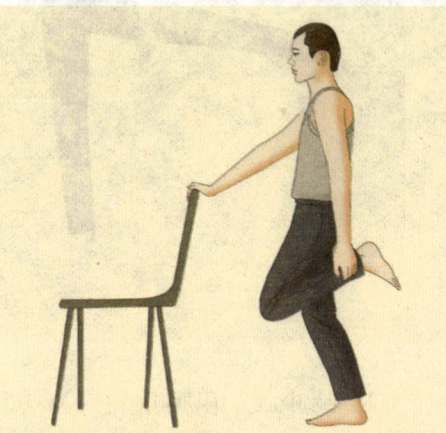

▲ 站在椅子背后，双手握住椅边并撑住。提气、挺胸、缩小腹，背挺直。先吸气，吐气时屈膝把脚往上抬，脚上提程度视个人体能而定。背部挺直，大腿尽量与身体呈90度；或者以单脚屈膝上提，较省力。

▲ 站在椅子背后，也可改成墙壁、桌子前。单脚提起，以同侧的手抓住脚踝，另一手扶住椅背。保持20秒钟，感觉大腿前侧肌肉紧绷。支撑脚的膝盖要稍微放松弯曲，可避免韧带受伤。身体挺直不要前倾。

（3）伏地挺身：此动作可以锻炼胸大肌及后手臂。

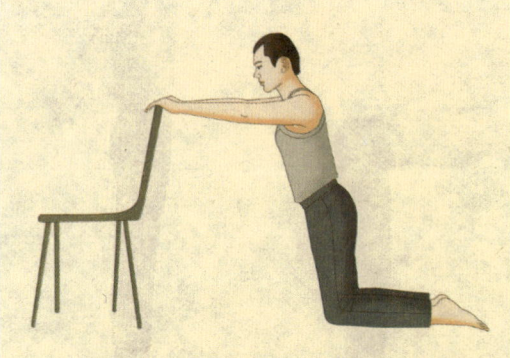

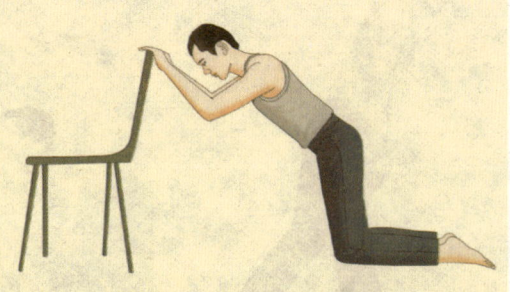

▲ 屈膝跪姿，身体稍微前倾，背挺直，双手朝前并扶住椅边。

▲ 吸气时重心往下压，吐气时肘关节放松，将身体上推。下压时的角度因人而异。

（4）伸展运动。

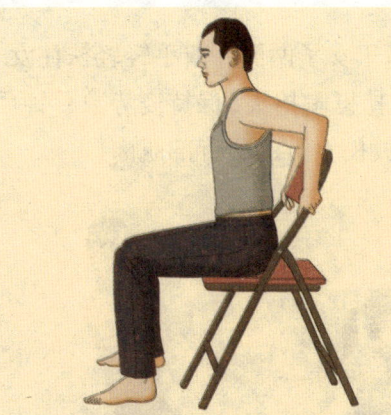

▲ 坐在椅子上，双手反抓住椅背，提气、挺胸、缩小腹，背部挺直。持续20秒钟。

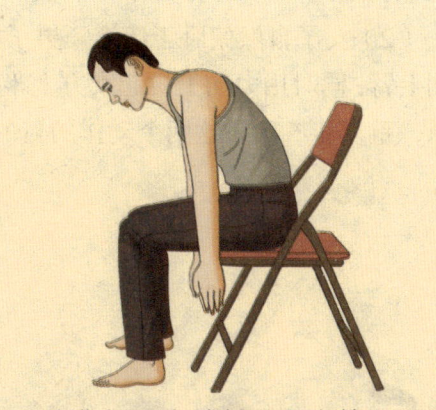

▲ 使背部肌肉放松。坐在椅上，双脚分开与肩同宽，颈部放松，身体向下弯曲，手臂自然垂在两侧，保持10~20秒钟，缓缓起立。

（5）颈伸展运动。

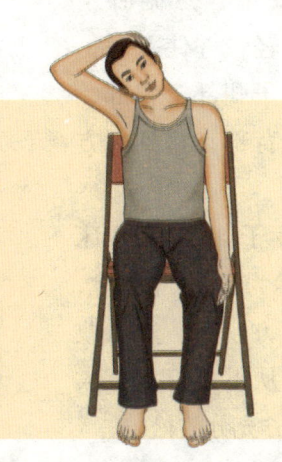

▶ 放松颈部，减少颈部酸痛。坐在椅上，挺直背部，挺胸收腹，先用右手将头缓缓向右倾，放松，换左手重复。肩膀与地板呈水平，不要歪斜，腰背挺直，才会最大限度地拉伸肌肉。

夫妻保健拉伸

　　一个人要保养人体元气，避免阴精过分流失，行房事时就要谨防四虚，注意季节、时令、环境、疾病对性健康的影响。例如，春天，人的生殖功能、内分泌功能相对旺盛，性欲相对高涨，这时适当的性生活有助人体气血调畅，是健康的；夏季，身体处于高消耗的状态，房事应适当减少；秋季，万物肃杀，房事就该开始收敛，以保精固神，蓄养精气；"冬不潜藏，来年必虚"，冬季更应节制房事，以保养肾阳之气，避免耗伤精血。

　　也可以通过拉伸方法来保养体内的元气。

（1）首先，男子将女子的腰背部用力上抬，女子保持抬头挺胸，保持姿势几秒钟后还原，重复练习4~6次。

（2）女子自然俯卧于床上。男子打开双腿跪于女子两侧，双手轻轻扶住女子两侧上臂，同时用力向上拉起女方上半身，女方保持挺胸抬头，保持姿势数秒钟后，还原，重复4~6次。这两个动作的目的在于充分放松女方的腰背部肌肉。

（3）女子自然俯卧于床上。男子轻轻握住双拳，慢慢敲打女子腿部、臀部、腰部以及肩背部，直到女方充分放松。

（4）女子自然俯卧于床上。男子变拳为掌，从下到上，轻轻拍打女方小腿。然后改为半握拳，从下敲打女方大腿，直到女方充分放松。

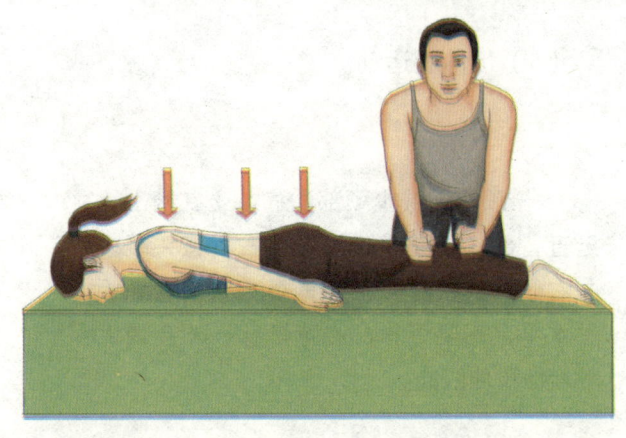

（5）女子自然仰卧于床上。

男子双手置于女方肚脐附近，按顺时针方向，用手掌来回轻轻按摩，直到女方彻底放松。

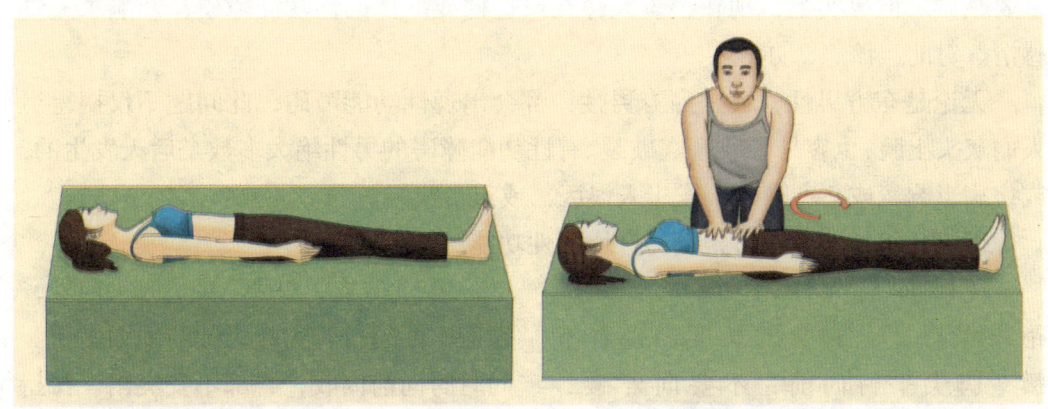

（6）女子自然仰卧于床上。男子双手置于女方左侧肩部，按照顺时针方向，用手掌来回轻轻按摩。然后双手置于女方右侧肩部，以逆时针方向，用手掌来回轻轻按摩，直到女方彻底放松。

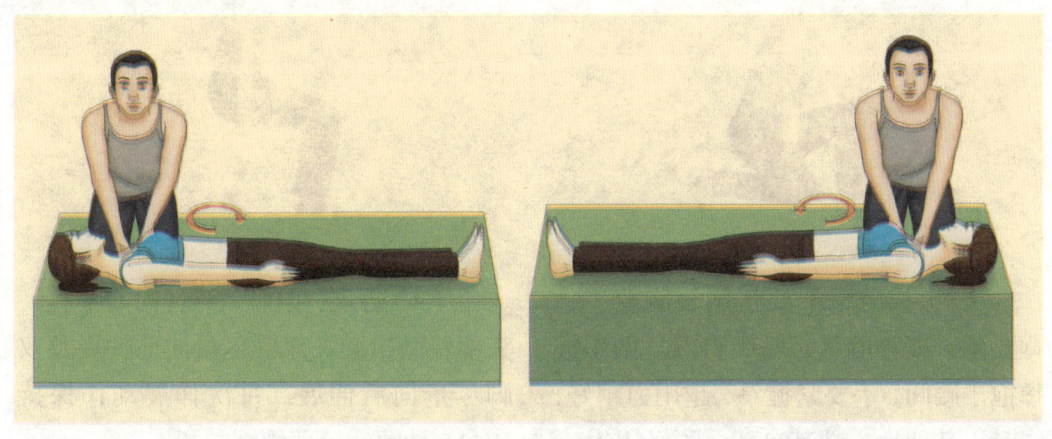

（7）女子自然仰卧于床上。男子将双手置于女子头部，用手指指腹部轻轻拍打头部和面部，直到女方充分放松。

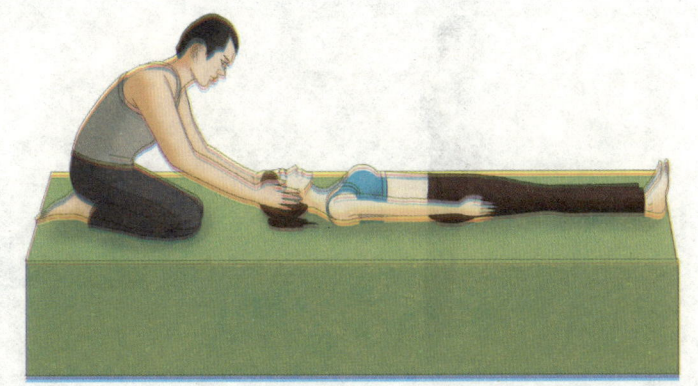

辅助增强性能力的拉伸

性生活是夫妻生活的内容之一，而健康和谐的性生活是夫妻关系和谐美满的重要基础。但事实上，现在很多人存在或这样或那样的性功能障碍，影响了夫妻感情。对此，该怎么办呢？

无论是东方男性，还是西方男性，都会出现性功能障碍，此问题不仅搞得男人们灰头土脸，也容易导致家庭破裂。有性功能障碍的男性绝大多数是后天发生的，或疾病影响，或心理障碍，或步入误区，或重，或轻。

以下几组拉伸方法可帮助男性增强性功能：

（1）平行分开站立，两脚间的距离保持三个脚掌的长度，接着下蹲，脚尖平行向前，不要向外撇。重复练习。

（2）直立，双膝弯曲，脚尖向外，膝盖不能超过脚尖，大腿与地面平行。同时胯向前内收，臀部不要突出。保持1~2分钟。

（3）拔背，不要挺胸，胸要平，背要圆。凝神静气，呼吸自然。两手握拳抱于腰间，手要紧握拳，越用力越好，同时，其他地方顺其自然，不必用力。

（4）舒展：俯卧，双臂向前伸直，头部轻微抬起，双臂尽量向前伸展及双脚尽量向后伸展，每次伸展动作保持10~15秒钟，接着缓缓放松。

（5）伸展：这套动作形如猫的伸展。首先将双臂向前伸展，手掌触地；接着将膝盖以上的身体向后拉到臀部，接触脚，双膝贴地，臀部贴脚，尽量舒展手臂、头和背部，舒展动作保持10~15秒钟，接着缓缓放松，再重复整个动作。

除此，还可以配合按摩方法，以便能取得更好的疗效：

1. 按摩涌泉穴

涌泉穴位于足底中心部，足趾跖屈时呈凹陷处。按摩前，将手足左右交叉，以右手掌对准左足的涌泉穴，反复搓摩100次；再用同样的方法按摩右足。搓摩时保持一定的节奏。此法有交通心肾、引火归原之功，有防治失眠、遗精的作用。

2. 双掌摩腰法

坐在床上，用双手掌贴在肾俞穴（在第二腰椎棘突下旁开1.5寸处），中指正对命门穴（在第二腰椎与第三腰椎棘突之间），意守命门，双掌从上向下摩擦100次，以有温热感为宜。这种功法具有温肾摄精的作用，对男性遗精、阳痿、早泄等有很好的调节作用。

3. 按摩腹部

将双手掌重叠，从剑突向下推腹至耻骨联合，反复36次。长期坚持有助于增强性功能。

4. 按摩双肾俞

双手外劳宫穴（位于手背侧，第2、3掌骨之间，掌指关节后0.5寸处）紧贴背部双肾俞穴，手指放松，微屈，按摩30次，速度不宜过快，要稍用力缓慢进行。坚持按摩有助于增强性功能。

辅助防治遗精拉伸

遗精是指男子不因性交而精液自行排出的现象。在睡眠中发生的遗精叫梦遗，在清醒状态下发生的遗精叫滑精。常见症状如下：

（1）婚后有规律的性生活仍发生遗精。

（2）未婚发生过频遗精，一周泻 3 次以上或一夜多次。

（3）仅有性欲观念即出现滑精，或在睡眠中发生遗泄。

（4）头晕目眩，情绪不稳定，神经萎缩，失眠多梦，记忆力减退，健忘易恐，精神抑郁，体力疲倦。

（5）伴有性欲减低、早泄、阳痿等症状。

（6）精液量减少或过多，质稀淡，不黏，无味，精子含量较正常减少。

治疗遗精的方法很多，可以兼顾一些外部疗法，拉伸就是个不错的选择：

（1）采取站位，上半身向前后弯曲 10~20 次。注意，膝盖不可弯曲。

（2）采取站位，两手下垂，上半身向左右旋转 20~30 次，两手随着旋转的动作自然地甩向背部。

（3）采取站位，上半身先后向左右方弯曲，侧伸的手要沿着体侧抬高到腋下来帮助弯曲运动，左右各弯曲 16~20 次。

（4）用力收缩肛门 5 秒钟，再放松，如此反复 20 次。

（5）张开双脚，挺胸，臀部稍向后蹶，使力量集中于腰部和腹部，也可用直立的姿势吸气，吐气的同时，把两脚间的距离徐徐张大，重复 5 次以上。

（6）两脚并排，仰卧在地板上，两手贴在身体两侧或两手伸直，不可接触地板，身体先仰卧后坐直，开始做时也可利用两手从头部挥下的反作用力促使上身坐直，但手不可去抓物体或压在地板上，需做 10~25 次（即仰卧起坐）。

（7）腰部俯仰：俯卧，把头和并拢的双脚尽量抬高，然后突然放下，下颌抬起，后脚跟用力收缩，重复做 10 次。

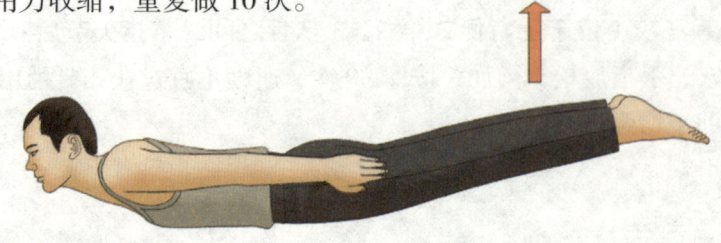

第五节 老年人保健拉伸

老年人怎样拉伸最好

老年人因身体条件各方面都有别于年轻人,因此在锻炼时应坚持以下几点:

1. 因人而异,量力而行

根据自己的情况和锻炼水平,选择适宜的内容与方法,一般可以进行一些速率均匀、动作缓慢、强度不大的拉伸运动。

2. 循序渐进

每次锻炼的活动量要适度,开始时活动量要小些,以稍觉疲劳为度,坚持一段时间之后而不感到疲劳时,再逐渐增加活动量。如适应能力在渐渐提高,说明体质也随之增强了。

3. 持之以恒

体育锻炼只有坚持不懈才能奏效,如果"三天打鱼,两天晒网",间断进行,各器官系统得不到连续的刺激,效果就不会好。要有持之以恒的精神,从参与中养成锻炼的习惯并产生兴趣,从兴趣的产生中获得发自内心的欢乐。

4. 注意安全,讲究卫生

体育锻炼要讲究科学,每个动作节奏以及用力大小、时间和内在意向都有其规律和特点,如莽撞不讲科学,将会适得其反。锻炼之前要做准备活动;锻炼时注意场地环境的安全,掌握一些体育卫生常识。

甩手,适合老年人的拉伸

对于老年人来说,甩手运动是一种便于操作的保健方法。甩手运动的特点是"上虚下实",也就是要求人们在甩手时动作柔和,精神集中,两手摇动。这样可以改变体质上盛下虚的状态,使下部兼顾,上身轻松。

要想甩手有产生拉伸的功效,必须要遵守一定的原则,正如"甩手十六诀"中所要求的:"上宜虚,下宜实,头宜悬,口宜随,胸宜絮,背宜拔,腰宜轴,臂宜摇,肘宜沉,腕宜重,手宜划,腹宜质,跨宜松,肛宜提,跟宜稳,趾宜抓。"

下面，我们就来具体介绍甩手功的动作要点：

（1）身体站直，集中精神，眼睛向前看，两脚分开，与肩同宽，左右肩轻松自然，双手自然下垂。

（2）整个脚底贴平地面站立，脚趾抓紧地面，如太极拳之马步。

（3）上身尽可能地放松，然后使用腕力，将手掌轻轻地张开，慢慢上举至与肩同高；再用力向后或向左右方向甩，高度要尽可能高。

开始甩手可先做 20~50 次，以后逐渐增加次数。速度要缓，以保持呼吸顺畅。甩手运动不局限于老年人，任何人都可操作。当然，对老年人和久坐伏案者更适宜。在甩手过程中，能积极活动肩、肘关节，促使手臂振动，活动筋骨，有助于人体经络气血的循环与通畅，对心肺健康十分有益。

老年人可持之以恒地加以锻炼，每日一次或三次皆可，甩手的数量也可多可少，视每个人的体力而定，量力而行。

老年人保健拉伸

人到老年，体内会发生一系列的变化，各种内脏器官的机能下降，免疫力也随之降低，此时健康合理的运动对老年人特别重要。

（1）头颈运动。

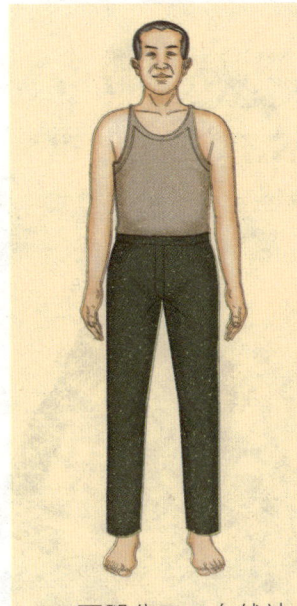
▲ 两腿分开，自然站立。

▲ 两手摩擦脸部，上下顺时针、逆时针各摩擦15~20次。

▲ 两手叉腰，左右转头，眼望天空，各8次。

（2）上肢运动。

▲ 立正，屈肘，两手置于肩上，肩部向前、向后各绕环10~15次。

▲ 然后两手伸开向前、向后再绕环10~15次。

▲ 再以两肘上提两手至胸前，手心向上。

拉伸：适合全家人的健身与运动

◀ 接着翻掌，两臂向头上方伸展，掌心向上，同时吸气，还原时呼气，做15~20次。

▶ 两手握拳于腰部，拳心向上，左脚跨出成左弓步，两拳冲出，拳心向下，还原；再换右弓步冲拳，左右各做15~20次。

（3）躯干运动。

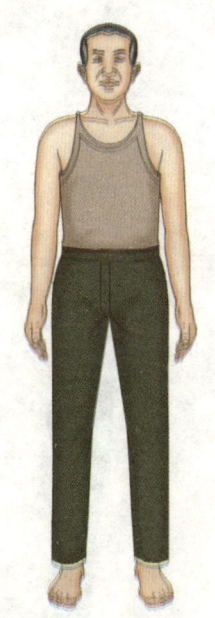
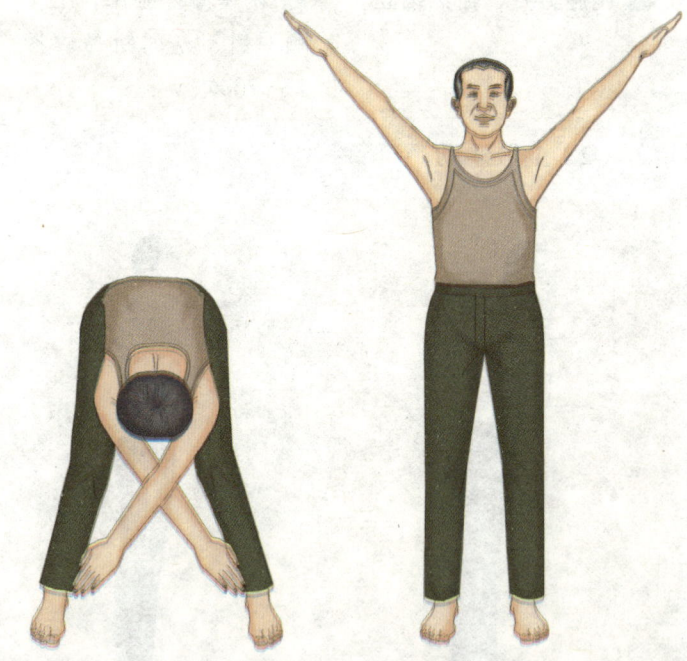

▲ 两腿分开至肩宽。

▲ 上体弯曲，两臂于腿前交叉重叠。

▲ 上体抬起，两臂斜上举，放下还原；再重复做10~15次。

◀ 两手叉腰，旋转髋部，左右各做8~15次。

▶ 再以左手叉腰，右臂侧上举，身体向左侧屈2次，左右交替各做10~15次。

（4）下肢运动。

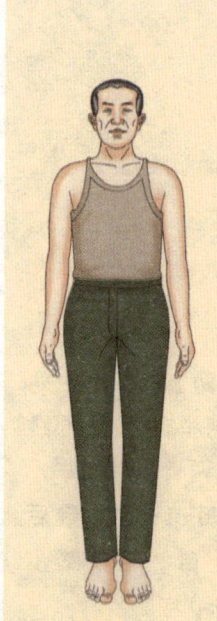

▲ 立正。

▲ 上体弯曲，身体下蹲，两手掌按膝，左右转膝各8次。

▲ 左脚向后半步，前脚掌着地，两臂经前上举，掌心向前。

拉伸：适合全家人的健身与运动

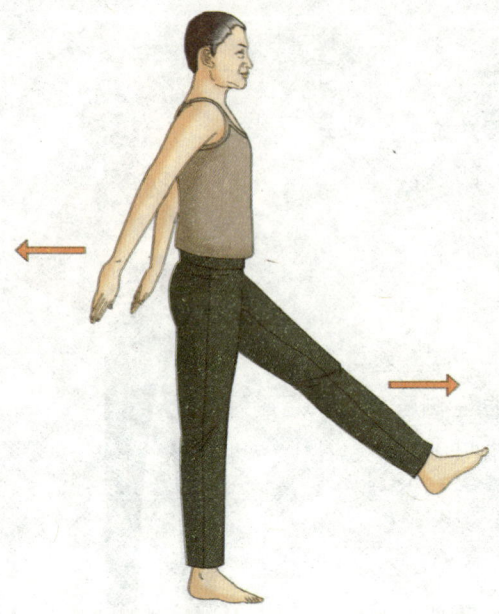

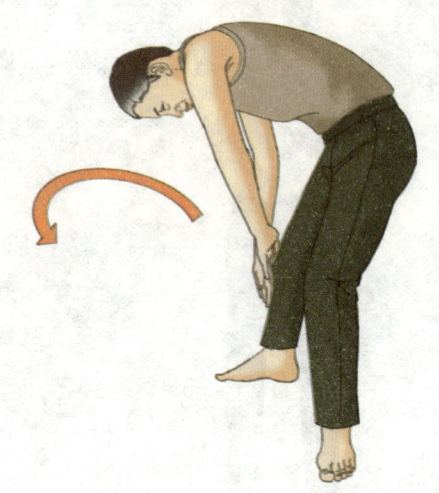

🔺 踢左腿两臂后摆，还原；左右腿各踢 10~15 次。

🔺 左脚向左跨成左弓步，两臂上举，随身体右转，向下绕环至右踝，还原；左右脚各做 10~15 次。

🔻 两脚跳开，两臂侧举，两脚再跳合，两臂上举击掌，跳 10~15 次，最后原地自然轻松踏步 30~50 次。

赤脚走的拉伸

人的脚是由骨头、肌肉、肌腱、血管、神经等组成的运动器官，脚上的穴位众多，并有许多穴位是与内脏器官连接的神经反应点，所以中医认为脚是人体之根，脚部血液循环的好坏，与脑、骨盆内的血液循环密切相关。经常赤脚活动，有利于促进全身血液循环和新陈代谢，并可以调节自主神经和内分泌功能，提高机体对外界变化的适应能力，能预防神经系统和心脑血管疾病。

在进行赤脚走锻炼身体之前最好进行一些简单的脚踝部拉伸热身，可以减少在运动中造成对脚部不必要的伤害，也有助于赤脚锻炼获得更理想的养生效果。拉伸方法如下：

（1）先将右脚抬高离开地面，顺时针旋转脚和脚踝10~12次之后再逆时针旋转脚和脚踝10~12次，然后，换左脚也进行同样的练习。做完上面的练习，接着踮起脚尖站立3~4秒钟，这个动作可以起到收缩小腿肚的作用。这个收缩动作会使下面的拉伸练习变得容易一些。

（2）选择一面墙体，双腿一前一后，将手臂抬起，前臂靠在支撑物上，额头枕于手上。

后腿伸直，前腿弯曲，前脚趾指向正前方。将髋部缓缓前移，腰部保持平直。拉伸时后脚的脚跟不能离地，脚趾指向正前方或者稍稍向内。保持轻松拉伸10~15秒钟，然后左右腿交换再做相同的动作。

（1）

（2）

（3）双腿一前一后分开站立，在微微屈膝的同时将髋部下移。在这个过程中后背始终保持平直，后脚的脚趾稍稍向内或者指向正前方。这个动作可以增强脚踝的灵活性。保持这个姿势10秒钟。跟腱只需有轻微的拉伸感即可。这个姿势主要是拉伸小腿肚的比目鱼肌和跟腱部位。

（4）拉伸髋侧部。先从拉伸小腿肚的起始姿势开始（在拉伸过程中要始终保持后脚趾指向正前方，脚跟不要离开地面）。拉伸右侧髋部的肌肉时，将右侧髋部微微转向身体内侧，使右侧髋部向右突出，同时肩膀微微向髋部的相反方向倾斜。保持5~15秒钟。相反方向也要做同样的动作。

（5）双腿直立，双脚脚尖指向正前方。右膝微屈，将左髋向右膝方向下移。这会令你的左大腿内侧（左腹股沟）有拉伸感。保持这个姿势5~15秒钟。然后，相反方向做同样的动作。

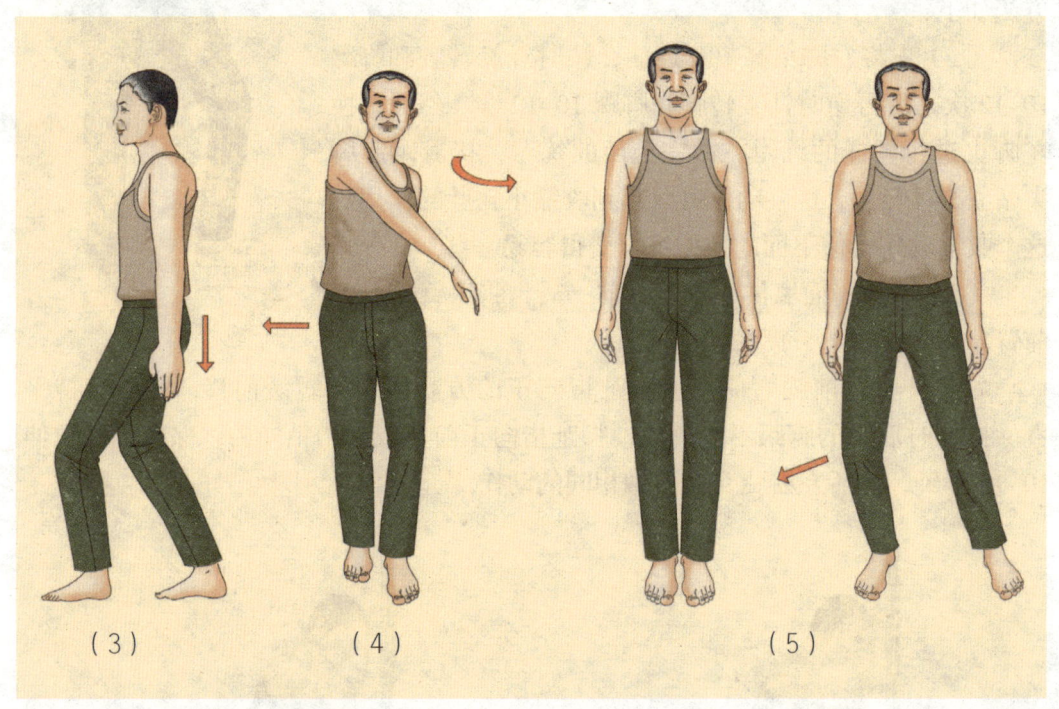

（3）　　　　　（4）　　　　　　　（5）

（6）拉伸髋部梨状肌。单腿站立膝盖微屈，将另一条腿向上盘起，小腿外侧放在站立腿的膝盖部，一只手放在盘起的腿的脚踝内侧，另一只手置于该腿的大腿上。现在加大膝盖的弯曲程度，同时，将胸部前倾，使其比站立腿的膝盖位置稍稍靠前。保持5~10秒钟。拉伸时要保持顺畅的呼吸。相反方向做同样的动作。

（7）拉伸大腿后腱部。寻找一个墙体，将一只手扶在墙体上，用另一只手将一条腿的膝盖拉向胸部。保持腰部和髋部的挺直。站立的那条腿，脚朝向正前方，膝盖微微弯曲2~3厘米，保持轻松拉伸5~15秒钟。相反方向进行同样的练习。

（8）拉伸腹股沟、大腿后部和髋前部。

寻找一个固定物体，将一条腿的前脚掌放在一个固定的物体上，另一条腿直立，脚尖指向正前方。

弯曲抬高的那条腿的膝盖连同髋部向前移。保持这个姿势10~15秒钟。相反方向做同样的动作。

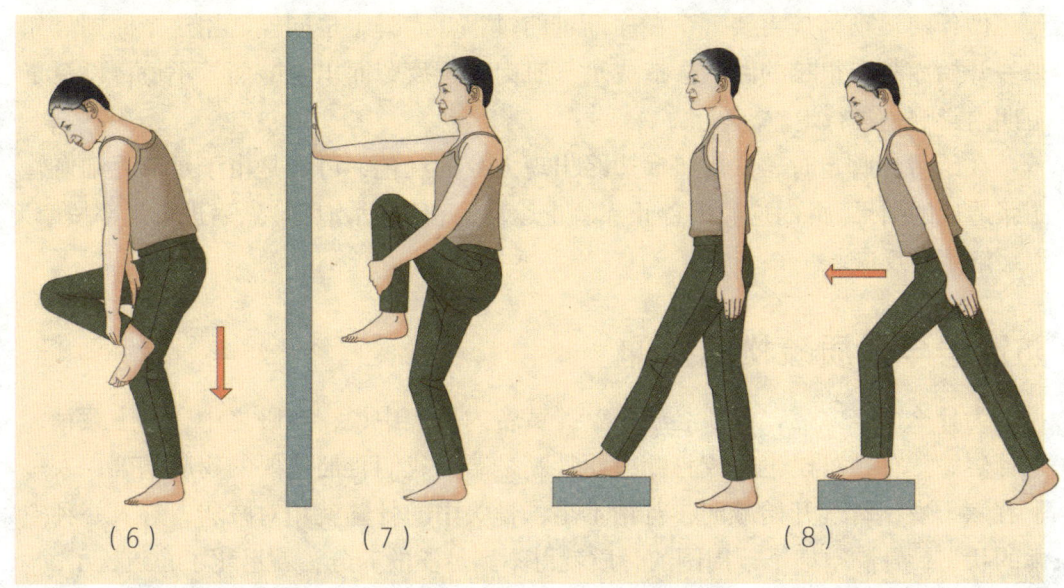

（9）一条腿向后抬起，脚前端搭在高度适宜的横杠上，收缩臀肌，另一条腿微屈（2~3厘米），整体缓缓向前拉，上半身要保持挺直，踩在地面上的脚朝向正前方。可以稍稍弯曲站立的腿的膝盖以调整拉伸力度。保持轻松拉伸5~15分钟。然后，进行相反方向的练习。

（10）拉伸股四头肌和膝盖时，左手握住右脚前部，将右脚脚跟轻轻拉向臀部。当用对侧的手握住脚进行拉伸的时候膝盖会自然弯曲。如果膝盖有健康问题或者正在康复，那么做这个拉伸练习再合适不过了。每条腿保持这个姿势10~20秒钟。

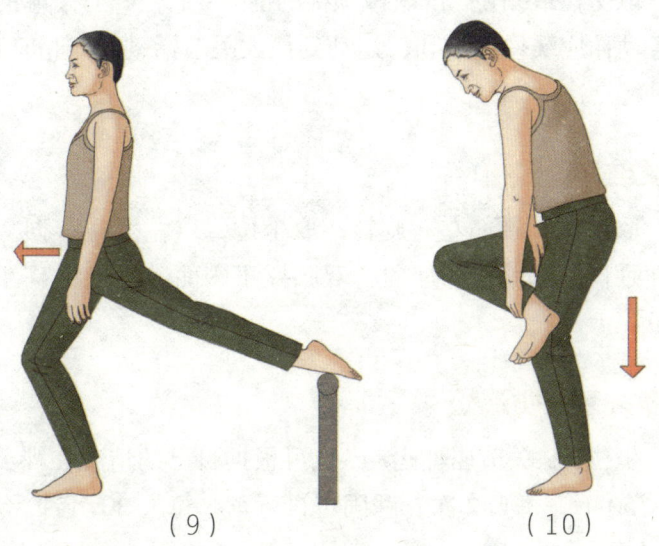

另外要注意的是，赤脚走不要选择气温很低的时候进行户外赤脚走，也不要在高温阳光下的柏油路、水泥路和沙子上赤脚行走。高血糖的糖尿病患者应避免赤脚走，否则足部皮肤受伤，会造成截肢的危险。此外，糖尿病人平常应该做好足部保护，选择合适的鞋袜，袜子要松不要太紧，趾间缝隙不可潮湿，鞋底不可残留尖硬物体，尽量将足部受伤害的危险降到最低。

做任何运动都是需要一个循序渐进的过程，赤脚走也同样适用这个原则。如果一开始赤脚走很长的路，会造成足部肌肉过于疲劳而出现酸痛等不适，以至于短期内影响正常行走。

在练习赤脚走时若发现脚底边缘出现大片的红色，可能是由于足部毛细血管扩张造成的结果。此时应暂时停止赤脚走运动，并用热水泡脚，然后进行足部按摩，以缓解不良反应。

防治老年骨质疏松的拉伸

为什么人老之后，骨质会疏松？《黄帝内经》中说，五脏之中，肾主藏精，主骨生髓。肾精可以生化成骨髓，而骨髓是濡养我们骨骼重要的物质基础，人过了五六十岁，肾气开始减弱，肾精不足，骨头中的骨髓就相对减弱，进入一种空虚的状态；骨髓空虚了，周围的骨质就得不到足够的养分，就退化了，疏松了。

尽管骨质疏松是人体一种正常的生理过程，但它并不是不可避免的。拉伸就是一个很好的方法：

1. 颈椎骨质疏松

取坐位或站位，依次做颈椎的前屈、后伸、左右侧屈、左右旋转及环转等动作。注意动作应缓慢、柔和，运动到最大关节活动时维持 2 秒钟，每个动作 10 次，一天进行 2 次。

2. 腰椎骨质疏松

取站位，腰部左右旋转；取坐位，以左手碰右脚，右手碰左脚；仰卧起坐；取仰卧位，双髋双膝屈曲，双脚撑于床面，尽量将臀部抬离床面。每个动作重复 30 次。

3. 膝关节骨质疏松

坐位，膝关节屈伸运动，也可根据自己的情况在踝关节处绑适度重量的沙袋，每次 50 下，每天 2 次；踩固定自行车，每天 30 分钟。

当然，对于那些已经出现骨质疏松的老年人，也并非不能挽救，从以下几个方面进行调理，骨质疏松症是完全可以缓解乃至根治的：

1. 多喝骨头汤，注重养肾

平时多喝点骨头汤，最好是牛骨汤，因牛骨中含大量的类黏朊。熬汤时，要把骨头砸碎，以一份骨头五份水的比例用文火煮，煮 1~2 小时，使骨中的类黏朊和骨胶原的髓液溶解在汤中。另外，还可以多吃一些坚果，像核桃仁、花生仁、腰果，这些果子都是果实，植物为了延续后代，把所有精华都集中到那儿了，有很强的补肾作用。"肾主骨生髓，脑为髓之海"，肾精充盈了，骨髓、脑子就得到补充了。

2. 多参加体育活动，以走路为主

随着年龄的增长，运动减少也是老年人易患骨质疏松症的重要原因。进行适当的锻炼，肌肉对骨组织会产生一种机械应力的影响，肌肉发达则骨骼粗壮。因此，在青壮年期，应尽量参加多种体育活动。到了老年，最好的锻炼是每天走路，走到身上微微有汗，气血开始运动起来就行了，这时内在的废弃物已经排出，这就达到目的了，不要大汗淋漓。

3. 补钙要科学

骨量的维持在很大程度上与营养及合理摄入的矿物盐密不可分。养成合理饮食的良好习惯，多吃含钙食物，对骨的发育和骨峰值十分重要。对于饮食钙低者，应给予补钙。

一般来说，口服是大家主要的补钙方式，但每次服用的量不要过多，可分多次服用。依据我国营养学会的推荐标准，成年人每日补钙要达到 800 毫克，50 岁以上的人最好能达到 1000 毫克。最佳服用时间是饭后半小时，晚上服用效果更佳。

最后需指出，骨质疏松的治疗不是任何一种药物或方法单独使用就能达到明显疗效的，它需要根据患者的具体情况综合用药，并结合体育运动，防止跌伤。更重要的是，应该积极地预防骨质疏松的发生。

防治老年性关节炎的拉伸

关节炎一般多发生在 50 岁以上的中、老年人，其特征为关节软骨变性和唇样骨质增生，常发病于某一关节，尤其是负重大、易于劳损的大关节。

老年性关节炎发病缓慢，虽多发病于某一关节，但也有膝、腰、髋关节同时

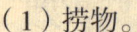 拉伸：适合全家人的健身与运动

患病的可能。症状为关节酸痛和关节动作僵硬感，尤其休息后开始活动时最为明显，而适当活动后僵硬感便可减轻或消失，但天气变冷或着凉、受潮湿、持物过多、劳累时均可使关节酸痛症状加重。

加重时，关节活动时常可听到摩擦音，关节局部有轻度压痛，但常无肿胀。

缓解关节炎症状可以试试拉伸疗法：

（1）捞物。

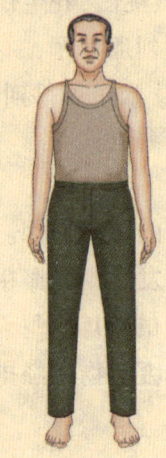

◀ 站立，两脚分开与肩同宽。

◀ 上身向前弯曲，前臂向下做捞物动作，每天早晚各1次，每次30~50下。

（2）耸肩。

（3）画圆圈。

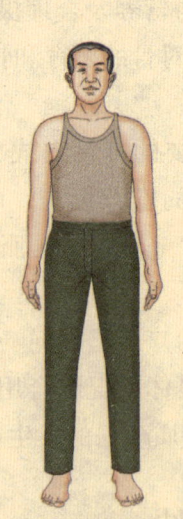

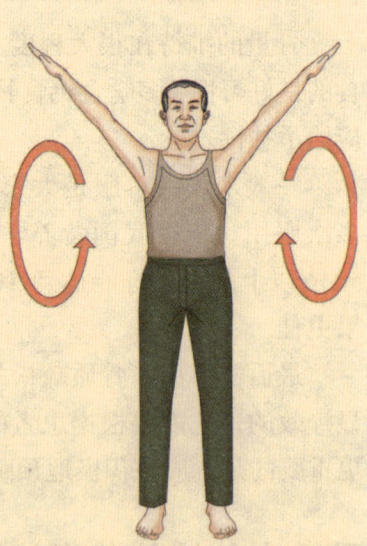

▲ 坐位或者立位均可，肘关节屈曲成90度，两肩耸动，由弱到强，每天2次，每次50~100下。

▲ 站立，两脚分开与肩同宽，身体保持不动。

▲ 两臂分别由前向后画圆圈，画圆范围由小到大，每天2次，每次50~100下。

（4）摸墙。

🔹 站在墙根，患侧手扶住墙壁，由低向高摸，直摸到最高点不能再朝上摸为止，接着把手放下，反复练习，每次20~30下。

（5）冲天炮。

🔹 立位或者坐位均可，两手互握拳先放在头顶上方。

🔹 接着逐渐伸直两臂，使两手向头顶方向伸展，直到最大限度，每次30~50下。

（6）展翅。

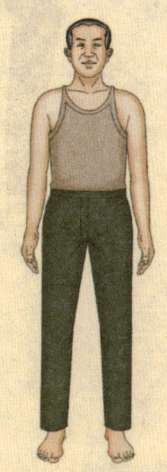

🔹 站立，两脚分开与肩同宽。

🔹 两臂伸向两侧抬起外展与身体成90度，两臂展开后停5~10秒钟再放下，每天做30~50次。

（7）摸颈。

🔹 坐位或者立位均可，两手交替摸颈的后部，每日2次，每次50~100下。

拉伸：适合全家人的健身与运动

抗衰老拉伸

生命是一个过程，从出生到衰老，甚至是死亡，这是不可抗拒的规律，随着年龄的增长，身体必会出现脏腑功能的衰退，气血阴阳失调，发生全身性、多系统、循序渐进的功能衰退，这时候疾病也就乘虚而入了。

中医学认为，老年人的疾病主要是因为阴阳失衡造成的，确切地说是五脏六腑之间的合作关系和协调性出了问题。所以，只要让五脏六腑都正常工作，疾病也就可以不药而愈了。要想抗击衰老，可以试试下面的拉伸运动：

（1）保持自然站姿，双腿并拢。双臂前举，掌心相向，深吸一口气。

然后双臂从两侧向下回收，深呼一口气。重复练习。

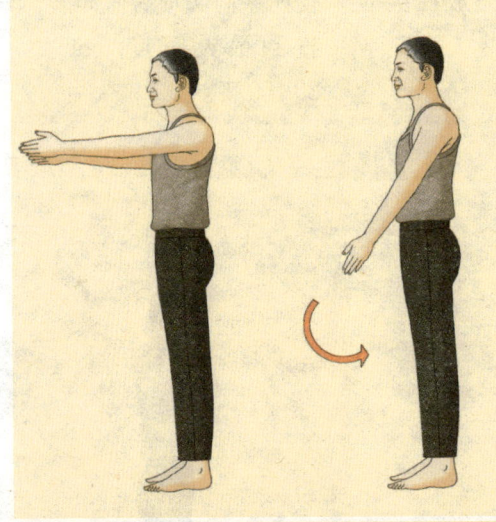

（2）保持自然站姿，双腿分开。双手合掌，十指交叉，向外翻转上举至头顶上方。用力向上绷直，再绷直，重复练习。

（3）保持自然站姿。双臂交替前后摆动，注意幅度要大。与此同时，双腿屈膝，左右交替用力上抬，在原地重复练习几次踏步动作。

（4）保持自然站立，双腿分开。

双臂垂于两侧，自然屈肘，放松手腕。双臂向左右两侧交替转动，同时充分抖动手腕，重复练习。

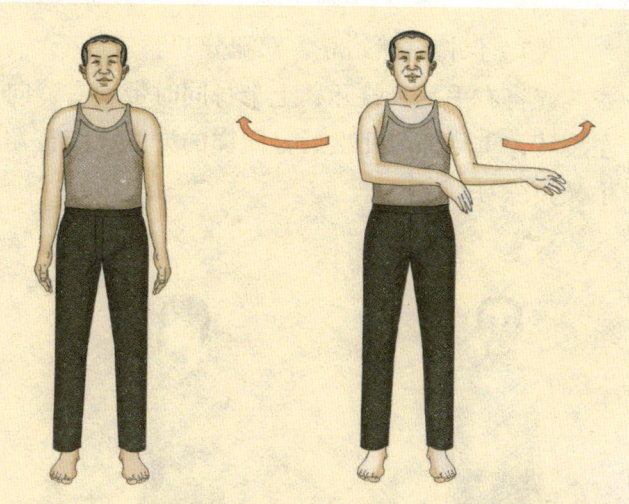

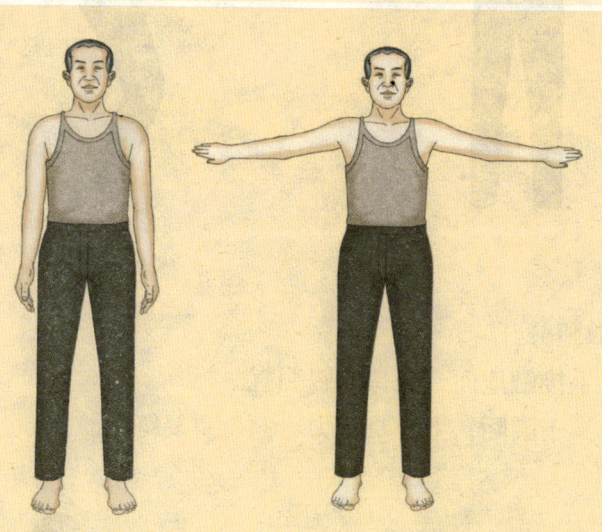

（5）保持自然站立，双腿分开。

双臂上举，与肩同高。将胸部用力向外打开，同时自然向前挺起，重复练习。

（6）保持自然站立，双腿分开。

双臂前举，与肩同高。上半身带动双臂分别向左右两侧旋转。

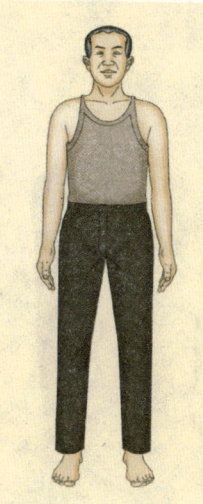

拉伸：适合全家人的健身与运动

（7）保持自然站立，双腿分开。

先将右手叉于腰际，上半身同时带动右臂向左旋转，重复练习几次后，同样的方法，交替左手叉腰练习。

（8）保持自然站立，双腿并拢，屈膝。然后上半身略向前移，同时双手握拳，交替敲打腰部肌肉。

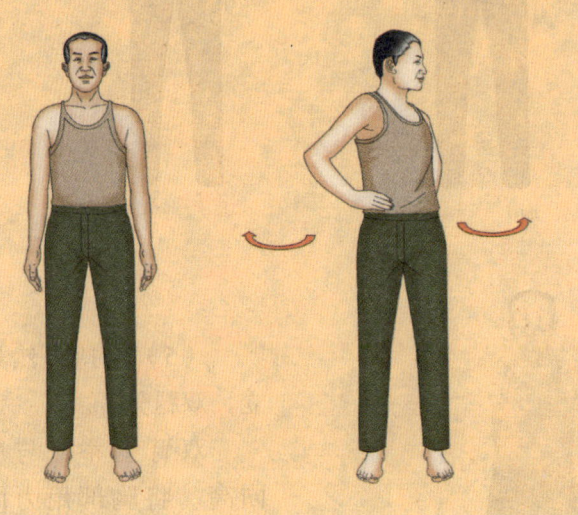

（9）保持自然站立，双腿分开。

身体向前弯曲，直到双手接触地面，保持双腿绷直。回到自然站姿后，双手叉于腰际，上半身用力后倾。重复练习。

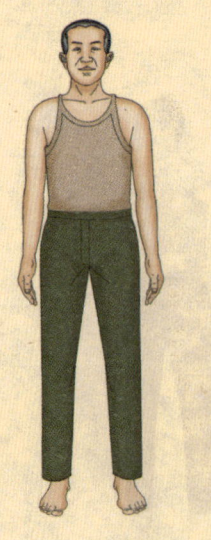

（10）保持自然站立，双腿分开。
双臂用力向上抬起，直到头顶上方。
上半身分别按照顺时针和逆时针方向在空中做圆周运动。

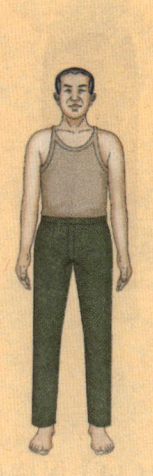  

（11）保持自然站立，双腿并拢。双臂向上抬起，直到与肩同高。慢慢向上抬起脚后跟。

同时，身体下蹲，两臂向后尽力甩动。最后，利用臂力回到自然站姿。重复练习。

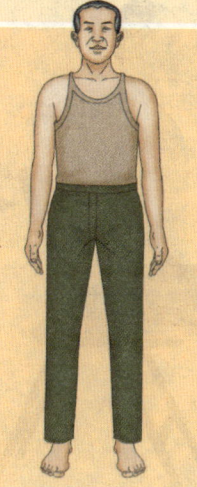 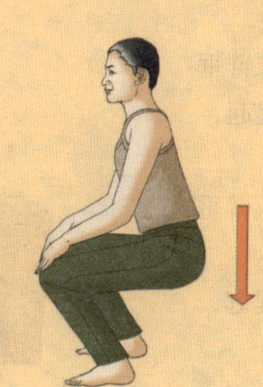

（12）保持自然站立，双腿分开，保持绷直。

上半身向前弯曲，双手分别放于两膝处。慢慢下蹲，再还原，重复练习。

拉伸：适合全家人的健身与运动

（13）保持自然站立，双腿分开。

双手叉于腰际，头部先向左侧尽力转动，再向右侧尽力转动，重复练习。

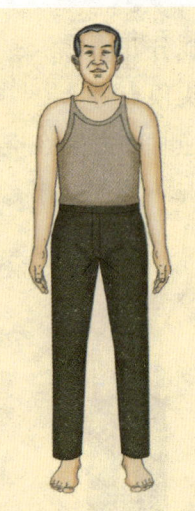

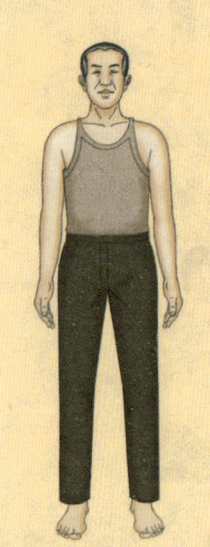
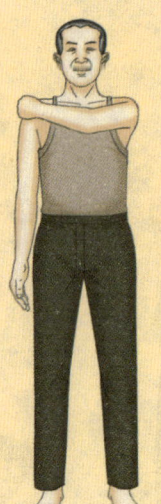
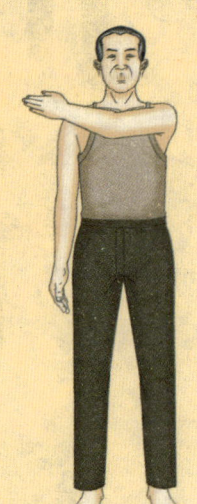

（14）保持自然站立，双腿分开。

左手握拳轻轻捶打右肩，然后右手握拳捶打左肩。

接着，变拳为掌，轻轻拍打颈部两侧。

（15）自然坐于椅子上，双臂垂于两侧。然后，左右两肩向上提起，向后侧拉伸，最后绕回前方。

（16）自然坐于椅子上，双臂垂于两侧。

然后，左右两肩用力向上提起，再慢慢落回，重复练习。

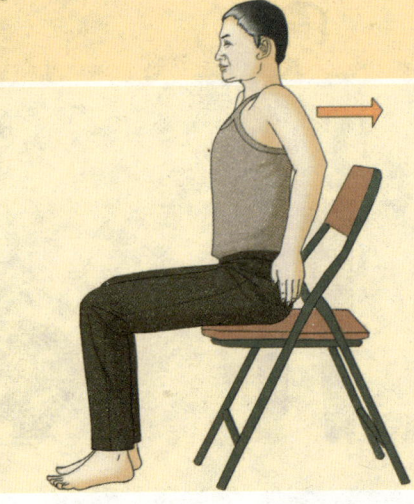

老年人的脊骨养护拉伸

老年人普遍存在腹部脂肪组织较多的现象，从而导致整个脊柱系统不平衡、不对称，尤其是骨骼和肌肉，老化、劳损等毛病接二连三。对此，我们为老年朋友推荐一份脊骨养护体操套餐，包括卧式、坐式及站式，可以单独进行，也可以配套进行。常做此操能增强腹直肌、减少腹部脂肪化，维持脊柱的生理动态平衡。

1. 站式旱地蛙泳运动：改善和增强脊柱功能

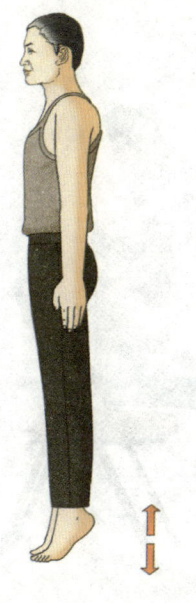

◀ 双腿绷紧靠拢，脚尖着地，上下弹动。

▶ 双手做蛙泳式划动，呼吸也像蛙泳时一样尽量深呼深吸。所不同的是蛙泳手臂的动作主要是在胸前，而此运动的重点是手臂在后时要用力提臂，有夹紧肩胛骨之感。反复做2分钟。此运动的注意力应放在左侧身体上，常做可有效改善和增强脊柱的运转力、指挥力和呼吸力。

2. 卧式船体运动：强脊、健腰、直背

常做此操不仅可强脊、健腰、直背，还能强化腹部肌肉、加强胃肠运动、提高肛门肌紧张力、锻炼泌尿系统等。

◀ 趴在床上或地上，以腹部为整个身体的支撑点，头、腿部向后用力翘起，注意双腿靠拢绷紧、脚尖绷紧。

拉伸：适合全家人的健身与运动

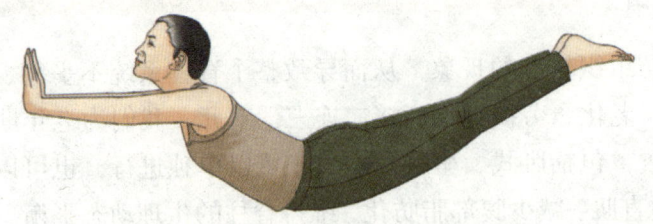

◀ 双臂向前伸直，双手立掌，掌心向前，整个身体好似一条"人船"。反复做5次。

3. 坐式拉伸腹肌运动：增强腹肌，维持脊柱平衡

 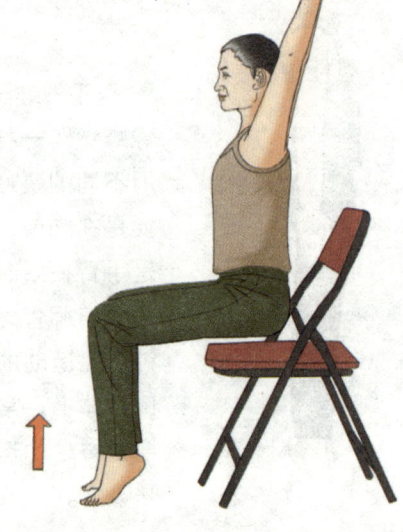

🔺 坐在椅子上，脚尖着地，双腿约分开20厘米；大腿与小腿成90度直角，双臂伸直在头顶部，双手手指交叉翻转掌心向上。

🔺 然后向后伸展、弹动，并收腹；吸气时脚尖用力弹起，尽量使臀部离开椅子。这个运动的重点在于腹部肌肉的拉伸和脊柱体反弓状弹动，使四肢与手指末梢肌肉得到加强型运动，反复做2分钟。

第三章

运动拉伸

拉伸：适合全家人的健身与运动

第一节 有氧运动拉伸

跑步

跑步可以促进身体器官的健康，增强心、肺、血液循环系统的功能及其耐久力，而心血管系统的健康是身体健康的重要标志。

跑步的健身作用主要有：

1. 增强心肺功能

跑步对于心血管系统和呼吸系统有很大的影响和作用。青少年坚持跑步锻炼，可发展速度和耐力，促进心肺的正常生长发育。中老年人坚持慢跑，就是坚持有氧代谢的身体锻炼，可保证对心脏的血液、营养物质和氧的充分供给，使心脏的功能得以保持和提高。

2. 促进新陈代谢，有助于控制体重

跑步既可促进新陈代谢，又可消耗大量能量，减少脂肪存积。对于那些消化吸收功能较差而体重不足的体弱者，适量的跑步就能活跃新陈代谢功能，改善消化吸收，增进食欲，起到适当增加体重的作用。可见跑步是控制体重、防止超重和治疗肥胖的极好方法。

3. 增强神经系统的功能

跑步对增强神经系统的功能有良好的作用，尤其是消除脑力劳动的疲劳，预防神经衰弱。跑步不仅在健身强心方面有着明显的作用，而且对于调整人体内部的平衡、调剂情绪、振作精神也有着极好的作用。

跑步是一项实用技能，运用它锻炼身体，对正在成长的青少年来讲，是发展速度、耐力、灵巧、协调等运动素质，促进运动器官和内脏器官机能的发展，增强体质的有效手段。

跑步对人体有很多好处，希望拥有健康的人可以经常跑跑步，跑步前最好做一些拉伸运动，以避免在跑步锻炼时对身体造成不必要的伤害。拉伸方法如下：

1. 脚跟练习

（1）将身体的重心放在两脚之间，使两脚受力均衡。

膝盖弯曲，身体向后慢慢倾斜，脚尖抬离地面，使身体重心落在脚跟上。

（2）身体慢慢前倾，使重心透过脚底平稳地向前移动，落到脚尖。

（3）以整个脚跟—脚尖重心移动为一次练习，反复进行 12 次。

2. 停顿练习

（1）像正常走路一样向前迈出一步，在迈出到脚跟着地之前停住，这时候脚要离地面 8 厘米高，同时脚尖抬起指向天空。

（2）慢慢地从 1 数到 3，同时尽力使脚尖保持向后勾的姿势。

（3）重复这个练习 1 分钟后，再正常走路 1 分钟。

注意，这个练习大约以 2 分钟的停顿走路为一循环，每次练习都不能少于两个循环。

3. 髋部锻炼

（1）单脚站立，并用同侧手扶住支撑物。

（2）用另一只脚在空中画平躺着的"8"字，记得"8"字的上半圈在身体之前，下半圈在身体之后。

（3）逐渐增加动作的幅度，使"8"字越画越大。

（4）每只脚各做10~20次练习。

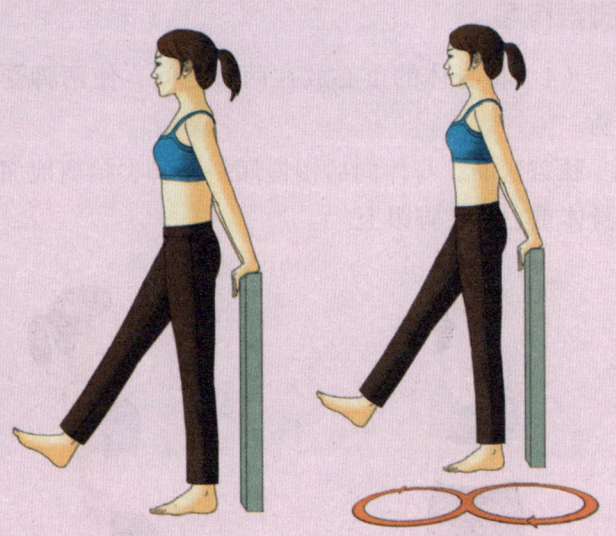

4. 髋关节伸展练习

（1）首先，笔直站立，保持背部挺直。

（2）右脚向前迈出一步，同时保持左脚不离地。

（3）右腿膝盖弯曲成90度，并不断向前拉伸髋关节，让你的左侧髋关节感到有很大的拉力。

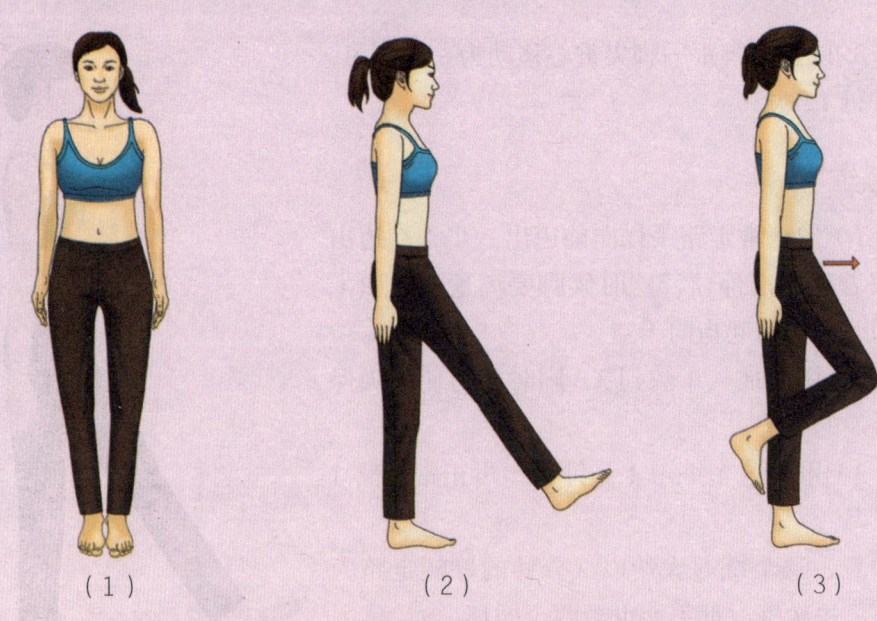

（1）　　　　　　　　（2）　　　　　　　　（3）

（4）保持这个姿势，慢慢地从1数到5，然后收回右脚。

（5）右脚反复进行这样的练习不少于2次，之后再伸出左脚锻炼右侧髋关节。

5. 腹肌锻炼

（1）将手掌平放在大腿上，向前弯腰使背部曲线变圆，同时收紧腹部肌肉。

（2）在收缩身体的过程中，双手沿着大腿下滑至膝盖，并在这一方向上施加一定的压力，这样做可以使你的腹肌加大收缩。

（3）反复进行 15 次。

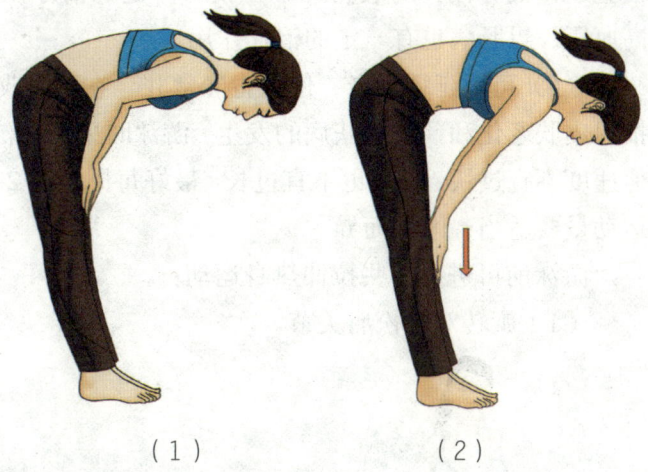

（1）　　　　（2）

游泳

游泳是一项人体在一定深度的水中，凭借肢体运动，利用水的浮力而进行的技能活动。它是古代人类在同大自然的斗争中，为生存而产生的，发展到现在，已成为受广大人民欢迎的有氧运动。

游泳对身心健康有很好的作用：

（1）可使心脏得到很好的锻炼，使心肌逐渐发达，收缩能力增强，更好地促进机体的新陈代谢。所以，游泳运动员的心脏跳动在平时比一般人慢而有力。一般人的脉搏，安静时为每分钟 70~80 次，而游泳运动员却为每分钟 42~60 次，个别甚至少到每分钟 36 次，这正是其心脏功能良好的具体体现。有的游泳运动员平时心跳只有每分钟 40~50 次，而跳动时排出的血量等于一般人每分钟 70~80 次心跳排出的血量。

（2）游泳运动是所有运动项目中对呼吸系统影响最大的一个项目。游泳运动员的肺活量也比一般人大得多，据统计，一般人的肺活量只有 3000 毫升左右，而游泳运动员能达 5000~7000 毫升。这样就可使每次呼吸能摄取更多的氧气和排出更多的二氧化碳。肺活量大，其耐受缺氧的能力也就越强。

（3）坚持游泳锻炼，还能使神经系统功能增强，可使动作敏捷、反应灵活，并使关节得到锻炼，动作协调、敏捷。

（4）可以有效地锻炼全身的肌肉和关节，使肌肉发达，可以减肥，保持体型健美，并在力量、速度、柔韧、耐力等身体素质方面有明显提高。

（5）可以强身健体，预防疾病。游泳本身就是一种体育疗法。经常在水中锻炼，体温调节功能可以得到改善，机体对外界的适应力会明显增强，且有舒筋活血、松弛肌肉的作用，对腰背痛、扭伤有一定的治疗作用。如方法得当，对冠心病、高血压、胃肠病也有一定的治疗作用。

（6）可以延缓衰老，使人青春常驻。它可以改善皮肤血液循环和新陈代谢，推迟皮肤老化和预防皮肤病的发生。游泳时采用蛙泳、自由泳、仰泳和蝶泳均可，但速度不宜过快，时间也不宜过长。最好每周锻炼2~3次，每次最好不超过500米。运动量要适当，因人而异。

游泳前可进行一些拉伸热身运动：

（1）旋转双臂松肩关节。

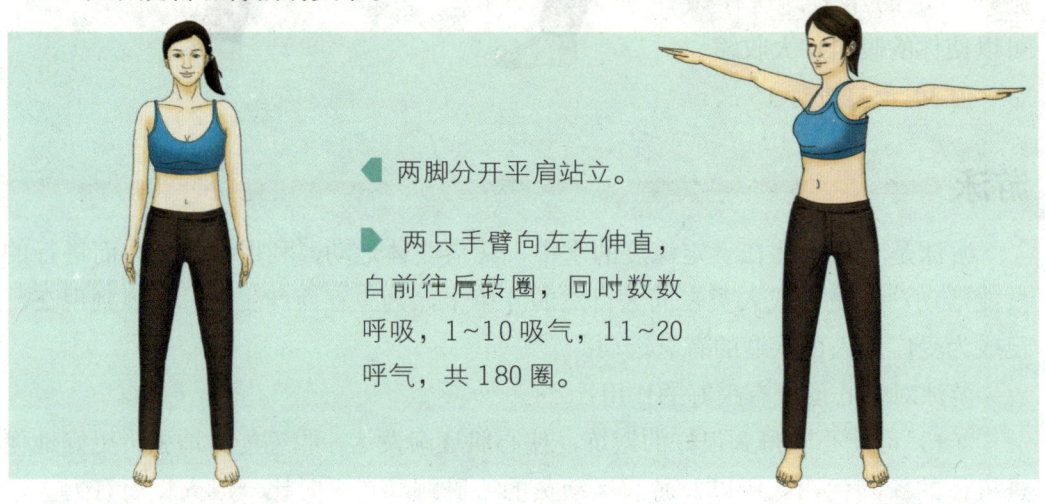

◀ 两脚分开平肩站立。

▶ 两只手臂向左右伸直，由前往后转圈，同时数数呼吸，1~10吸气，11~20呼气，共180圈。

（2）下蹲弯腰练腰腹。

  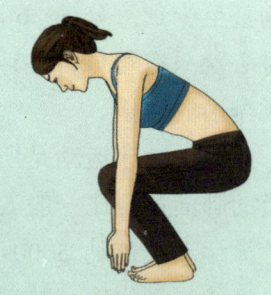

▲ 两脚平肩站立，两手向前平胸伸直，练习下蹲站起，数数呼吸，下蹲吸气，站起呼气，共50次。

▲ 之后双手转为向左右平伸，再下蹲站起，数数呼吸，方法如前，也做50次，站起时上身稍微后倾顶腹，绷紧肚皮。

▲ 接着勾头弯腰成弓形。将腰似鸡啄米一般一躬一躬地向下弯，下弯时两手向下伸直，指尖尽量贴近脚面或地面，同时数数呼吸，向下吸气，往上呼气，共100次。

（3）拍手拍腿通血脉。

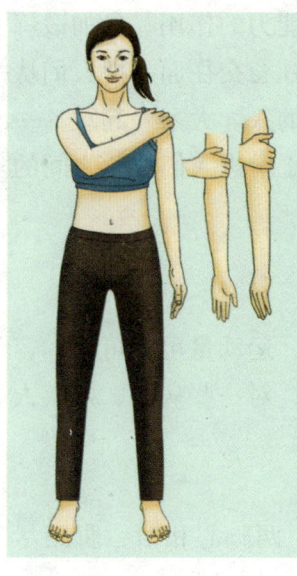

▶ 两脚自然站立，先用右手分别拍左臂的肱二头肌、肱三头肌、肩关节各100次，并数数呼吸，1~10吸气，11~20呼气；拍完左肩关节后换用左手拍右臂，方法如前。

▶ 拍完右肩关节后弯腰，双手自上而下、自下而上地分别拍打左右大小腿的内外侧各100次，同时如前数数呼吸。

健美操

健美操是目前非常受人欢迎的一项体育运动。健美操，尤其是健身健美操，对增进人体的健康十分有益，具体表现在以下几个方面：

1. 增强体能

健美操可提高关节的灵活性，使心肺系统的耐力水平提高。与此同时，由于健美操是由不同类型、方向、路线、幅度、力度、速度的多种动作组合而成的，因此，参加健美操还可提高人的动作记忆和再现能力，提高神经系统的灵活性、均衡性，从而有利于改善和提高人的协调能力。

2. 塑造优美的形体

健美操可以塑造儿童正确的身体姿势，使青少年体态优雅、矫健、风度翩翩；使中年人身体健康，延缓机体的衰老，保持良好的体态，杜绝中年发福；可以增强骨骼的柔韧性，使骨骼坚固，杜绝老年性疾病的发生。

3. 缓解人的精神压力

健美操作为一项充满青春活力的体育运动，它可使人们在轻松欢乐的气氛中进行锻炼，从而忘却自己的烦恼和压力，使心情变得愉快，精神压力得到缓解，进而使自己拥有最佳的心态，且更具活力。

拉伸：适合全家人的健身与运动

4. 增强人的社会交往能力

健美操运动可起到调节人际关系、增强人的社会交往能力的作用。参加锻炼的人来自社会各阶层，因此，这种锻炼方式扩大了人们的社会交往面，把人们从工作和家庭的单一环境中解脱出来，从而接触和认识更多的人。大家一起跳，一起锻炼，互相交谈或交流锻炼的经验，相互鼓励，这有助于增进人们彼此之间的了解，产生一种亲近感，从而建立起融洽的人际关系。

5. 医疗保健功能

健美操作为一项有氧运动，其特点是强度低、密度大，运动量可大可小，容易控制。因此，它除了对健康的人具有良好的健身效果外，对一些病人、残疾人和老年人而言，也是一种医疗保健的理想手段。

跳健美操前可做一些热身拉伸动作：

（1）盘腿端坐，两脚心相对，脚跟尽量向大腿内侧靠拢，双膝外展。

然后低头，上身前屈，努力将双肘靠近地面，呈俯身叩拜状。

（2）两腿并拢前伸，成L形坐姿。

双手抓住脚尖，尽力向胸前扳，保持这一状态，并将上身按下腹→前胸→面部的顺序贴向双腿。

130

（3）端坐，两腿向左右分开约150度，脚尖尽量后翘，背挺直。上身前屈并随双手触地、前滑而使下腹、胸部、头部依次着地或尽量前屈。

（4）跪坐，将身后的双腿稍稍分开，脚跟向外。
然后并拢双膝，背部挺直；向上后摆起双臂，上身随之向后倾倒、贴地。
重新坐起后摆，注意保持上身平稳，勿左右摇摆。做1次。

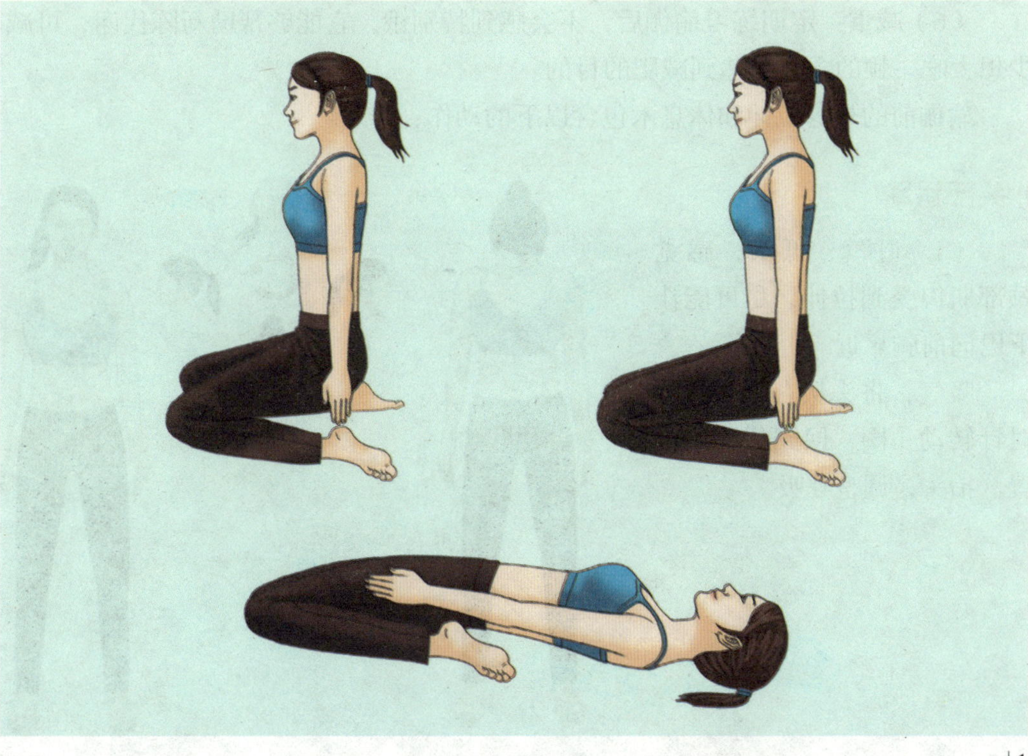

瑜伽

瑜伽是一套完整的体系,包括体格技巧、健康饮食、个人卫生、静坐运气、自悟冥想,能消除忧虑,调节内分泌,促进排泄。

瑜伽有一些很好的养生作用:

(1)加强血液循环:瑜伽运动可加速心跳和富氧血的循环,进而加强身体的血液循环。

(2)增强体力和灵活度:瑜伽的姿势是经过数千年实践经验形成的身体动作,能加强并延展肢体的结缔组织。不管你的身体是柔软还是僵硬,是虚弱或是强壮,瑜伽都能改善你的身体和心志,给你带来健康。

(3)释放压力:定期练习瑜伽能够让身心更平静,增强免疫系统的功能,更能排出因压力所产生的毒素。很多学员都认为瑜伽是对一天辛劳工作所带来的压力的完美释放。

(4)提高自信心:瑜伽让我们觉得健康、强健及柔软,更能提高我们外在及内在的自信。

(5)呼吸管理:呼吸质量往往直接影响我们的心灵及身体,当我们学习如何控制及缓和我们的呼吸时,会发现我们能更有效地控制我们的身体和心灵。瑜伽能帮助我们学会掌控心灵的状态,减轻日常生活中所面临的压力。

(6)减重:定期练习瑜伽后,不会感到特别饿,它能够帮助新陈代谢,可减少想大吃一顿的念头,达到减肥的目的。

瑜伽前的热身拉伸和休息术包含以下的动作:

1. 头部运动

(1)呼气,低头,感觉颈部肌肉受到拉伸,尽可能让下巴向前胸靠近。

吸气,将头从右侧开始顺时针转动一圈,回到低头的位置。抬头,调整呼吸。

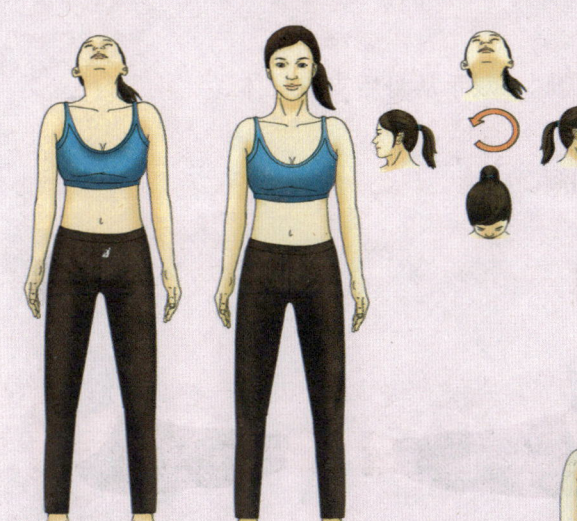

（2）吸气，仰头向后，感觉下腭肌肉受到拉伸。

呼气，将头从左侧开始逆时针转动一圈。头部回到正中，调整呼吸。

2. 身体转动

（1）两脚平行开立，与肩同宽，膝盖略微弯曲，后背挺直，双手自然下垂，手腕不要用力，吸气。

（2）呼气，甩动两臂，上身也随之转动，先向左转，再向右转，注意转动的过程中要保持呼吸。

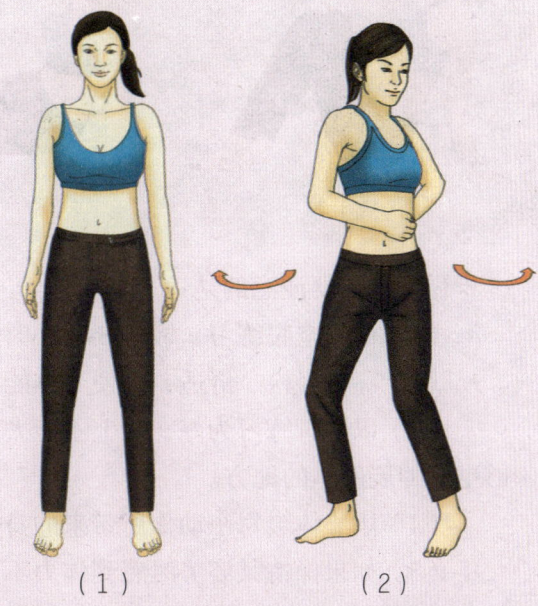

（1）　　　　　（2）

3. 放松髋关节和骨盆

（1）盘腿端坐，两脚心相对，脚跟尽量向大腿内侧靠拢，双膝外展。

（2）双手放在同侧膝盖上，一边呼气，一边用双手将膝盖向地面按压。

（1）　　　　　　　　　　　（2）

4. 肩膀、腰、膝盖、脚腕放松

（1）坐姿，双腿打开，弯曲膝盖腿，双手从身后支撑身体。

（2）呼气，两腿向右侧倾；

吸气，归位，呼气，两腿向左侧倾。

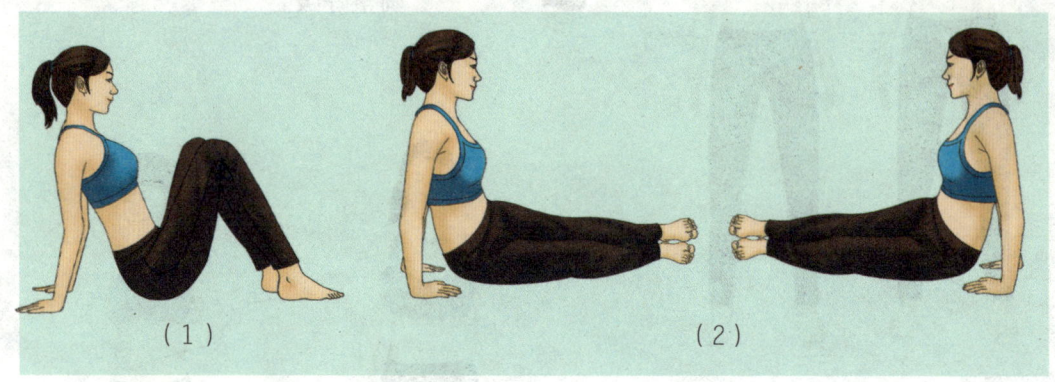

（1）　　　　　　　　　　（2）

做瑜伽需要注意的是：

（1）保持空腹练习，饭后 3~4 小时进行。

（2）穿着轻松、舒适，以便身体能自由活动，不受拘束。

（3）以赤脚练习为好，地上不能太滑，最理想的是在空气流通、舒爽且有足够空间伸展肢体的地方。

（4）用心体会每个动作所带来的身体感受。

（5）如果保持某姿势时感到体力不支，身体颤抖，应及时收功还原，坚持锻炼一段时间，身体会强健有力，保持姿势的耐久性也会有所增加。

（6）应量力而为，适可而止，不宜逞强，在个人极限的范围内，温和地伸展肢体即可。

普拉提

普拉提运动有这样一些养生作用：

（1）普拉提是一种舒缓全身肌肉及提高人体躯干控制能力的健身方式。

（2）普拉提可以纠正某种特殊损伤、肌肉不平衡或其他身体问题。

（3）普拉提能够帮助在办公室工作的人，解决他们由于长时间在办公桌和电脑前工作导致肌肉发展失衡的问题。普拉提主要针对腹肌、髋肌群、肩、背等部位的肌肉训练。有规律地进行普拉提锻炼可纠正身体姿势，放松腰部、颈部、肩部，收紧手臂、腹部的松弛肌肉。

（4）练习普拉提还可以避免运动损伤。

进行普拉提运动之前可以做以下热身拉伸动作：

1. 腹部、大腿内侧、髋部外侧和臀部的拉伸

（1）仰卧在垫子上。

双手放在脑后，收紧腹部，将上半身稍微抬起离开地面。

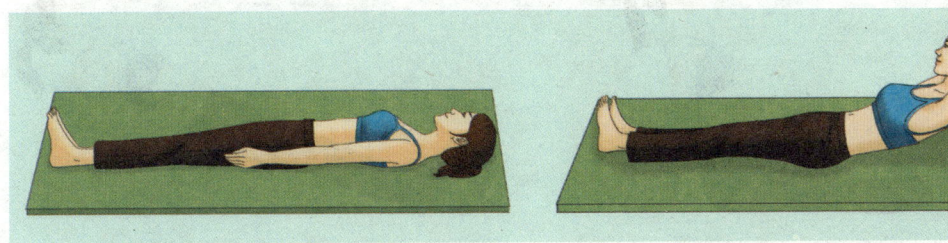

（2）抬起右脚，距离地面约两个拳头的位置（如果觉得太难可以将它保持放在地面上），将左脚抬起指向天空。

（3）保持腹部用力和臀部不动，用整个左腿顺时针画一个约4个垒球大小的圆圈，绕4圈，然后再逆时针绕4圈。

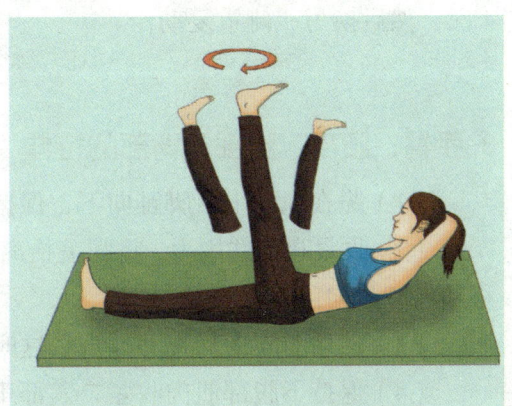

（4）将左腿放下，换腿重复以上动作。

2. 手臂、胸部、腹部、腿部和臀部的拉伸

（1）坐下，双脚向前，将手轻轻放在腰后的地面上，手指指向后方。

（2）伸直双腿，脚尖绷直。

然后向地面用力，同时收紧腹部，抬起你的臀部，让你的身体从头到脚形成一条直线。

（3）保持目光向前，肩膀下沉，手肘不要弯曲。

（4）将左脚尽可能地向上伸直，然后在右臀部下垂的同时慢慢放下。单侧做4次，然后换另一侧重复动作。

3. 手臂、腹部、腿部和背部的拉伸

（1）跪在地面上，脚趾向下，保持背部挺直。

（2）收紧腹部并用力，将膝盖抬离地面约大半个脚掌的高度，保持腹部收紧，移动右膝盖向前靠近鼻子。

（3）然后右腿向后提并伸直，这时候挤压臀部。

（4）保持下腹部肌肉收紧，髋部正对地面，从而保护背部。

（1）　　　　　（2）　　　　　（3）

4. 手臂、腰部、伸展腹肌、胸部的拉伸

（1）俯卧在地面上，将双臂向后伸展，并指向脚趾。然后抬起手臂和腿离开地面约 15 厘米。

（2）保持一会儿，感觉腿正在被拉出来，背部远离臀部。

（3）然后将双臂划向两侧，但依然在身后。

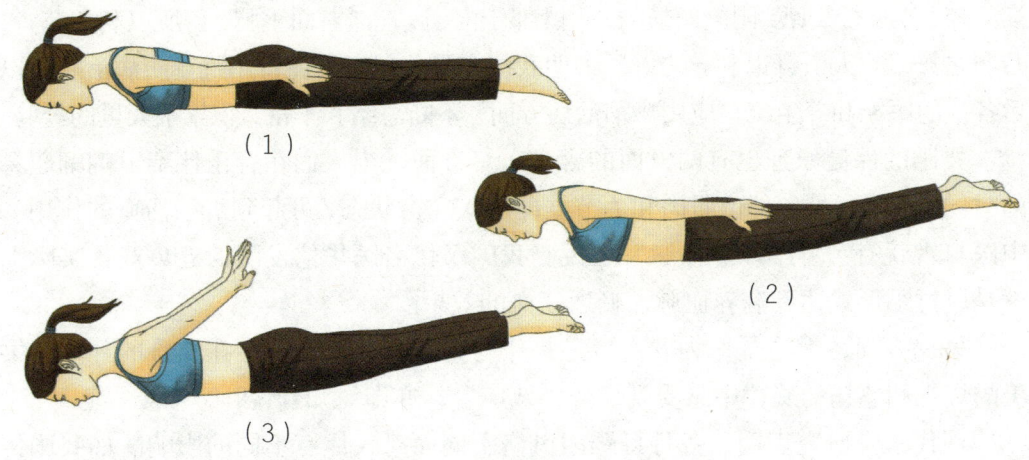

（4）呼气，将手臂向脚趾靠近，掌心向下。

（5）保持一会儿，手臂回到起始位置，身体贴向地面放松全身。

普拉提运动有一些注意事项要牢记：

（1）正确的姿势：腹部和背部集中适当的力量，让肌肉能够支持脊椎。有力的腹部肌肉形成支持脊椎的"力量区域"。当你正确地挺起腹部和背部时，整个身体就达到了自然和理想的状态。

（2）良好的呼吸：良好的呼吸方式应该是以头脑、身体、精神来进行的，这样可以使练习者的肉体和心理压力一扫而光。呼吸的时机必须正确，与我们通常的呼吸不同，普拉提运动在呼吸时要求在用力做动作时吸气（这时你的腹部处于伸展状态），在收紧腹部时呼气。

普拉提是一种比较安全的锻炼方式，但也不是适用于所有人。由于这种运动在很大程度上要依靠关节的柔韧性来进行，所以运动系统有损伤或疾病者，如关节炎、肌肉拉伤、韧带受损等患者，最好暂时不要练习。而血小板功能不良或患有凝血性功能障碍性疾病的人在锻炼之后可能会使病情加重，所以也应该避免。锻炼之前，一定不要饱餐，否则会导致消化系统功能失调。锻炼时可以准备一些矿泉水或其他饮料，以补充水分。

拉伸：适合全家人的健身与运动

跳舞

我国民间俗语有"一天舞几舞，长命九十五"，又有"手舞足蹈，百岁不老"的说法。可见，舞蹈不仅能娱人心神，对人的健康也很有好处。古人很早就懂得用舞蹈来健身治病。《吕氏春秋·古乐篇》说："远古地阴，凝而多寒，民气郁瘀而滞着，筋骨缩瑟而不达，故作舞以宣导之。"《路史·前记》说："随康氏时，水渎不疏，江不行其原，阴凝而易闷，人既郁于内，腠理滞着而重腿，得所以利关节者，乃制之舞，教人引舞以利导之。"说明我国在夏代就已经懂得用跳舞防病治病。以后各代的医家和养生家在应用舞蹈治病方面，不断总结和丰富，积累了大量的经验。

舞蹈的保健原理也有两方面的含义。一方面，当人们在音乐伴奏下翩翩起舞的时候，身体全身各部位肌肉和关节立即进入亢奋状态，可起到舒筋活血的作用。中医自古就有"舞蹈以养血脉"之说。我国汉代名医华佗发明的五禽戏，实际上就是以舞蹈形式达到濡养血脉、畅通气血的效果。

另一方面，无论是作为欣赏者还是作为舞蹈者，人们都会在典雅的环境、柔美的灯光和悠扬的旋律中感受到"舞蹈效应"，亦即"知音悦耳，冶姿娱心"。

现代医学研究表明，各种舞蹈因风格不同而对人体有不同的影响。如我国传统的醉舞，模拟醉汉东倒西歪的动作，形似武术中的醉拳，有着平衡肢体功能的功效。现代流行的迪斯科节奏鲜明，感情热烈，有健美体操之誉，如今已逐渐演化出适合各年龄组的分类舞蹈。人们在运用舞蹈健身时应根据自己的具体情况，选择适合的舞蹈形式。下面为大家介绍一下跳舞前的热身拉伸：

1. 头部活动

▲ 两腿并拢，提气。然后双手叉腰。

▲ 头向前低头还原、向后抬头还原、向左歪头还原、向右歪头还原、头向左转头、向右转头，再重复2次。

▲ 头向左绕环、头向右绕环。

2. 手腕活动

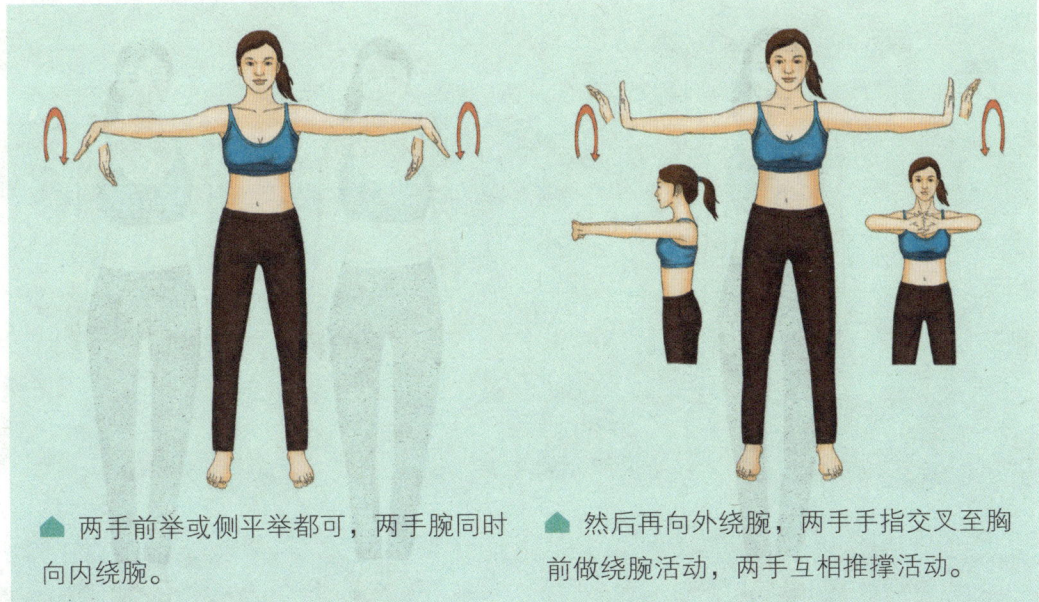

▲ 两手前举或侧平举都可，两手手腕同时向内绕腕。

▲ 然后再向外绕腕，两手手指交叉至胸前做绕腕活动，两手互相推撑活动。

3. 踝关节活动

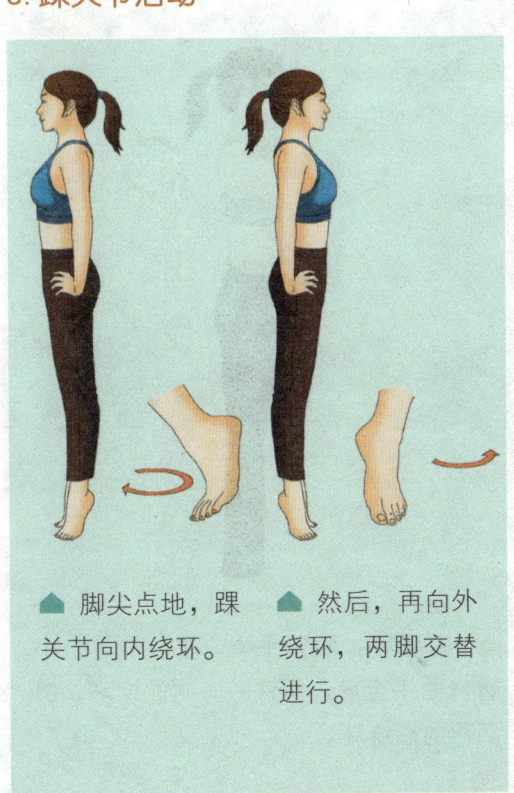

▲ 脚尖点地，踝关节向内绕环。

▲ 然后，再向外绕环，两脚交替进行。

4. 膝关节活动

▲ 自然站立，两腿并拢。双膝微向下弯曲，双手自然垂于身侧。

▲ 同时向左绕环，再向右绕环，也可做两腿分开向内绕环，向外绕环，或屈、伸活动。

5. 上身运动

▲ 双腿并拢，两臂下垂。

▲ 两臂下垂，提右肩还原，再提左肩还原。

▲ 双腿并拢，两臂下垂，双肩同时上提还原。

▲ 肩绕环。两臂平举，手心向上，小臂弯曲手至肩，两臂同时向前绕环，然后再向后绕环。

6. 振臂   7. 体转拉伸

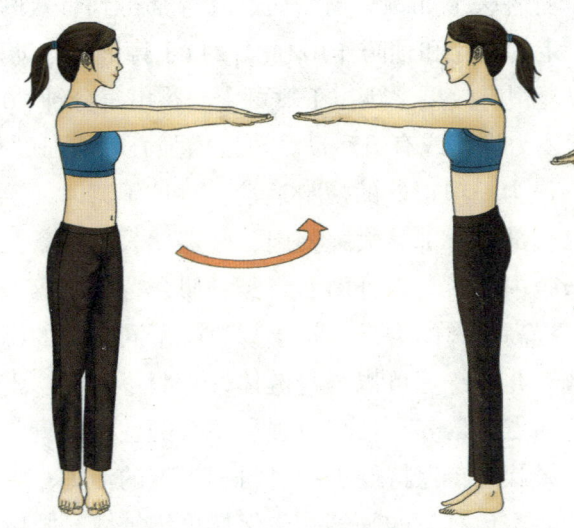

🔻 一臂上举向后振，一臂下摆向后振，两臂交换进行，也可双臂同时上举向后振臂，节拍自行掌握。

🔻 两臂前平举，随身体向左扭身90度。

🔻 下身不动，上身转回。

🔻 两臂右转，同时右腿提起，弯曲膝盖直到碰到左臂肘。还原后换腿做。

8. 蹲撑提臀

🔻 双手撑地成蹲撑。

🔻 脚用力蹬地，使膝伸直、臀部上提，手尽量扶在地板上，一蹲、一提为一拍。

另外，从健康的角度出发，跳舞时还要注意，舞场要宽敞通风，乐曲要悦耳优雅，跳舞时间要适可而止，这样才能最大限度地达到怡情养性的效果。

拉伸：适合全家人的健身与运动

拉丁舞

　　拉丁舞是拉丁风格的舞蹈。这是一种流行的民间舞蹈，随意、休闲、放松。常跳拉丁舞能使全身各关节如颈、肩、肘、膝等都得到有效的锻炼，对关节炎和其他关节不适有一定的治疗和预防作用；此外，拉丁舞健身有助于改善弯曲的脊椎，对椎间盘突出的康复很有效果。跳拉丁舞可令心跳由每分钟 80 次升到 120 次，它的功效等同于任何体力训练或有氧运动，可以增强心脏的强度和耐力。

　　拉丁舞还可以作为一项很好的瘦身运动。跳拉丁舞时，急剧的骨盆摇动、胯部扭摆有助于消除腹部、臀部、大腿赘肉，塑造迷人的线条。跳拉丁舞时参加运动的包括腹直肌、腹内斜肌、腹外斜肌、竖脊肌、背阔肌等上百块肌肉。有助于增强肌肉的弹性，提高肌肉的力量。拉丁舞对于不同年龄的练习者都有特别的功效。儿童练习可以强身健体，克服不爱动、不爱说话、孤僻胆怯的弱点，培养自信、自强、坚毅的性格；青年人练习可以改变亚健康状态，保持健美的身材和青春的活力；中老年人练习拉丁舞能够避免过早的脑萎缩，保持思维敏捷、腿脚灵活，预防和改善多种慢性疾病。

　　在自由随意、热情奔放的音乐中跳拉丁舞，能够使日常工作、学习中遇到的巨大压力得以缓解，能够改善忧郁、焦虑等负面情绪，使人得到心理调剂，还可以使练习者的身体柔韧度、灵活性和协调感都得以加强。

　　拉丁舞前的热身拉伸方法如下：

　　（1）头、颈部动作：两脚开立与肩同宽，脚尖朝前，双肩松弛，两臂自然垂于体侧。

　　①头俯仰。　　　　　　　　　　　②头侧倾。

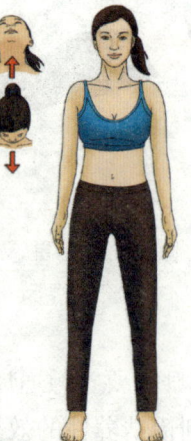

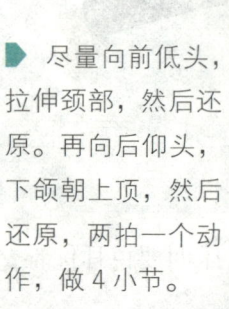

▶ 尽量向前低头，拉伸颈部，然后还原。再向后仰头，下颌朝上顶，然后还原，两拍一个动作，做 4 小节。

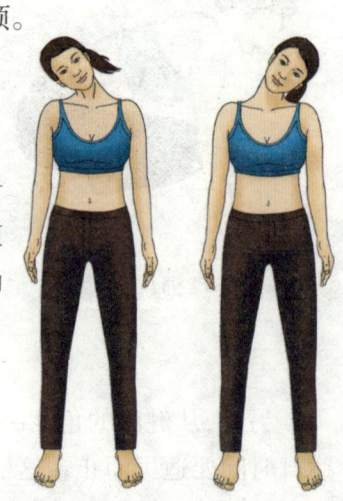

▶ 头先向右肩倾倒，还原后再做左侧动作，两拍一次，做 4 小节。

③头回旋。

④头环绕。

▶ 头由前俯经右肩旁向后旋绕180度，再循原路线返回，接做对称动作向左肩旋绕，还原。4拍做一次180度的旋绕动作，做8小节。

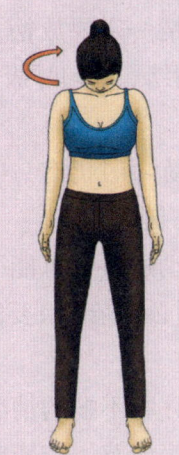

▶ 以颈为轴，头按顺时针或逆时针方向绕动一圈，8拍一个圆圈，交替进行两次，共做16小节。

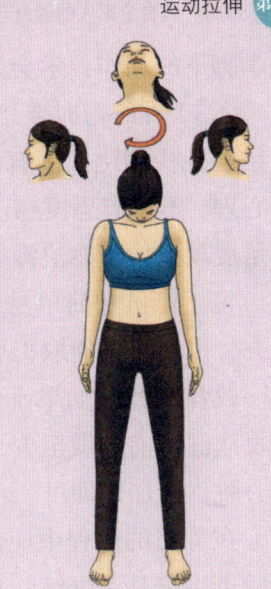

（2）胯部：前提、左上顶、塌腰、右上顶、绕转。

（3）手臂和背肌。

▲ 手臂从身侧抬到头顶，另外一只手扶着手肘，达到极致，保持几秒，换另外一只手臂。

▲ 弯腰，手臂自然下沉，下压手臂，去够脚尖。双手扶着左脚踝下压，再扶右脚踝下压。

▲ 蹲下弓形压腿，一腿绷直，重心在另外一条腿上。

拉丁舞有这样一些需要注意的基本姿势和锻炼要求：

（1）跳拉丁舞时，人体的上半身，尤其是肩部应保持挺立不动；身体中部的腰部和胯部则应尽情地扭动，使胸、腰、胯、臀等部位的每一处肌肉都得到充分活动。

（2）初学者不要急于求成，而应遵循循序渐进的原则。不要刻意追求动作标准，应以感觉适当为准；如果遇到比较难做的动作时，可以把动作分步练习，先学脚下的动作，学会之后再加上手臂的动作。

（3）在练习时要培养自己对音乐的理解能力，将动作与音乐的旋律、节奏完美结合，找到跳拉丁舞的"感觉"。在锻炼时心情一定要放松，应该努力克服羞怯心理，不要有恐惧感。跳舞过程中要注意调节情绪、调匀呼吸，防止动作僵硬，尽量展现出拉丁舞浪漫、性感、潇洒的魅力。

拉丁舞虽然简单易行，安全性也比较高，但练习时仍有一些需要特别注意的地方，以便运动能取得更好的效果，而且不会损害健康。

跳拉丁舞时如果不做充分的热身运动，或运动过量都可能引起肌肉拉伤。因此每次健身前要做至少5分钟的热身运动，动作不必复杂，只要能均匀伸展四肢，使心跳逐渐加快即可。

在练习的过程中应注意自己的身体状况，在呼吸不畅的情况下，应先休息片刻后再决定是否继续；如感到腿部疲劳、身体有疼痛感、眩晕感、心律过快等，可停止练习。扭腰幅度不宜过大，应在感觉舒适的范围内活动腰部，以避免运动伤害。

如果发生腿脚扭伤，应立即停止运动，抬高患肢进行冰敷。如果发生腰扭伤，可在受伤后仰卧在木床上，腰下垫一个枕头，先冷敷后热敷。如果有持续的疼痛或异样的感觉，最好及早就医。

街舞

街舞起源于美国的街头文化,是因音乐风格而产生的不同种类的舞蹈的统称。街舞是一种街头舞蹈，对技巧性要求很强，但是目前的健身街舞作为一种比较随性的运动，没有固定的风格和模式，使得运动过程更加轻松，充满活力，有助于练习者身心的放松。

街舞是小肌肉群的运动，它很好地弥补了其他健身项目的局限性，使锻炼更为全面。它所涉及的肢体动作夸张、爆发力强，在身体多部位动作连贯组合的情况下，可以增强平时一般锻炼不容易活动到的肌肉部位的弹性，起到减肥效果。另外，对身体协调性、灵活度的提高也有一定帮助，可以使人的身体比例更趋合理。

街舞的运动强度适中，具备有氧运动的效果，坚持练习有助于提高肺动力，促进血液循环，改善器官、系统功能，达到强身健体的效果。

街舞的拉伸热身动作如下：

（1）举起右手臂，水平伸到身体左边。

然后伸起左手，屈肘扣在右手小臂的外侧。

然后左手调节力度把右手往身后的方向拉，腰部可以跟着一起往左扭，相反方向做同样动作。这个动作可有效地放松肩膀和腰部。

（2）双腿分开半蹲，尽量蹲到使小腿和大腿成直角的幅度，双手放在两膝盖上，上身稍微前倾。然后用右肩膀往身体的正下方压，同时身体偏向左边，要保持双腿和双手不变形，两个肩膀交替做。这一动作对下肢的平衡控制很有效果，同时也放松了肩部、腰部、胯部的韧带。

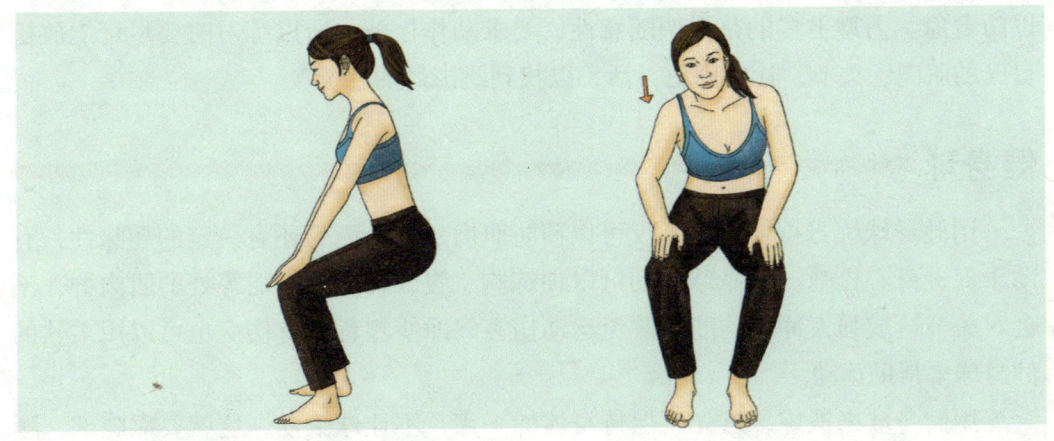

（3）先是侧压腿的姿势，右脚蹲着左脚向旁边伸出。

然后左手撑地把身体扭向右边，右脚从大腿到脚跟尽最大幅度向右扭，左脚留在原地。

然后左脚膝盖着地，小腿向上摆，同时右手向身后伸出，拉住左脚的脚背，并保持这个姿势。

街舞有这样一些需要注意的基本姿势和锻炼要求：

初学街舞时，要循序渐进。先做热身活动，将身体的各个关节、韧带充分活动开，以免跳动时损伤。由于每个人的年龄、体能和健康状况不同，运动强度也应各不相同，应该选择适合自己的练习方法。每周可以安排 3~5 次、每次运动 30~60 分钟，可以达到比较理想的运动效果。

练习街舞宜穿着宽大、舒适的衣服，既方便运动，也符合街舞随性、自然的特点。但由于运动过程中容易出汗，应选择透气性好的着装，运动过后及时更换干衣，以防着凉。街舞更多的是强调随意性，要求动作松弛，所以练习时要尽可能放松自己的肌肉、关节，让它们更灵活，以找到跳街舞的感觉。

健身球

用健身球练习拉伸运动不仅可以预防肌肉酸痛，而且还有一定的趣味性，有助于促进身心松弛。健身球运动可以训练胸、腹、背、臀、腿等处的肌肉群，不会对关节造成强大冲击，能够避免运动伤害。即使腰背部有伤病也可以用柔软的健身球来帮助运动。

用健身球来锻炼，首先要保持身体的平衡，不让球滚动，这就要靠腿部、腰部、腹部的力量来控制，经常锻炼有助于提高身体的协调性以及对肌肉的控制能力。练习者可以不断变换动作，在一种非常轻松的情况下达到健身的目的。

做健身球操时，人体与球面充分接触，内部充气的健身球会均匀地抚摸人体的接触部位从而产生按摩作用，有助于促进血液循环。另外，运动者会不由自主地挺直腰板、两肩向后张，这是身体为防止摔倒而做出的本能反应，也是一种正确姿势。因此，健身球运动还有利于纠正平时错误的身体姿势，塑造优美的体形。

健身球锻炼前的拉伸方法如下：

（1）将健身球靠近墙壁，上背贴着球的边缘。

利用球做滑轮，呼气后缓慢地屈曲双膝，直到下降至大腿与地面成平行状。

这个动作借着深蹲的动作，能够锻炼大腿四头肌，增强腿部的耐力和下肢的稳定性。

（2）站在健身球前，背对球。

下蹲，呼气，双手撑地，身体俯卧在球上，与地面平行。

吸气，抬起左腿，弯曲右膝，以右脚板支撑住右大腿。保持姿势15秒钟。完成后，还原起始动作，换脚重复动作。左右重复2~3遍。

这个动作主要锻炼臀部及大腿后方肌群，提升臀部线条，有助于防止臀部下垂变形。

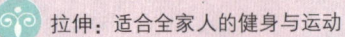拉伸：适合全家人的健身与运动

（3）坐在健身球顶的边缘，双腿并拢。

吸气，举起双手，腰背挺直。

呼气，向前弯腰，腹部贴近大腿，额头靠近小腿，双手抓住足跟，按在地上。保持姿势15秒钟。吸气后还原起始动作。重复3~5次。这个动作能够伸展背部及大腿后方肌群，促进血液循环，令双腿肌肉变得有弹性。

（4）两脚分开与肩同宽，将健身球置于身后。

向后躺，使臀部和下背部靠着健身球的边缘。

双手各持一只2.3~4.5千克的哑铃，手臂向下伸，靠在球前。

收紧腹部,收缩肱二头肌,弯曲手臂,将哑铃提向肩部。

头部和颈部向后仰靠在身后的健身球上,收缩臀部,将胯部抬起,直至胯部与地面平行。

将哑铃向胸部上方举起。然后再将胯部和手臂还原至初始位置,重复整个动作,做 10~12 次。这个动作可以锻炼肱二头肌、胸部、胯部、臀肌。

(5)俯卧撑姿势,把脚搭在健身球上,脚背朝下。

双手撑在地上,双手间的距离与肩同宽。腹部收紧,手臂伸直。

弯曲膝盖并将球向左肩方向拉。

然后再向外推出,接着再右侧拉,重复 10~15 次。这个动作可以锻炼腹部、腰部、肩部。

（6）双脚分开与肩同宽，右手持1.4~3.6千克重的哑铃。弯曲右膝，并将右脚搭在身后的健身球上。

慢慢地弯曲左膝，重心下移的同时将球向后滚，直至左大腿几乎与地面平行（颈部应该与脊柱成一条直线）。

渐渐将前腿伸直，身体抬起，将球滚回至起始位置。每条腿重复动作10次。这个动作可以锻炼股四头肌、肱二头肌、臀肌。

（7）脸朝下，胸部压在健身球上，脚趾撑地。双手各持一只1.5~2.3千克重的哑铃。

保持肘部微曲，头部与脊椎平直，将哑铃向前抬起，做24次。这个动作可以锻炼肩部、上背部。

（8）双手各握一个 1.4~3.6 千克的哑铃。头部、肩部躺在球上。双脚分开与肩同宽，脚尖朝前。抬起臀部，直到躯干与地面平行。

双臂向两侧伸出，上臂与地面平行，肘部微曲；将哑铃抬起，直至哑铃位于胸部上方。

然后交叉双臂，直至哑铃几乎碰到对侧的肩部，之后再慢慢将哑铃举起，沿原路线返回初始位置。做 10 次，这个动作可以锻炼胸部、后肩部。

（9）仰面平躺，将球紧紧夹于两脚之间。双手伸展于身体两侧，手掌朝下以保持身体平衡。

然后双腿抬起，与地板成 45 度保持双肩紧贴地面的情况下尽量将双腿向右旋转。

然后还原至中心位置，接着再向左旋转。每边旋转 10~15 次，整个过程中保持躯干平直，保持脊柱曲线自然。这个动作主要锻炼腹部。

练习健身球要注意的一些基本姿势和锻炼要求：

（1）健身球运动的方法多种多样，练习者可以根据自己的需要进行设计，初学时不宜急于求成，开始练习时每次不要超过半小时，每周练习2~3次即可。

（2）锻炼前宜进行热身练习，将身体关节活动开，例如可以做扩胸运动、摆腿运动、拉伸运动，并注意活动颈部。热身运动完成后，可以做一些有针对性的训练。锻炼效果将更为显著。

（3）可以加入柔韧性练习的动作，练习时要注意动作协调，并与呼吸相配合。健身球虽然是一项比较简单、安全的健身方式，但也要注意正确的练习方法，将可能造成的伤害降至最小。

练习时最好穿紧身的服装，因为在运动时，人体时常会和球接触，宽松的衣服会使动作不灵便。同时，鞋子最好选择防滑底的，以免滑倒跌伤。

在练习前，要将腰腹部、肩部及四肢关节充分活动开，以免在练习过程中出现扭伤、拉伤的现象。应准备水和毛巾，随时补充水分。

此外，由于健身球器材本身的特性，体重过大、以减肥为目的的人最好不要做这项运动。孕期妇女做健身球运动应当在家人的陪同下进行，以避免意外发生。

击剑

着盔甲，出利剑，严防守，活移步，瞄准时机，一剑封"喉"。欧洲中世纪的"绅士运动"——击剑，正在成为精英人士时尚健身的项目之一。

击剑有一些很好的养生作用：

（1）击剑运动能够提高身体素质，对参与者的身、心都大有好处。

（2）击剑运动能提高人的爆发力、敏捷性和耐力，使参与者的身体更敏捷、灵活、强健，尤其是能增强参与者的心肺功能，培养协调能力和手脚配合能力，增强身体素质。

（3）击剑同时可以培养勇敢、顽强、自信的心理品质。击剑不仅是力量与意志的对抗，也是智慧的较量，对智力开发大有好处。

（4）击剑还可以增加身体的柔韧性、反应的敏捷性，让你获得一步一步击败对手的成就感。在一剑刺中对手的刹那间，你会感到平时积聚的压力都被释放出来了。因此，击剑还是减压的良方。

进行击剑前可以做做这些拉伸热身：

（1）腕部运动。

🔺 先将右臂伸直上举，手腕放松，五指自然状态。

🔺 朝右外侧带动手腕。注意不要用力，轻轻摇、转，环旋 30~50 次；再换左手，环旋相同次数。

🔺 左手握紧右手腕下部，借左手之力，快速摇动右手腕 30~50 次；再换右手握紧左手腕下部，同样摇 30~50 次。

（2）拉伸大腿前侧。　　　　　（3）拉伸膝盖和小腿肚。

▶ 站立，弯曲一侧膝盖，手握住脚背，把脚贴近臀部。挺直腰部，脐部下方要用力。集中意识伸展大腿的前侧，保持 20~30 秒钟。左右做同样动作。

🔺 双腿前后张开，成弓步。前腿膝盖弯曲，后腿膝盖着地，使后腿的小腿肚和膝盖背面伸展，保持 20~30 秒钟。相反方向做同样动作。

拉伸：适合全家人的健身与运动

（4）抬升大腿。

▲ 站在离墙壁约 20 厘米处的地方。双手撑在墙面上，亦可自然下垂，弯曲一侧膝盖并将腿抬起至大约脐部的高度，然后落下，有意识地在脐部以下用力。左右做同样动作。

（5）拉伸背部和髋关节。

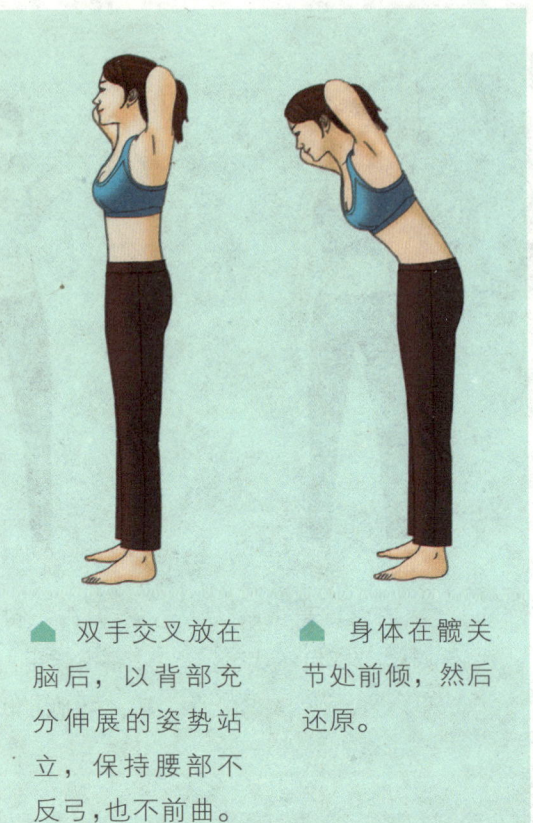

▲ 双手交叉放在脑后，以背部充分伸展的姿势站立，保持腰部不反弓，也不前曲。

▲ 身体在髋关节处前倾，然后还原。

击剑是一项高雅的运动，它对剑手素质的提高是全方位的。在参加正式的击剑训练和比赛之前，热身运动是必不可少的。击剑交锋前的准备活动要求充分活动踝关节、膝关节、腕关节、肩关节、颈部、脊椎、大腿肌肉。通常的热身方式为：转动各部位关节，正、侧面压腿，热身活动的时间不得少于 15 分钟。

在击剑过程中，千万要量力而行，以防脚踝、膝部、大腿肌肉等部位扭伤、拉伤。同时，击剑是项斗智斗勇的体育活动，请勿玩命劈刺对手，以避免给对手或自己造成不必要的伤害。点到为止，以轻、巧、灵取胜于敌。在击剑过程中，心态要平和，要放松全身的肌肉，尤其要注意肩、臂、手腕关节的放松。

此外，注意身体的协调性也是比较重要的。

对女士来说，击剑是瘦腿、瘦腰，塑造完美身材的绝佳运动。击剑能够塑造腿部线条，因为击剑的基本动作是打开髋关节，这个姿势使大腿内侧肌肉得到了充分锻炼。在击剑的基本攻防中，需要灵活使用腰腹部力量，因此可以彻底消灭"水桶腰"和腹部"救生圈"。再加上练习中，要穿着厚厚的三件套式击剑服，这身衣服比包保鲜膜或穿塑身衣的减肥效果都明显，一场比赛下来，能消耗大量热量。

拳击

拳击作为一种空手格斗技能，技术比较简单，容易掌握，经过反复训练，可以成为防身自卫的一种有效手段。由于拳击动作需要肌肉的强大爆发力才能完成，坚持锻炼能够增强肌肉力量，提高肌肉素质，增强身体耐力，使人体能够适应长时间高度紧张状态下的工作、训练等。

攻防对抗中，练习者需要在极短的时间内准确判断对方状况，并迅速做出反应。长期锻炼能够提高身体的灵活性、协调能力和反应能力。

在拳击运动中人体腹部、腰部和臀部不停地运动，不仅能充分燃烧体内多余的脂肪，同时也能合理有效地雕塑身体各部位的肌肉，使体态更加完美，还可以改善长期伏案工作者背颈部常有的酸疼感。

通过拳击的击打和抗击打能力训练，可以提高练习者的防身意识和自卫手段，有助于提高练习者遇到侵犯时的自我保护能力。而且，由于运动中练习者精神高度集中，因此还有减轻压力、调节情绪、改善睡眠等功效。另外，练习者要有足以战胜对手的心理素质，坚持拳击锻炼有助于培养顽强拼搏、敢打敢拼、百折不挠的良好品质。

拳击运动前的拉伸方法如下：

1. 拳头俯卧撑

通常的俯卧撑是将两手掌按在地上进行的。这里要求将手掌改为拳头，握紧拳头在地上形成俯卧撑姿势，并上下移动身体，两拳的距离约70厘米，两拳眼向前方，保持身体挺直，不要将肚子掉下去，要将腹部收紧，也不要将屁股抬得很高。

拉伸：适合全家人的健身与运动

2. 单腿起蹲练习

以站立姿势开始，一条腿向前伸直，另一只脚慢慢地蹲下去，至屁股完全碰着脚后跟，然后仍旧以这只脚用力站起来，待膝关节将完成整个过程时，突然加速将腿完全站直。

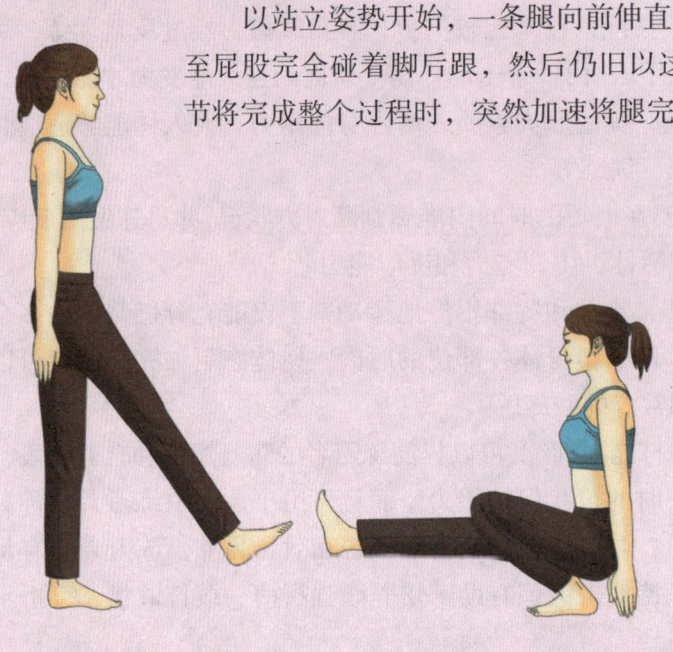

注意：练习者可能由于一只脚支撑会出现左右摇晃，这时可以将自身的任一侧靠近墙，以这一侧的手轻轻扶着墙壁，以保持身体平稳，但不可以用手抓住什么紧固件，否则练习效果将大打折扣。左右脚交替进行。

3. 拧身前扑运动

准备一条废弃的自行车轮胎（要弹力仍然较好的）或一根用于捆绑物体的橡皮筋，将车胎（或橡皮筋）的一头固定好，另一头稍作加工，使自己的手便于紧紧地握住。

动作开始，以一手抓住车胎的一头，人取弓步姿势，步间距可以大一点，如果你左脚在前，则用右手抓住车胎（如果右脚在前，则用左手抓住车胎），调整好车胎的松紧度后，握胎手从弯曲位置开始，凭臂力及腰胯转动之力，猛然将手臂完全伸直，并将上身奋力前扑，然后缓慢地回到原姿势。

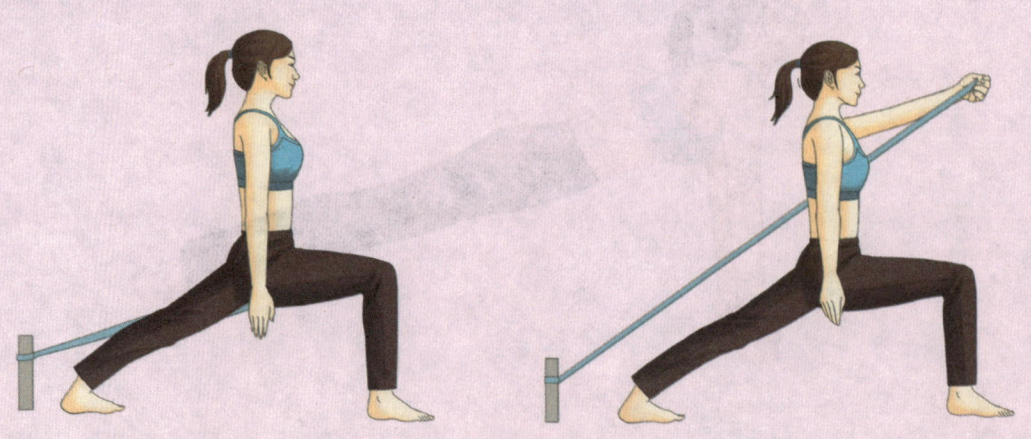

搏击操

搏击操作为有氧运动的一种，可以提升心肺功能，促进心血管健康。搏击操的编排是严格按照健身操的结构进行的，锻炼时强度可以控制，动作的选择也是以增进健康与避免伤害为原则。同时，它只与想象中的目标进行搏击，而不是直接对抗，这就使锻炼更安全，大大减少了身体受损的概率。

运动过程中能够消耗大量热量，大量动作需要腰腹部发力，有助于减少腰腹部脂肪，塑造完美的体型，非常适合久坐不动的人锻炼。搏击操动作要求迅速有力，通过快速、幅度较大的反复练习，能够增强肌肉力量，加强关节活动能力，提高身体柔韧性、反应力。

此外，在练习过程中，练习者的精神能够得到充分放松，有助于摆脱日常工作、生活中造成的压力和烦恼，缓解身心负荷。

搏击操运动前的拉伸方法如下：

（1）站姿。　　　　　（2）直拳。　　　　　（3）摆拳。

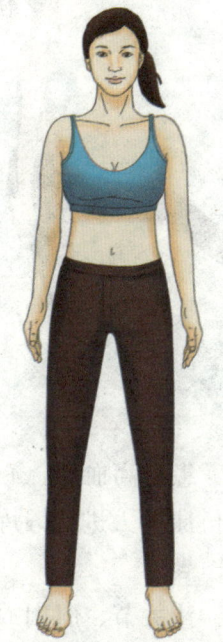

▲ 两脚分开与肩同宽，深呼吸，练习原地踏步、侧点步、交叉步，全身伸展。

▲ 采取站立，面向目标，臂和肩部成一条直线，发力顺序为腿—腰—拳，目标：肋、鼻。

▲ 采取站立，面向目标，出拳时臂和肩成一弧线，发力顺序为腿—肩—拳。

拉伸：适合全家人的健身与运动

（4）前腿前踢。

▶ 双脚一前一后站立，重心在后脚，看着目标。

▶ 前腿抬膝盖，上身微后仰，脚掌踢目标，然后还原到起始位置。

（5）后腿前踢。

▶ 双脚一前一后站立，重心在前脚，看着目标。

▶ 后腿抬膝，上身微后仰，脚掌踢目标，还原开始动作。

搏击操活动量较大，对身体的协调性与柔韧性要求较高，患有高血压、心脏病的人不宜进行搏击操锻炼，否则容易发生危险。即使是身体健康的人进行锻炼，也应注意在练习过程中调整运动强度，并且练习时间不宜过长。

为了减轻关节受损的危险，运动前应做充分的热身运动，让关节、肌肉放松后再开始挥拳，做幅度较大的动作时也应保证肘关节、膝关节不要完全伸直锁定。

初学者一定要按照专业人员指导的标准动作练习，以避免造成关节扭伤等不必要的伤害。如果在练习过程中，出现腿部疲劳、局部剧烈疼痛、眩晕、心率过快等情况，就应立即停止运动，以免造成危险。此外，练习搏击操应选择空旷的环境，避免在拥挤的室内练习，以免误伤他人。

第二节 球类运动拉伸

篮球

篮球运动要求在特定时间、位置、距离、场地、设施、环境条件的要求下，运用跑、跳、投掷等手段来完成投篮目标。在这一过程中，无论智力、生理、心理都要承受各种复杂因素的影响。科学地参加篮球锻炼，可增强心肌收缩力及心脏负荷能力，有助于提高人体内脏器官与感受器官的功能。可增加肺活量，增进血液携带氧的能力，使全身的血液循环加速新陈代谢。

对于青少年来说，打篮球能够锻炼身体，有益于骨骼的生长发育，达到增高的效果，并使身体的协调性和灵敏度大大提高。还可以锻炼脑部的思考和判断能力，锻炼视力及耳朵听力的敏感度。

篮球运动是在团体间对抗和变化条件下进行的，从事篮球运动有利于提高群体意识，培养团结合作、顽强拼搏的意志品质和良好的心理素质。

打篮球本身具有极强的趣味性，锻炼者在运动中能够舒解压力，放松心情，对于紧张的学习、工作、生活来说是一种难得的调节剂。

打篮球前的拉伸方法如下：

（1）先将肩膀分别向耳朵的方向耸起，这时颈部和肩膀处会稍稍产生一些紧张感。将这个姿势保持5秒钟。然后放松，让肩膀自然下垂。在做动作的同时，心中默念："肩膀上升，肩膀下降"。

（2）十指交叉抱于脑后，肩胛部尽力向中间挤压，使上背部肌肉略微感到紧张（做此动作时，胸部也要朝上运动）。将这个姿势保持4~5秒钟，接着慢慢放松，再轻轻地将头部向前上方拉伸。

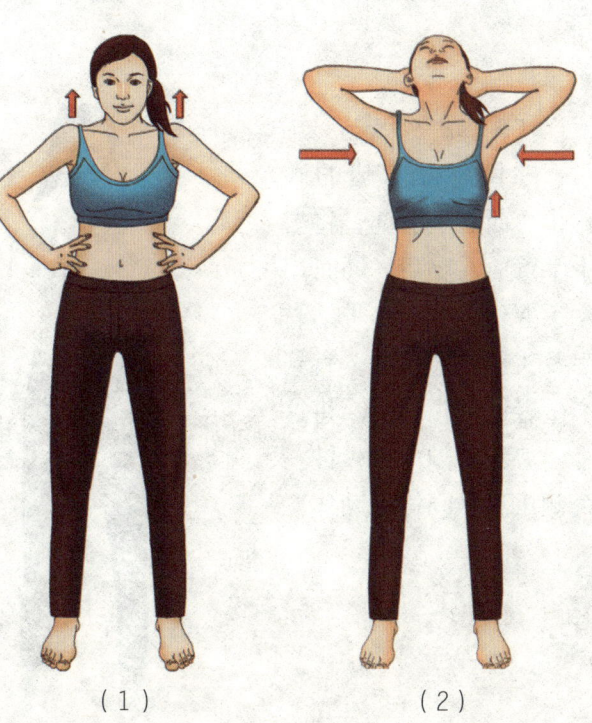

（1） （2）

（3）十指交叉掌心向上，举过头顶。

向后上方轻轻推动手臂。让手臂、肩膀以及上背部产生一定的拉伸感。让呼吸自然顺畅，并将此姿势保持15秒钟。

（4）轻轻地将一侧手肘拉过胸前，向另一侧肩膀的方向尽量拉伸。将这个姿势保持10秒钟。

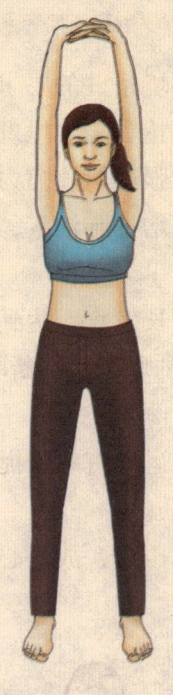

（5）站立状态。

略微弯曲双腿的膝盖，弯曲右手肘部，将右手手臂放在脑后。同时用左手握住右手肘，带动右手及头部向左移动，直到产生轻微的拉伸感。将这个姿势保持10~15秒钟。两侧重复做同样的动作。

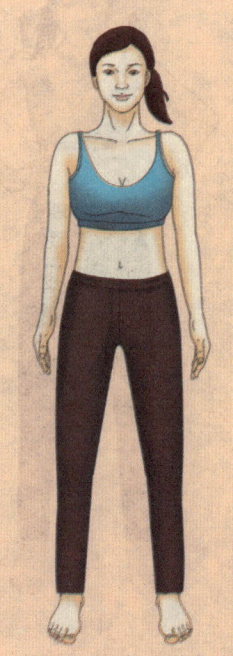
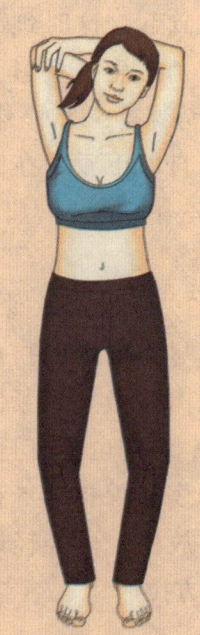

（6）将十指交叉放在身后。

做第一个拉伸动作时，向内侧缓慢地转动肘部，并且将两手臂伸直。将这个姿势保持10秒钟。

（7）略微弯曲膝部，脚后跟平贴地面，两脚尖指向正前方，双脚分开站立，与肩同宽。将这个姿势保持30秒钟。

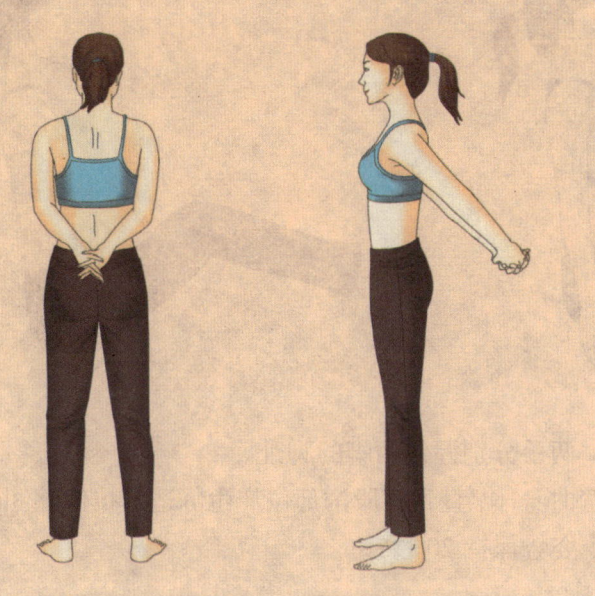

（8）选择一处坚实的支撑物，双腿一前一后站立。抬起手臂，将前臂靠在支撑物上，额头枕于手上。

弯曲前面的一条腿，前脚指向正前方，伸直后面一条腿，将髋部缓慢前移，腰部保持平直。拉伸时，后面一只脚的脚跟不能离开地面，脚尖要指向正前方，或者稍稍偏于内侧。做动作不要太快，保持轻松拉伸10~15秒钟。然后交换双腿的前后位置，再重复做同样的练习。

（9）坐姿，双腿屈膝抬起，并保持一定的距离；双手交叉，轻轻地抵在大腿内侧，并拢双膝，以此来收缩腹股沟部位的肌肉。

（10）坐姿，双脚合十，两手分别握住两脚的脚趾。

轻轻地由髋部开始向前弯曲身体，直到腹股沟部位产生舒适的拉伸感。同时，后背有同样的拉伸感。将这个姿势保持20秒钟。

（11）坐在地上后，弯曲左腿，伸直右腿，左脚跨过右腿放在右腿膝盖外侧。

然后将右手手肘弯曲，并放置于左大腿外侧、膝盖上方。让肘部对左腿内侧的压力保持平稳，以此来确保左腿的稳定。同时头向后转，左手放在身后，以保持平衡。换另一侧腿重复同样的动作。

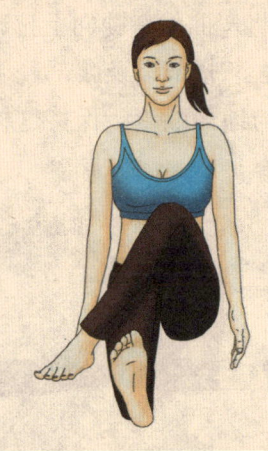 

（12）拉伸右大腿的后肌群时，要取坐姿，将右腿伸直，让左脚脚底能够轻轻触碰到右大腿内侧。保持的姿势是一条腿伸直，另一条腿弯曲。

接着从髋部开始，慢慢向前倾斜，并让其向右脚靠近，逐渐产生轻微的拉伸感。将此姿势保持5~15秒钟。然后换另一侧的大腿，重复进行同样的动作。

（13）右侧卧，左腿弯曲并向后伸展，尽可能地收缩左大腿肌肉，使左髋前部向前移动，同时尽量用左手去握住左脚。将这个拉伸姿势轻松保持10秒钟。还要注意身体应在一条直线上，然后用同样的方法拉伸右腿。

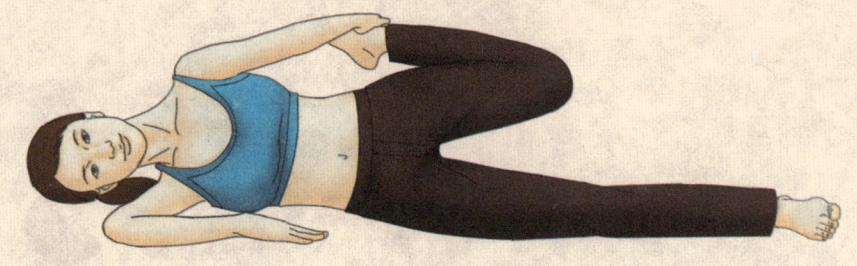

（14）仰卧，将右膝弯曲成90度；然后用左手将弯曲的右腿向上拉，尽量拉到左腿前侧，并向外伸直右臂，转头向右手方向看去。腰部以及腰部髋侧部会产生轻微的拉伸感，慢慢放松双脚和脚踝，让两肩膀与地面贴紧。保持这样的拉伸动作5~15秒钟。两侧都重复再做同样的动作。

（15）仰卧姿势起始，向上抬起一条腿，使大腿与身体成90度，让腰部与地面贴紧。将这个姿势保持10~20秒钟。另一条腿的动作也是一样的。

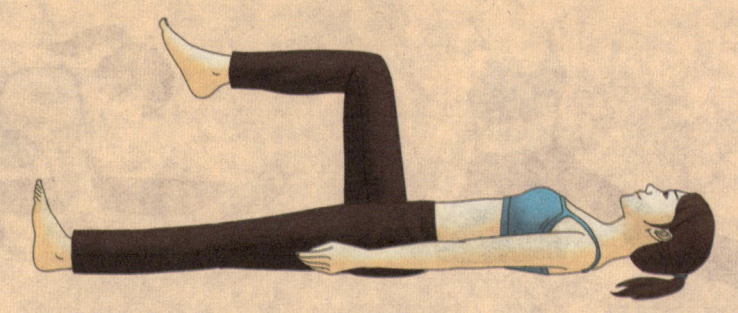

（16）仰卧躺好，将左腿向胸部方向尽力拉伸，并伸直另一条腿。尽量让头后部一直贴在地面，但注意适当的力度，不要过于用力。将这个姿势保持30秒钟。两侧都重复做相同的动作。

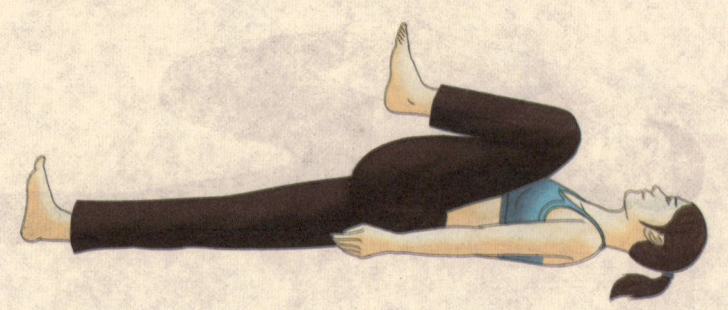

练习篮球需要注意这样一些基本姿势和锻炼要求：

（1）初学者宜练习持球与盘球的技巧。持球时使用5根手指，并将手指向内紧缩。盘球训练可以采用躯干盘球、颈部盘球、单脚盘球、胯下前后抛球、膝部盘球等方式进行训练。

（2）练习投篮时要注意力量是从脚后跟发起，然后通过脚踝、膝盖、胯部、上体、手臂、手腕，最后传递至手指尖将篮球投出。力量的整个传递应该是一个连贯协调的过程。初学者在开始时应把注意力集中到身体的姿势、动作以及整个投篮动作的节奏中。

（3）练习传球要注意用手指完成，而不是用手掌。为了控制球的速度、方向，手指应该尽可能地张开，但不能太僵硬，手腕要有弹性。运球也要注意应该用手指进行，而不是手掌。运球时手腕要放松，用向下挤压动作拍球，而不是抽打动作。初学者不要过多考虑运球时身体的移动速度，而应先掌握好运球技术。走动中的运球技术掌握好以后，再开始逐渐增加移动速度，直至全速。

（4）打篮球的基本站立姿势是两脚前后或左右开立，距离约与肩同宽。身体重心落在两脚之间，略收腹、含胸、屈肘，两手放于体侧前方。防守时站立姿势稍有不同，两脚开立略比肩宽。屈肘降低重心，含胸，两臂张开。站立时应注意屈膝、降低重心，抬头，目光注视全场。

（5）胸前传球时面向要传球的队友，抬头、屈膝，手指张开，将球持在胸前，两肘微向外，伸臂向外推球时，向前跨出一步，球出手时手指向上、向前推。击地传球时手指向下用力，使球碰地板反弹后，到达接球队友的腰部位置。头上传球时双手从球的两侧面持球（手指尖朝上），置于头顶，肘部微屈，向传球方向跨一步的同时手腕向后转，球移至脑后，将球向前抛出，手腕向下转发力（同样要做好随球动作）。

（6）投篮时手指持球的后、下部，向上、向前伸臂，并用力屈手腕，最后用手指将球推出，注意让手与篮球接触的时间尽量延长（即随球动作时间长），这样有利于控制球的运动方向，增加投篮的命中率。跳至最高点时，前臂前伸，手腕向前、向下将球投出，随球动作要充分，眼睛要始终盯住篮筐。

篮球运动活动量较大，加上激烈对抗带来的危险性也比较高，很容易受伤。锻炼时，为了减少运动伤害，可以采用必要的器材保护。运动量不宜过大，时间不宜过长，否则易造成过度疲劳，反而会影响身体健康。一般来说，每次运动控制在1小时左右为宜。

此外，由于打球时身体经常与他人接触，因此不应戴戒指、耳环、鼻环等硬物上场，以免造成不必要的伤害。

初学者应注重基本功训练，掌握了扎实的基本功，才能不断提高篮球技术，并将运动损伤的危险性降至最低。除了拉伸外，锻炼之前还应做一些活动膝盖、脚关节的运动，例如屈膝运动、蛙跳，等等，但不宜太剧烈。

网 球

网球是一项优美而激烈的运动，它的由来和发展可以用四句话来概括：孕育在法国，诞生在英国，开始普及和形成高潮在美国，现在盛行在全世界。网球运动能够提高人的体育意识，培养人们运动健身的兴趣和习惯，对增强练习者的体质有良好的作用。近年来，随着人们生活水平的提高，人们的健康意识逐渐增强，越来越多的人加入到网球运动的行列中。网球的养生作用有以下几个方面：

（1）网球是一种户外有氧运动，网球运动能促进血液循环系统的改善，消耗多余热量，使心肺功能得到提高，也可以增强人体免疫能力，提高抗病能力和病后康复速度，达到增进健康、增强体质、强化身心的目的。

（2）网球运动是疏解压力、调节免疫力的最佳运动之一。在网球运动中，要全神贯注，排除一切杂念，快速地奔跑击球、大力扣杀，这样可以把一天的疲劳、困扰等挥洒得干干净净，使身心得到放松，特别是在打出了一个好球时，你可以大吼、跳跃、摔拍子等，释放你的压力和情绪。

（3）网球有助于培养人的综合素质。业余活动中的网球比赛大多是无裁判下的信任制比赛，双方一定要诚实，把好球说成出界或把出界说成好球都是不诚实的表现。诚信品质的体现贯穿于整个网球活动的全过程。此外，网球运动还有助于培养人乐观、团结、自信的素质。

网球是非常剧烈的运动，打网球前最好做一些拉伸热身：

（1）站立，略微弯曲双膝。

用右手将左臂外侧肘部上方的部位握住。

右手将左臂向身体内侧拉，坚持停留3~4秒钟。

放松后再将右臂缓慢地拉过身体，向左侧肩膀的方向拉伸，直到肩膀外侧和手臂上部产生舒适的拉伸感。将此动作坚持10秒钟。另一侧的拉伸方法也是一样的。

（2）先将肩膀分别向耳朵的方向耸起，这时颈部和肩膀处会稍稍产生一些紧张感。将这个姿势保持5秒钟。然后放松，让肩膀自然下垂。在做动作的同时，心中默念："肩膀上升，肩膀下降"。

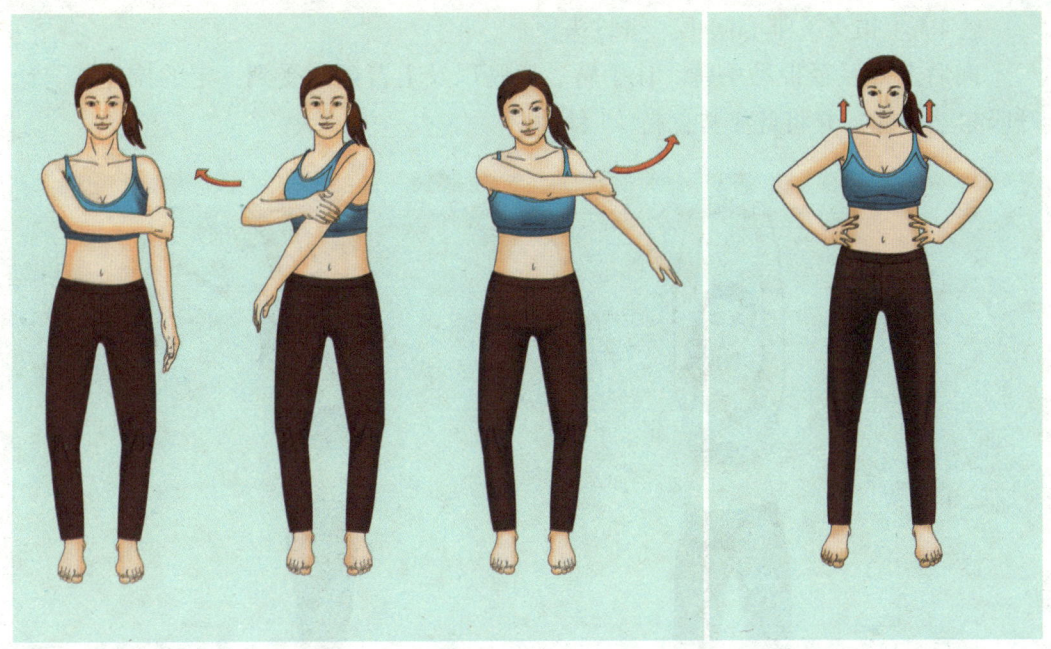

（3）站立状态，略微弯曲双腿的膝盖，弯曲右手肘部，将两手臂放在脑后。同时用左手握住右手肘。

然后将头部向左移动，身体向左侧弯曲，直到感受到轻微的拉伸感。将这个姿势保持 10~15 秒钟。两侧重复做同样的动作。

（4）十指交叉掌心向上，举过头顶。

向后上方轻轻推动手臂。让手臂、肩膀以及上背部感受到一定的拉伸感。让呼吸自然顺畅，并将此姿势保持15秒钟。

（5）背朝墙壁站立，身体与墙壁之间的距离维持在30~60厘米。两脚分开站立，约与肩同宽，脚尖指向正前方。

缓缓地让上半身向后转，直到能将双手放在墙壁上与肩同高的位置。然后回到起始位置。接着再向相反的方向转动身体，再次触摸墙壁。转动幅度以身体感到舒适为宜，坚持这个姿势5~15秒钟。

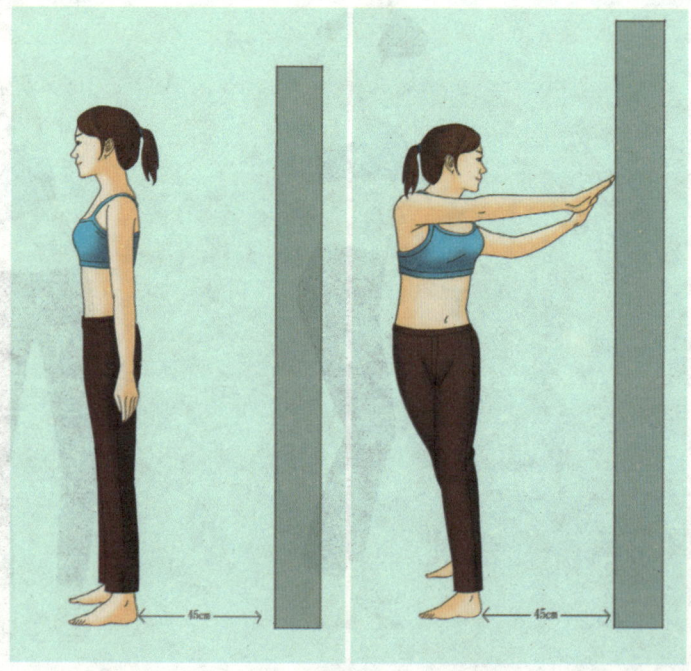

（6）右手握住左脚前部，将左脚脚跟向臀部轻轻拉伸。将这个姿势保持10~20秒钟，然后换左手和右腿做同样的动作。

（7）略微弯曲膝部，脚后跟平贴地面，两脚尖指向正前方，双脚分开站立，与肩同宽。将这个姿势保持30秒钟。

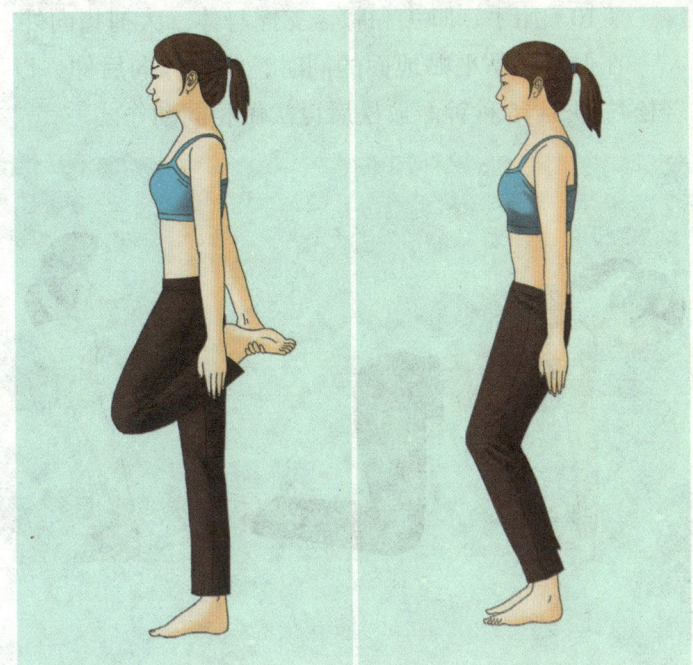

（8）向前移动一条腿，让膝盖位于脚踝的正上方，另一条腿的膝盖放在地面。不改变地面上那条腿的膝盖的位置，前脚的位置也不变，尽可能地将髋前部向下压，直到产生拉伸感。坚持这个姿势10~20秒钟。换腿练习。

（9）站好后，慢慢向下蹲，两脚紧贴地面，脚尖指向前方约15度方向，两脚跟要相隔一些距离，若徒手下蹲有困难，可手扶固定支柱。将这个拉伸动作维持10~15秒钟。

（10）用手、脚尖和膝盖支撑身体。大拇指向外，其余四指指向膝盖。

在保持手掌平贴地面的同时，将身体向后仰，以便尽可能地拉伸小臂前部。轻松拉伸 5~15 秒钟。放松后再次做相同动作。

（11）双脚合十，两手分别握住两脚的脚趾。

轻轻地由髋部开始向前弯曲身体，直到腹股沟部位产生舒适的拉伸感，同时，后背有同样的拉伸感。将这个姿势保持 20 秒钟。

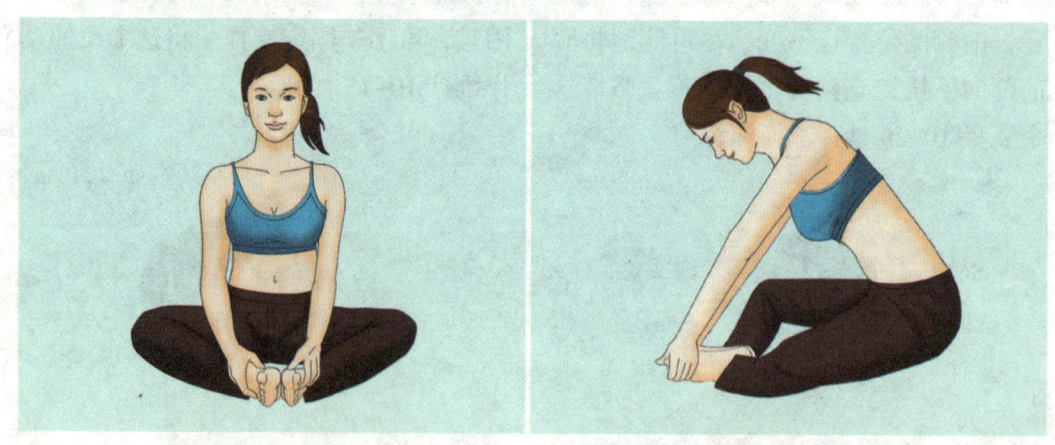

（12）仰卧躺好，十指交叉后放在脑后，大约与两耳齐平。

缓慢抬高颈部，直到颈后有轻微的拉伸感。保持这个动作 3~5 秒钟，然后，缓慢恢复到初始状态。

（13）仰卧，腿伸直，左腿弯曲向胸前拉近，左手可放在腿弯处辅助腿部的拉伸，注意用力要适度。将这个姿势坚持5~15秒钟，右腿的拉伸也是按照相同方式进行。

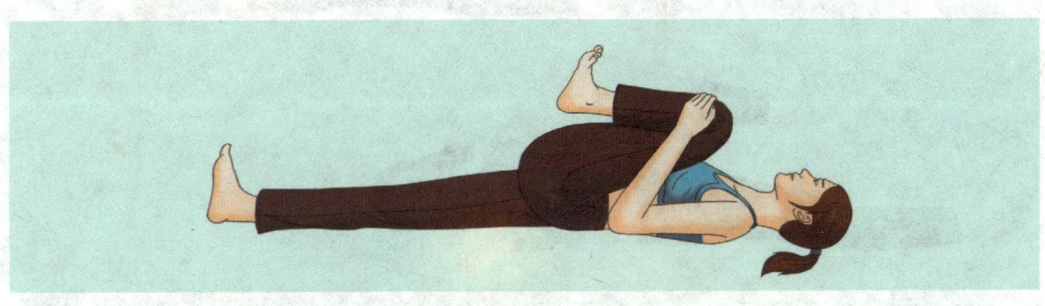

（14）仰卧，向上抬起一条腿，让大腿与身体成90度，腰部与地面贴紧。将这个姿势坚持10~20秒钟。另一条腿也用同样的方法做。

（15）仰卧，将左膝弯曲90度。

用右手向上拉弯曲的左腿，拉到右腿前侧。左臂向外伸直。转头看向左手。

接着，再用右手将弯曲的左腿向下拉，腰部和髋侧部会产生轻微的拉伸感。保持这个拉伸姿势5~15秒钟，两侧都做同样的动作。

网球运动要注意以下几个方面：

（1）定时修剪指甲。在练习和比赛时常常需要调整拍弦，如果指甲太长会有危险。

（2）服装专业化。衣服虽然适合运动就行，但是专门的网球服装会更好，毕竟不同的运动对身体有不同的要求，体现在服装上也有相应的（有时是微妙却实质的）差别。

（3）了解装备的基本知识。球拍、拍弦、球、外柄皮、护腕等是基本装备，懂得使用它们的基本常识，对提高技巧、战术水平有直接的影响。

（4）养成定期打球的习惯。

保龄球

保龄球，又称地滚球，是在木板道上滚球击柱的一种室内运动。保龄球具有娱乐性、趣味性、抗争性和技巧性，给人以身体和意志的锻炼，已经成为现代社会中的一项时尚运动，流行于欧洲、美洲、大洋洲和亚洲一些国家。

保龄球不但轻松、有趣，而且有益于健康。作为一个比赛项目，它还几次走进过奥运会的殿堂。在亚洲，保龄球从1974年起成为亚运会的正式比赛项目。

保龄球有这样一些养生作用：

（1）能够在一种非常轻松的氛围中，消除人的疲劳、紧张，缓解、消除工作和生活中的压力。

（2）不受天气、时令影响。不分年龄、性别，男女老少均能参与，无论个人体质好坏，只要通过努力均可获得高分，因此可培养和增强人的自信心。

（3）它能够满足人的发泄感、快感、成就感，而且它也是智商要求很高的运动之一，打保龄球能够锻炼人的体力、脑力、观察能力和空间想象能力等。

（4）弥补日常生活中和工作重负下的运动不足。据计算，3局保龄球，相当于骑车20分钟或跑步15分钟或打网球20分钟。

打保龄球前可以做一些拉伸热身运动：

（1）双膝旋转。

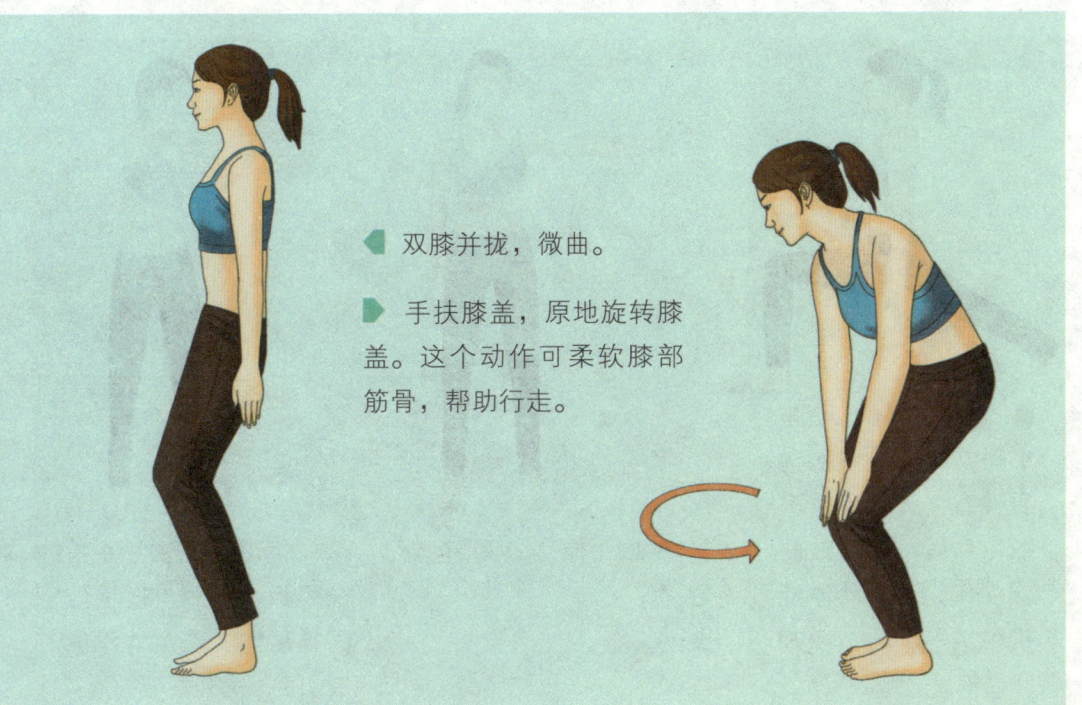

◀ 双膝并拢，微曲。

▶ 手扶膝盖，原地旋转膝盖。这个动作可柔软膝部筋骨，帮助行走。

（2）扭腰。

▲ 双手向前伸，双脚微张。

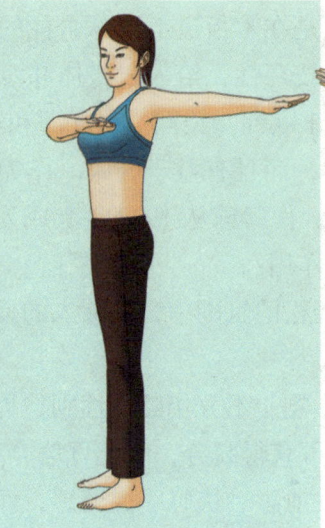

▲ 双手带动上半身，尽可能地向左右两边扭转，腰部不可动。这个动作可增加腰腹部的力量。

（3）手臂大旋转。

▲ 左手叉腰，以右肩为圆心，向前旋转右臂，再向后旋转，然后，换手做同样动作。

（4）弓箭步。

▲ 右腿屈膝使大腿与小腿成 90 度，左腿向后伸直，脚掌不可离地，然后，换腿做同样动作。这个动作能松弛腿部筋骨，增加膝盖的灵活性。

（5）反弹手指。

▲ 右手伸直，手心朝外。

▲ 左手将每根右手手指往后扳，然后，换手做同样动作。这个动作能增加手指的弹性与力道。

（6）拉脚筋。

> 蹲下，左膝弯曲，脚掌贴地，右腿往外伸直，然后，换腿做同样动作。这个动作能放松腿部筋骨，增加弹力。

保龄球是一项人人皆宜的球类项目，它趣味性极强，从事这项运动时，应注意以下几点：

（1）要注意循序渐进，第一次玩时，很可能摸不着门路，不要着急，一次次练习，技术就会逐渐提高。

（2）打球时，要注意协调性，起动时，可走3~6步，每个人可根据自己的习惯协调步伐，掷球时，手臂要顺势把球掷出。

（3）要选择合适重量的球，初学者要从较轻的球开始练，等力量增强后，再慢慢增加球的重量。

羽毛球

长期练习羽毛球的人都会有这种感受：通过经常观察对手挥拍情况和高速飞行中的球，有经验的运动员能像武林高手一样，在对手击球的一瞬间便能看清楚球拍翻转变化的微小动作。其实，让人练得"眼明手快"的原因很简单：因为运动中的羽毛球速度很快（据统计，一名优秀运动员的击球速度能达到每小时350公里），这就要求对方球员的眼睛紧紧追寻高速飞行的球体，眼部睫状肌不断收缩和放松，大大促进了眼球组织的血液供应，从而改善了睫状肌功能，长期锻炼就能提高人的视觉灵敏度和眼睛的反应能力。对于普通爱好者，尤其是中老年人和过度使用眼睛的人来说，如果能坚持练习，视觉敏感度将会明显提高。

另外，运动中锻炼者需要运用手腕和手臂的力量握拍和挥拍，还要充分活动踝关节、膝关节、胯关节等部位，做出滑步、垫步和弓箭步等各种步态，所以对于全身肌肉和关节的锻炼也是很充分的。在捡球、接球的过程中，不断弯腰、抬头等动作，使腰部、腹部的肌肉也能得到充分锻炼。

美国大学运动医学会提出，要达到全身减肥的目的，每天应该进行30分钟以上，每分钟心率为120~160次的中低强度有氧代谢运动。对于普通羽毛球爱好者来说，这恰恰相当于一场低强度单打比赛的运动量。在进行羽毛球运动之前，最

拉伸：适合全家人的健身与运动

好做几分钟的拉伸热身活动：

1. 拉伸练习总则

（1）拉伸练习的顺序始终是：放松—拉长—用力—拉长。
（2）拉长必须做到可能的最大幅度，但绝对不要产生疼痛感。
（3）拉长或者伸展的姿势必须保持大约 20 秒钟的时间。
（4）第一个 10 秒钟，慢慢拉长；第二个 10 秒钟，在原有幅度上再稍稍拉长。

2. 拉伸大腿前面肌群

▶ 面对墙壁站立，左手扶墙，右腿弯曲。

▶ 用右手扳住右脚尖，用力向后扳，以拉伸右大腿肌肉。然后换左腿练习。

3. 拉伸小腿肌群和跟腱

▶ 面对墙壁站立，双手扶墙，左腿弯曲，右腿用力向后蹬伸，右脚跟不离地，右腿保持伸直状态，膝盖不能弯曲，用力后蹬，体会小腿的紧张和跟腱的拉伸。然后换腿练习。

4. 拉伸背部肌群

▲ 平躺在地面或垫子上,双腿蜷曲到胸前,双手抱腿使身体蜷缩成一团。

▲ 头抬起,下颌贴紧膝盖,用力蜷缩身体以拉伸背部肌肉。

5. 拉伸肩带和上臂肌群

这个动作可以只做一边,即击球手一侧。

▶ 以右手击球为例,右肘抬起到最高点,右手背到背后到极限点,左手扳住右肘并缓慢用力扳动,到极限后保持 10~20 秒钟。这个动作非常重要,在打球前做几次,可以充分活动肩膀和上臂,保证打球时不易受伤。长期坚持,可以增加挥拍的幅度和频率。

6. 拉伸大腿后面肌群

▲ 两腿分开到最大限度,两腿伸直,膝盖不能弯曲。

▲ 上体贴向左腿,右腿保持原位不动,脚跟不能离地,体会大腿后部肌肉被拉伸的感觉,换腿练习。

7. 拉伸大腿内侧肌群

▲ 两腿分开到最大限度，两手放在两腿上，缓慢用力下压，体会大腿内侧肌肉紧张的感觉。

8. 拉伸躯干侧面肌群

▶ 两脚开立约与肩同宽。双手向上伸直，上体向一侧弯曲，保持上体与双腿在一个平面上，用力弯曲，体会肋部肌肉被拉伸的感觉。换一侧继续拉伸。

9. 拉长肩带和胸部肌群

▶ 以右手击球为例，侧对墙壁站立，右手扶墙，右臂伸直并与身体处于同一平面上，右手用力推墙并保持右臂伸直，体会肩带下侧和胸部肌肉被拉伸的感觉。

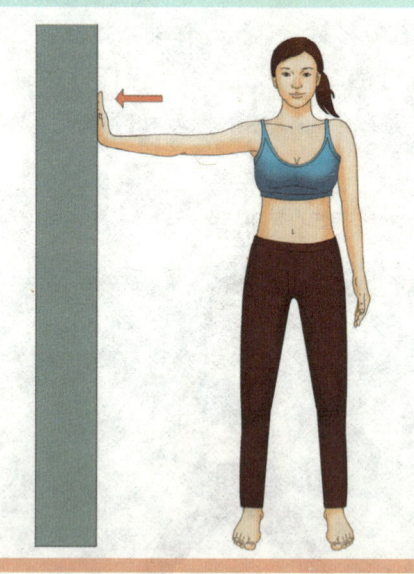

排球

    排球是基本球类运动之一，参加排球运动不仅能提高人们的力量、速度、灵活性、耐力、弹跳、反应等身体素质和运动能力，并可改善身体各器官、系统的机能状况，有助于促进身体机能，增进体力。排球运动能使人的肺活量增强，血液循环加快，心肺功能得到增强，能够有效预防和治疗老年心血管和神经系统方面的疾病。

排球动作中的下手碰接动作使得某些神经部位不断受到刺激,能够有效缓解精神衰弱等症。经常弹跳扣球的动作,能够锻炼大腿、腰腹部的肌肉,让腿部没有赘肉,腰部更健美,手臂也会出现完美曲线,有助于改善体型和姿态。

排球运动是一项集体性的活动,除发球外,都是在集体配合中进行的,讲究战术和配合,活动时趣味性极强。参加排球锻炼有助于培养团队意识、协作精神,使人精神开朗,情绪愉悦。此外,参加排球比赛还可以锻炼人们勇敢顽强、克服困难、坚持到底等良好的精神品质。

打排球前的拉伸方法如下:

(1)左手握住右脚前部,将右脚脚跟向臀部轻轻拉伸。将这个姿势保持10~20秒钟。换另一条腿做同样的动作。

(2)略微弯曲膝部,脚后跟平贴地面,两脚尖指向正前方,双脚分开站立,与肩同宽。

将这个姿势保持30秒钟。

(3)站立姿势,双脚分开约与肩同宽,脚尖指向正前方。

身体轻轻向下弯曲,并略微弯曲膝盖,以便使腰部的压力得到减缓。颈部和手臂尽量放松,缓慢拉伸到两腿后部产生轻微的拉伸感。保持这个拉伸姿势5~15秒钟。

拉伸：适合全家人的健身与运动

（4）一条腿弯曲，放在另一条腿前面。把前面一条腿的脚踝置于膝盖的正下方，双手重叠放在前腿膝盖前端的位置。

然后伸直两臂，保持上半身挺直，同时髋前部下压。保持这个姿势 5~15 秒钟。用同样的方法拉伸另一侧。

（5）用手、脚尖和膝盖支撑身体。手掌向下贴近地面。大拇指向外，其余四指指向膝盖。

在保持手掌平贴地面的同时，将身体向后仰，以便尽可能地拉伸小臂前部。轻松拉伸 5~15 秒钟，放松后再次做相同动作。

（6）脸朝下，将双腿弯曲，向前伸展双手，或一手放在头下；将双臂笔直地向后拉，并将手掌轻轻向下压。做这个动作时，可以只将一只手臂伸直，也可以同时伸直两臂。保持放松，注意适度用力，不要过度拉伸，将此姿势保持 15 秒钟。

（7）坐姿，双腿屈膝抬起，两膝保持一定间距。

双手交叉，轻轻地抵在大腿内侧，并拢双膝，以此来收缩腹股沟部位的肌肉。

（8）坐姿，双脚合十，两手分别握住两脚的脚趾。

轻轻地由髋部开始向前弯曲身体，直到腹股沟部位产生舒适的拉伸感。同时，后背有同样的拉伸感。将这个姿势保持20秒钟。

（9）坐姿，弯曲左腿，伸直右腿，左脚跨过右腿放在右腿膝盖外侧。

然后将右手手肘弯曲，并放置于左大腿外侧、膝盖上方。让肘部对左腿内侧的压力保持平稳，以此来确保左腿的稳定。同时头向左后方转，左手可撑在地上以保持平衡。

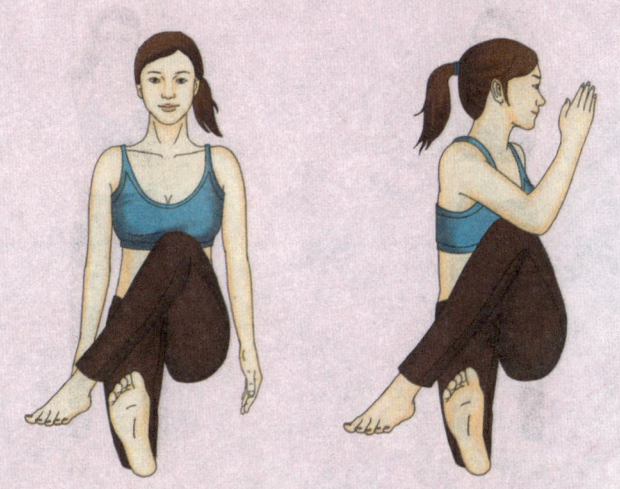

拉伸：适合全家人的健身与运动

（10）站好后，慢慢向下蹲，两脚紧贴地面，脚尖指向前方约15度角方向。两脚跟要相隔一些距离。将这个拉伸动作维持10~15秒钟。

（11）十指交叉后放于脑后，肘部向外伸展，自然放松上半身，保持端正。

尽力挤压肩胛部，使上背部和肩胛部都受到压力。坚持4~5秒钟后压力会慢慢消失。放松全身，将相同动作重复做若干遍。

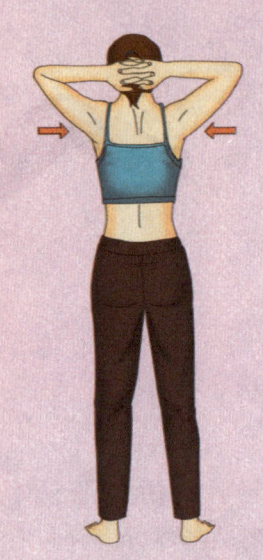

（12）拉伸肩部及上背部中间时，轻轻地将一侧手肘拉过胸前，向另一侧肩膀的方向尽量拉伸。将这个姿势保持10秒钟。

（13）十指交叉掌心向上，举过头顶。

向后上方轻轻推动手臂。让手臂、肩膀以及上背部产生一定的拉伸感。让呼吸自然顺畅，并将此姿势保持15秒钟。

（14）将十指交叉放在身后，向内侧缓慢地转动肘部，并且将两手臂伸直。将这个姿势保持10秒钟。

（15）站立状态，略微弯曲双腿的膝盖。弯曲双手肘部，将两手臂放在脑后。同时用右手握住左手肘。

然后将头部向右移动，让头部尽可能地靠近右臂，直到产生轻微的拉伸感。将这个姿势保持10~15秒钟。两侧重复做同样的动作。

高尔夫球

阳光、绿地、空气、挥杆、健步……这些元素构成了高尔夫的特有魅力。不可否认，高尔夫在当下已经成为展示商界和社会精英人士风采的一道亮丽风景。因为高尔夫不仅是项体验快乐的运动，更是一种精神上的享受：坐拥湖光山色，完全地融入大自然，潇洒地一挥杆，浑身上下散发出成功者的自信。

高尔夫不仅魅力非常，也有一些很好的养生作用：

（1）优雅的姿态、绿色的世界、新鲜的空气，高尔夫练习场美丽的风景给人们带来了精神上的放松与愉悦，能够减轻人们的压力。高尔夫是一项很好的温和运动，打75分钟球约消耗445卡能量，相当于以每小时16公里的速度骑车65分钟。

（2）高尔夫可以帮助人们锻炼脑部神经以及肢体的协调运动。打高尔夫球，对人体耐力要求很高。在户外连续走上一两个小时，还要时而蹲下、时而起立，对击球点进行判断。高尔夫球是既能锻炼心脏，又不会加重心脏负担的一项运动，心脏病患者最为适合选择此项运动。

（3）对于常年坐办公室的人来说，高尔夫是一项帮助塑身的有益运动。完整的高尔夫球击球动作包括：站位、引杆、上杆到顶、下杆、冲击和结束动作共6个步骤，集协调、力量、爆发力于一体，需要动用全身肌肉和关节，特别是腰部、肩部和双臂等部位来完成，有利于锻炼身体柔韧性，还能够矫正不良体态。

拉伸：适合全家人的健身与运动

进行高尔夫运动前最好做一些拉伸热身活动：

（1）十指交叉掌心向上，举过头顶。向后上方轻轻推动手臂。让手臂、肩膀以及上背部产生一定的拉伸感。让呼吸自然顺畅，并将此姿势保持15秒钟。

（2）双手举过头顶，交叉在脑后，用一只手握住另一只手臂的肘部；然后轻轻拉动至产生拉伸感，动作要慢。让呼吸自然顺畅，并将同样动作坚持做15秒钟。

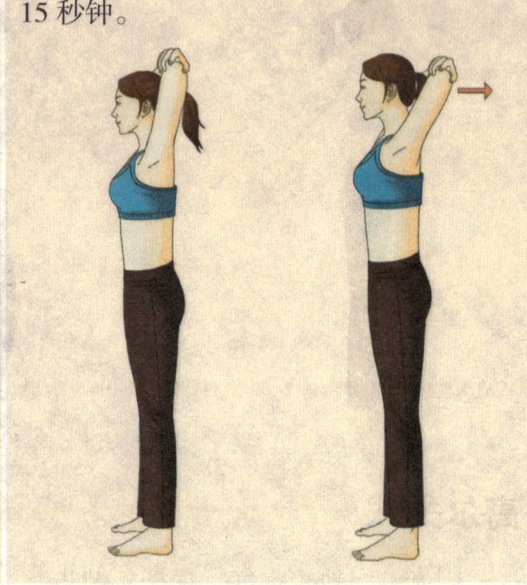

（3）略微弯曲膝部，脚后跟平贴地面，两脚尖指向正前方，双脚分开站立，与肩同宽。将这个姿势保持30秒钟。

（4）直立，向前伸直手臂，手腕弯曲，手指向上，保持这个姿势10~12秒钟，并重复练习2次。

然后手腕向下弯曲，保持10秒钟，然后放松。

（5）手臂向前伸直，手指向上，弯曲手腕，坚持做10~12秒钟，重复练习2次。

手指指节处弯曲，坚持10秒钟，然后放松。

（6）两手合十后放在身体前方。

两手向下移动，并保持两手掌始终贴在一起，直到有轻微的拉伸感。肘部要保持向上平齐，坚持做这个动作5~8秒钟。

（7）双手十指交叉，放置在胸前；然后双手和手腕按照顺时针方向转动10次，再按照逆时针转动10次。

（8）站立，略微弯曲双膝。用左手将右臂外侧肘部上方的部位握住，再将右臂朝身体外侧移动，同时左手提供阻碍。坚持停留3~4秒钟。

放松后再将右臂缓慢地拉过身体，向左侧肩膀的方向拉伸，直到肩膀外侧和手臂上部产生舒适的拉伸感。将此动作坚持10秒钟。另一侧的拉伸方法也是一样的。

（9）将双手放在髋部（或辅助器械），两脚脚尖指向正前方，将膝盖略微弯曲。

身体由髋部向右侧转，同时眼睛向右肩后方看去。将此拉伸动作保持10秒钟。每一侧拉伸2次。

（10）将双手从髋部移开，举过头顶（或辅助器械）。左手紧握右手，身体缓缓向右侧弯曲，同时用左臂轻轻将右臂从头上方拉动，朝地面方向。注意不要拉伸过度。坚持此姿势8~10秒钟。

（11）双手叉腰站立，将肩膀分别向耳朵的方向耸起，这时颈部和肩膀处会稍稍产生一些紧张感。将这个姿势保持5秒钟，然后放松，让肩膀自然下垂。在做动作的同时，心中默念："肩膀上升，肩膀下降"。

（12）下颌向左肩方向转动，让颈部右侧产生略微的拉伸感。每个方向拉伸2次，双肩自然下垂，呼吸顺畅。

（13）十指交叉后放于脑后，肘部向外伸展，自然放松上半身，保持端正。尽力挤压肩胛部，使上背部和肩胛部都受到压力。坚持4~5秒钟后压力会慢慢消失，放松全身，将相同动作重复做若干遍。

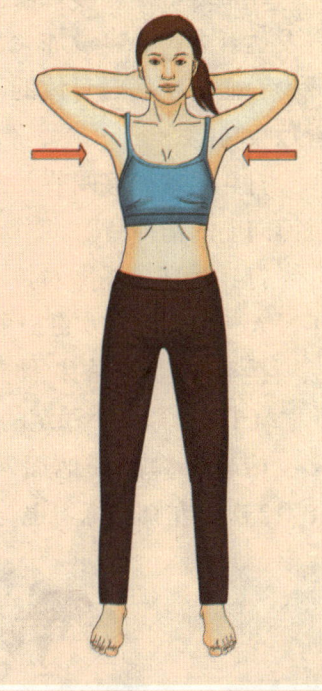

（14）双手各握住高尔夫球杆的一端，举过头顶。

向后上方轻轻推动手臂。让手臂、肩膀以及上背部产生一定的拉伸感。让呼吸自然顺畅，并将此姿势保持15秒钟。

乒乓球

　　乒乓球是一项全身性运动，运动时全身的肌肉和关节组织都能得到活动，不仅可使上下肢和腰背肌肉发达健壮，使得关节更加灵活、稳固，而且也提高了人的速度、力量素质和身体的灵活性、协调性，使人更加健壮，充满活力。

　　乒乓球运动也是一项极佳的大脑运动。运动时，大脑在短时间内要对来自眼睛、耳朵的信息进行思考分析与综合，调动视觉、听觉的感觉器官、运动中枢及全身肌肉快速工作。因此长期练习，可大大提高神经系统反应速度和综合协调能力。

　　经常进行乒乓球运动能使人体的循环、呼吸系统的功能大大加强，使心肌变得发达有力，心容量加大，血管壁弹性增加。这些变化对中老年人十分有益，可减少心血管疾病对身体的不良影响。同时使呼吸肌得到锻炼，可增加肺活量，改善呼吸功能。

　　打乒乓球能够调节人的情绪，使人心情愉快，还能锻炼和培养人们机智果断、拼搏向上的精神品质。

　　打乒乓球是隔网对抗，比有身体接触的体育项目安全性更高，所以不仅适合年轻人，也适合喜欢健身的中老年爱好者锻炼。

　　乒乓球运动前的拉伸方法如下：

　　（1）选择一个稳定的支撑物，用手扶好，站立并保持平衡。

　　抬起右脚离开地面，按照顺时针旋转脚踝10~12次；再按照逆时针旋转10~12次。左脚的练习也与此相同。

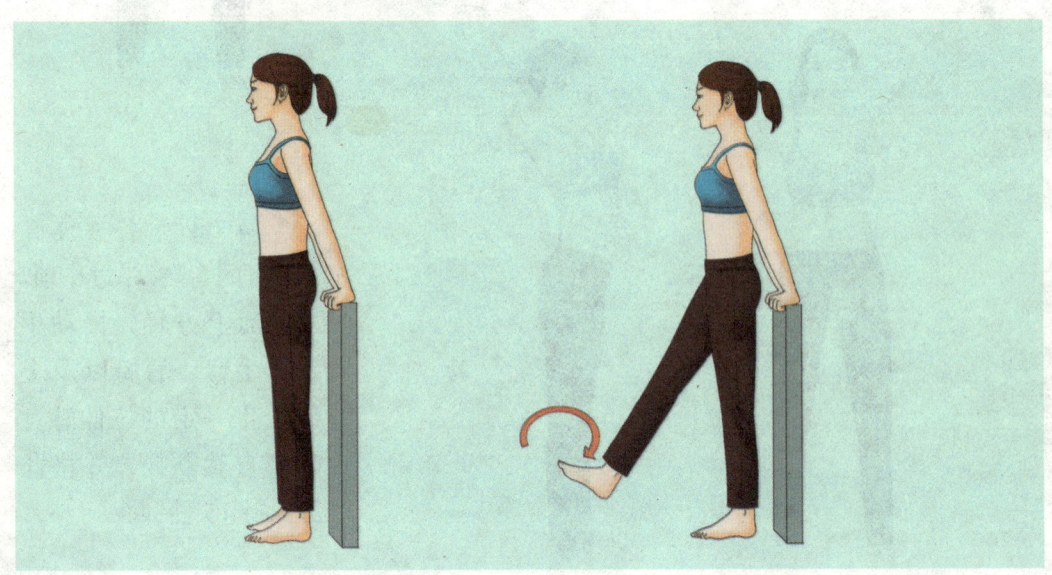

（2）左手在身后握住右脚前部，将右脚脚跟向臀部轻轻拉伸。如果用另一侧的手握住脚进行拉伸运动，膝盖会自然弯曲。将这个姿势保持10~20秒钟，并且每条腿都做同样的动作。

（3）两脚分开站立，比肩稍宽一些，两只脚的脚尖指向正前方。

略微弯曲右膝，将左髋向右膝方向下移。让左大腿内侧感到轻微的拉伸。将这个姿势坚持5~15秒钟，换另一侧，做同样的动作。

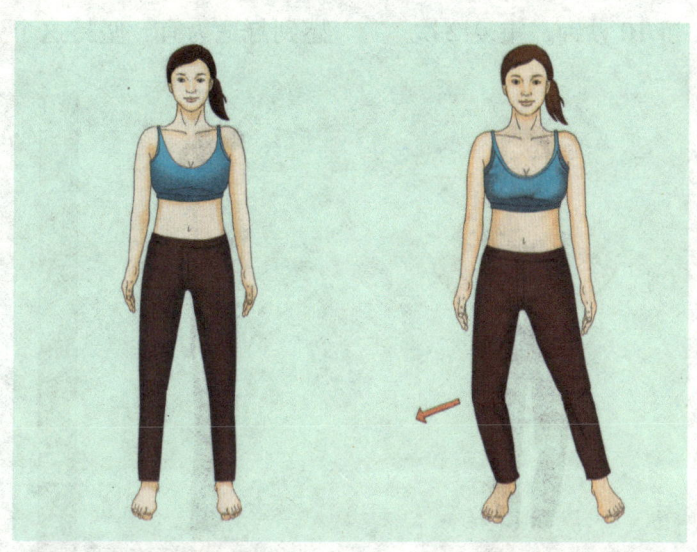

（4）一条腿弯曲，放在另一条腿前面。把前面一条腿的脚踝置于膝盖的正下方，双手重叠放在前腿膝盖前端的位置。

然后伸直两臂，保持上半身挺直，同时髋前部下压。保持这个姿势5~15秒钟。用同样的方法拉伸另一侧。

（5）站好后，慢慢向下蹲，两脚紧贴地面，脚尖指向前方约15度角方向。两脚跟要相隔一些距离。将这个拉伸动作维持10~15秒钟。

（6）站立时，略微弯曲双膝，将手掌放在腰部靠近髋部的部位，双手的指尖向下。用手掌轻轻前推腰部肌肉，让腰部尽可能地舒展。将此姿势坚持10秒钟，重复2次。

（7）背朝墙壁站立，身体与墙壁之间距离维持在30~60厘米。两脚分开站立，大约与肩同宽，脚尖指向正前方。

缓缓地让上半身向后转，直到能将双手放在墙壁上与肩同高的位置，然后回到起始位置。接着再向相反的方向转动身体，再次触摸墙壁。转动幅度以身体感到舒适为宜，坚持这个姿势5~15秒钟。

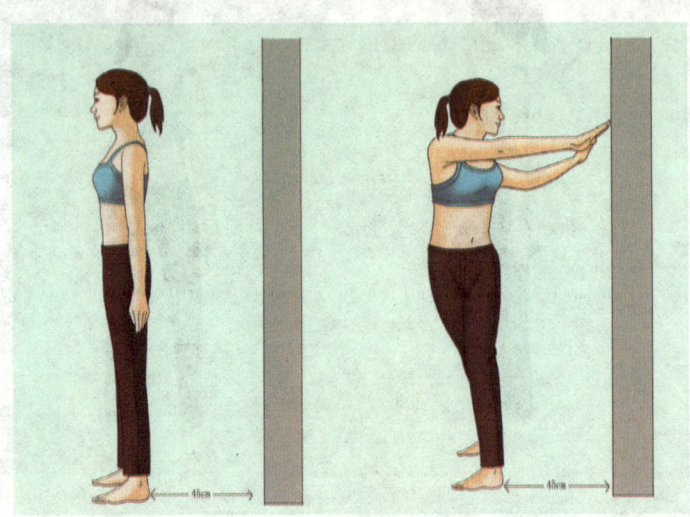

（8）先将肩膀分别向耳朵的方向耸起，这时颈部和肩膀处会稍稍产生一些紧张感。将这个姿势保持5秒钟，然后放松，让肩膀自然下垂。在做动作的同时，心中默念："肩膀上升，肩膀下降"。

（9）十指交叉后放于脑后，肘部向外伸展，自然放松上半身，保持端正。尽力挤压肩胛部，使上背部和肩胛部都受到压力，坚持4~5秒后压力会慢慢消失。放松全身，将相同动作重复做若干遍。

（10）站立状态，略微弯曲双腿的膝盖。弯曲双手肘部，将两手臂放在脑后。同时用右手握住左手肘。

然后将头部向右移动，让头部尽可能地靠近右臂，直到产生轻微的拉伸感。将这个姿势保持10~15秒钟，两侧重复做同样的动作。

（11）弯曲手指指节，保持10秒钟，然后放松。

（12）十指张开并伸展，直到手指有拉伸的感觉。坚持此动作10秒，然后放松。

（13）拉伸肩部及上背部中间的时候，轻轻地将一侧手肘拉过胸前，向另一侧肩膀的方向尽量拉伸。将这个姿势保持10秒钟。

（14）头部从侧面向左肩方向靠近，同时左手从身后抓住右臂，并斜向下拉伸。将此拉伸动作保持5~10秒钟，两侧都重复做同样的动作。

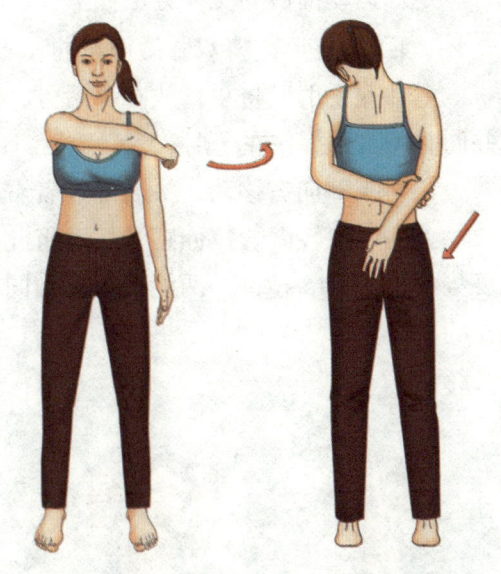

（15）十指交叉掌心向上，举过头顶。

向后上方轻轻推动手臂。让手臂、肩膀以及上背部产生一定的拉伸感。让呼吸自然顺畅，并将此姿势保持15秒钟。

拉伸：适合全家人的健身与运动

乒乓球运动时，腕、肘、肩部、腰部用力较大，常易引起手腕关节肌腱牵引过度及肩关节周围的肌鞘炎，其他如膝关节、腰部也会因运动不当而引起损伤。因此要循序渐进，运动量由小到大，要掌握正确的打球方法。运动时可以使用护腕、护膝等各种护具。

足球

踢足球对身体机能有很大的提高。练习者在长期奔跑、跳跃的影响下，心肌变得强壮有力，安静时，心跳次数减少，收缩一次排出的血液大大超过一般人；肺脏的功能也得到了提升，呼吸变得深沉有力，每次排气量增加，肺活量也相应增大。

足球运动不但要求个人技术过硬，更讲究集体配合默契，足球比赛时间一般比较长，锻炼者几乎经常在进行着奔跑、跳跃等激烈的肌肉活动，随着训练水平的提高，肌肉会变得更加结实有力，身体的耐力和协调性也会得到提高。

足球运动前后的拉伸方法如下：

（1）站好后，将双膝微微弯曲。

弯曲左手肘，将手臂放在头后方，并同时用右手握住左手肘。

再将头部向右移动，头后部靠着右臂，直到产生轻微的拉伸感，然后将此姿势保持10~15秒钟。两侧都重复做同样的动作。

（2）将十指交叉后举过头顶，双手掌心朝上。缓缓地向后上方推动手臂，直到感觉到手臂、肩膀以及上背部都有轻微的拉伸感。

将这个动作保持15秒钟，让呼气自然顺畅。

（3）让双膝微微弯曲，脚后跟贴紧地面，脚趾指向正前方，两脚分开站立，与肩同宽。将这个姿势保持30秒钟。

（4）坐姿，双脚掌相贴。交叉双手后，轻轻顶在大腿内侧，同时让双膝尽量并拢，用此动作收缩腹股沟部位的肌肉。

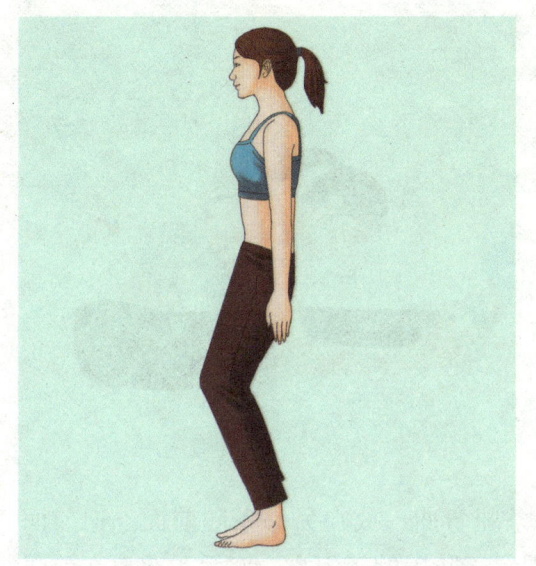

（5）坐姿，伸直右腿，弯曲左腿，左脚从右腿上跨过去，放在右腿膝盖外侧。然后将右侧手肘弯曲，并放在左大腿外侧，膝盖的上方。通过肘部对左腿内侧的压力，让左腿保持稳定。将这个动作保持10~15秒钟。两侧都按照同样的方法去做。

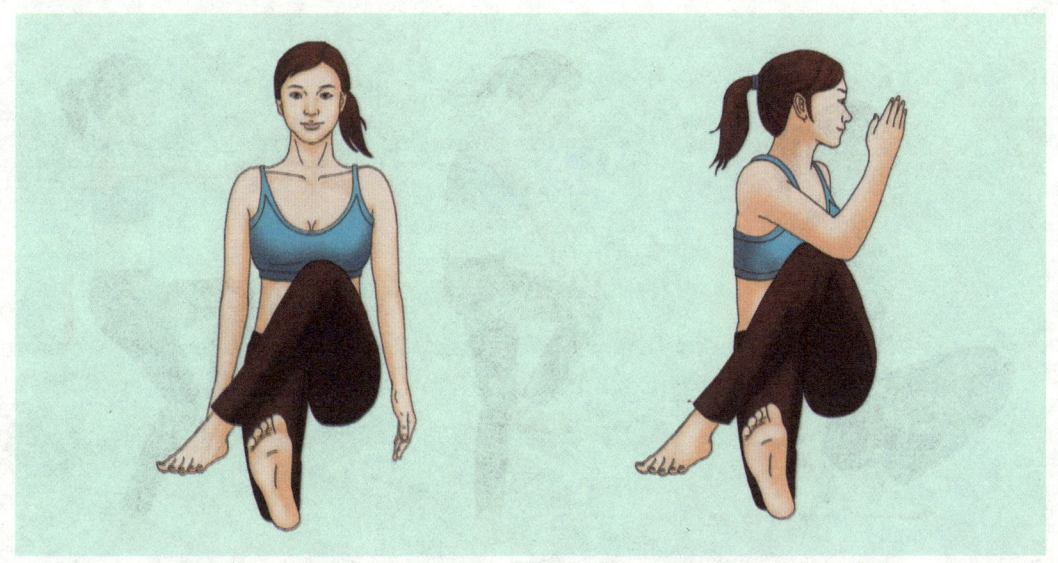

（6）坐姿，将右腿伸直，让左脚脚底轻轻触碰右大腿内侧，保持一条腿伸直，另一条腿弯曲的姿势。

让身体从髋部慢慢向前倾，逐渐朝右脚靠近，产生轻微的拉伸感。将这个姿势坚持5~15秒钟，另一侧也用相同方式做。

（7）站好后，慢慢向下蹲，两脚紧贴地面，脚尖指向前方约15度角方向。两脚跟要相隔一些距离，将这个拉伸动作维持10~15秒钟。

（8）一条腿弯曲，放在另一条腿前面。把前面一条腿的脚踝置于膝盖的正下方，双手重叠放在前腿膝盖前端的位置。

然后伸直两臂，保持上半身挺直，同时髋前部下压。保持这个姿势5~15秒钟。用同样的方法拉伸另一侧。

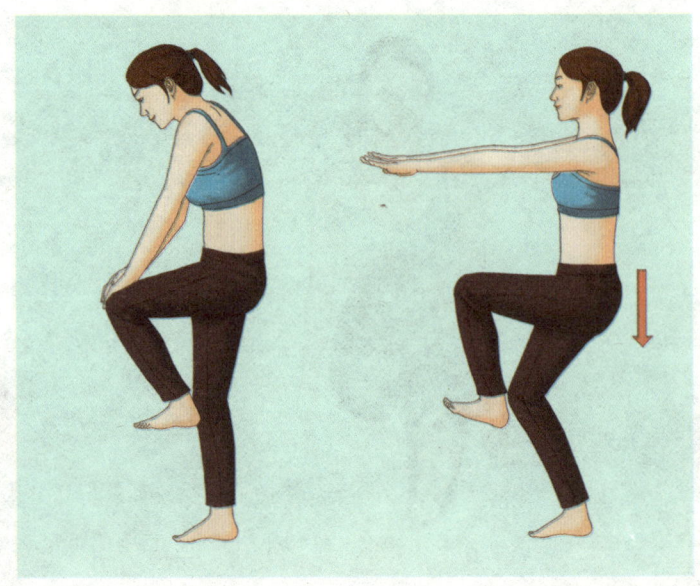

（9）坐姿，双脚合十，两手分别握住两脚的脚趾。

轻轻地由髋部开始向前弯曲身体，直到腹股沟部位产生舒适的拉伸感，同时，后背有同样的拉伸感。将这个姿势保持 20 秒钟。

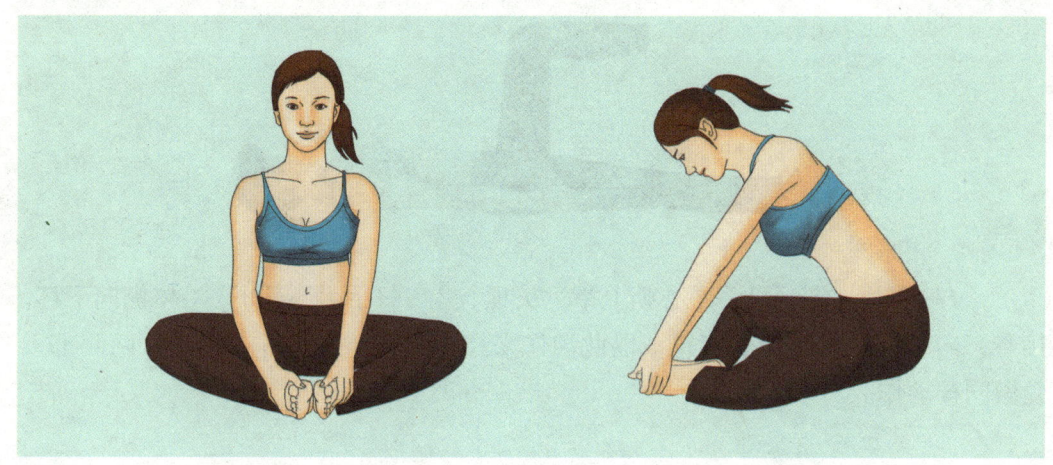

（10）右侧卧，尽可能地收缩左大腿肌肉，使左髋前部向前移动，同时尽量用左手去握左脚。将这个拉伸姿势轻松保持 10 秒钟，还要注意身体应在一条直线上。然后用同样的方法拉伸右腿。

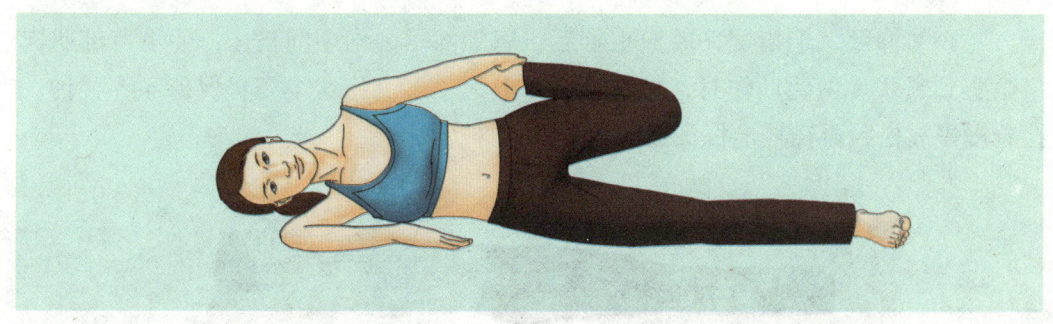

（11）仰卧，借助双手的力量向胸前拉动左腿。注意用力要适度。将这个姿势坚持 5~15 秒钟。右腿的拉伸按照相同方式进行。

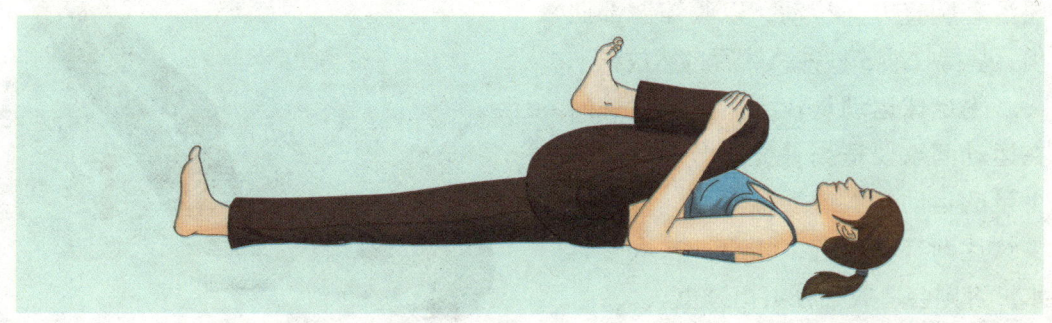

（12）仰卧，向上抬起一条腿，让大腿与身体成90度，另一条腿伸直，腰部与地面贴紧。将这个姿势坚持10~20秒钟，另一条腿也用同样的方法做。

（13）仰卧，将一只手手心朝上举过头顶，另一只手手心朝下，沿体侧向下移。接着，向相反的方向伸展双臂，以此动作来拉伸肩颈。保持6~8秒钟，两侧都重复做同样动作。

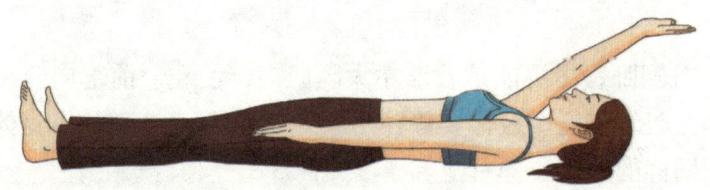

（14）仰卧，十指交叉后抱于脑后，肩胛部尽力向中间挤压，使上背部肌肉略微感到紧张（做此动作时，胸部也要朝上运动）。将这个姿势保持4~5秒钟，接着慢慢放松，再轻轻地将头部向前上方拉伸。

（15）仰卧，用左腿压右腿，右腿沿着竖直方向拉动，以收缩髋部肌肉。坚持收缩5秒钟，然后自然放松。

踢足球运动量较大，夏天锻炼时在运动间歇要适当补充水分。可以喝少量的运动饮料或淡盐开水，以多次少饮逐渐补充为宜，切莫一次大量饮水，否则会造成心脏负担过重。

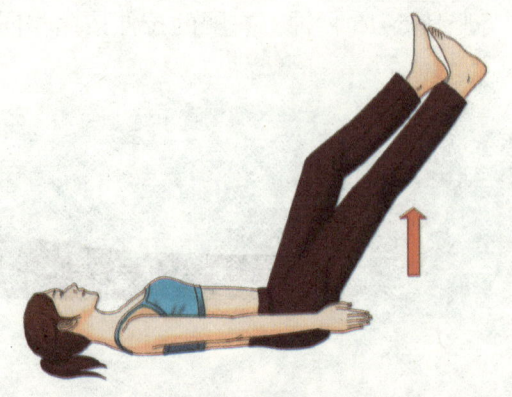

不要在运动结束后立即去洗澡，否则可能会引起头昏、恶心、全身无力等现象，严重的还会诱发其他疾病，应格外注意。更不能洗冷水澡，否则会使体内产生的大量热能不能很好地散发，形成内热外凉，破坏人体的平衡，容易引起疾病。

还应尽量避免在恶劣的天气下踢球。高温湿热时要注意防止中暑、抽筋或虚脱，低温潮湿时要注意保暖以防止冻伤。黄昏、雾天等，因光线不足，能见度低，神经反应迟钝，兴奋性降低，极易发生损伤。下雨地滑也是引起损伤的重要原因，都应当特别注意。

门球

门球是在平地或草坪上，用木槌击打球穿过铁门的一种室外球类游戏，又称槌球。门球运动是一项户外运动，又因其活动量较小，能持续活动几小时，如果选择晴朗舒适的天气在户外锻炼，就能充分享受温暖的阳光和清新的空气。

门球活动能使身体得到全面锻炼，通过瞄准、击球、拾球、快步走、慢跑等活动，能够使全身各处关节、肌肉得到锻炼，并有助于促进血液循环，提高身体各项机能，达到强身健体、预防疾病的目的。

在打门球时，不仅需要身体的参与，更需要思维的运用。要不断判断场上的情况，选择最合理的击球对策。老年人参加门球比赛，更有增强和保持脑细胞的活力，锻炼思维和记忆能力的功效。

门球运动前后的拉伸方法如下：

（1）采取站位，双脚分开与肩同宽。

慢慢吸气，身体向前屈，双手一边向前轻轻推出，一边吐气。

然后双手慢慢上举，高举过头，收紧腹部，吐气完毕。还原到初始动作。

（2）采取站位，两脚分开与肩同宽，双脚脚尖指向正前方。

十指交叉掌心向上，举过头顶。并且尽可能地将身体拉长；然后先往身体右侧伸展，伸展时注意眼睛要看向左上方，然后相反方向做同样动作。

（3）采取站位，两脚分开与肩同宽，双脚脚尖指向正前方。

右膝微屈，将左髋向右膝方向下移。拉伸大腿内侧，保持5~15秒钟，然后换相反方向。

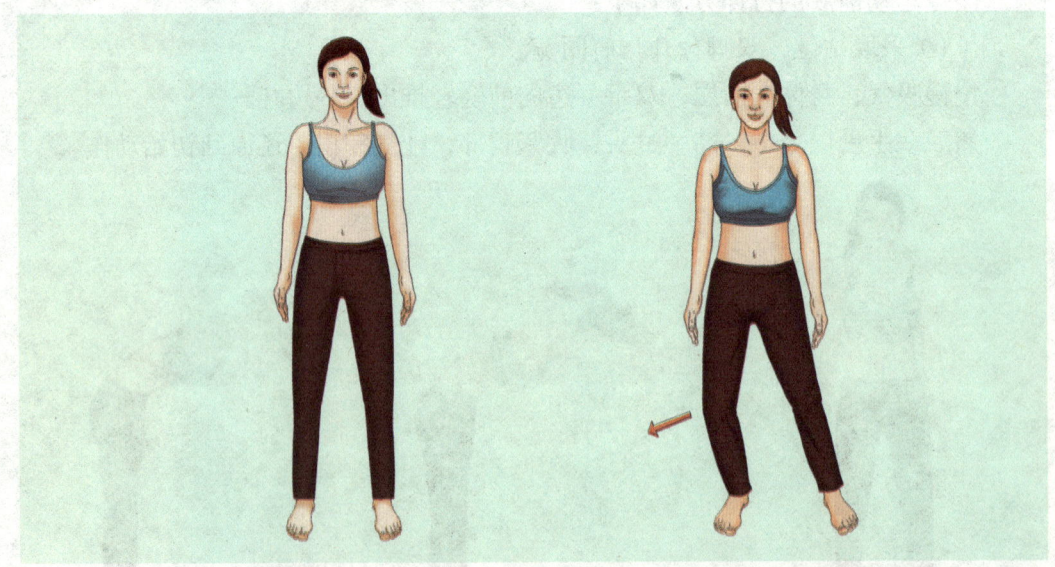

打门球虽然简单易行，安全性也比较高，但练习时仍要注意一些方面，以便取得更好的效果。在参加门球活动前应把臂、腿、腰以及相应的关节充分活动开，

以减少不必要的运动伤害。打门球时最好穿带纹而且不滑的鞋,还应注意不要在雨雪天气下参加户外门球活动。门球活动的体力消耗并不大,接近日常活动,但需长时间行走或站立。如果长时间连续保持行走或站立姿势,可能引起腰肌劳损、膝关节炎等病变。

门球活动的体力消耗并不大,但是一旦着迷,容易兴奋,此时老年人应注意控制自己。不应超过自己适合的步伐或跨度活动的幅度,以免万一扭伤筋骨。从未打过门球的人也可以先自己练或与友人、家人同练。

台球

打台球不仅仅是身体局部的运动和锻炼,更是对全身协调能力的锻炼和提高。练习者的眼睛、颈椎和肩部都需要与上肢、腰部以及下肢良好地协调与配合。经常锻炼不但能提高眼力,还能改善自身的协调性和对身体各关节的控制能力。

台球运动不要求有特别强健的身体,所以适宜于各年龄段的人,老年人也可通过打台球达到健身的目的。它运动规则简单、学习较容易、场地环境好、对抗性少,运动中肢体碰撞的机会很少,大大降低了受伤的概率,不容易造成运动损伤。

台球运动前后的拉伸方法如下:

(1)头部拉伸。

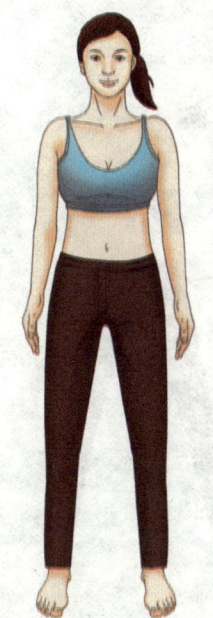

▲ 两腿分立、微屈,两臂自然下垂。

▲ 右手置头后,左手置腰背。

▲ 上半身前倾45度并向左后旋转,双眼随头部旋转而目视后上方,似望身后当空明月般。保持姿势5~10秒钟,然后向右边做1次,左右各做6~8次。

（2）甩动手腕。

▲ 两腿分立，两臂自然下垂，以弓形步，上半身稍前倾。

▲ 两臂自然抬起做前后交替摆动的甩手功，幅度逐渐加大，双手一前一后计为1次，连续做20~30次。

（3）体侧拉伸。

▲ 两腿并立，两臂自然下垂，吸气，右脚向外跨一步，右手叉腰，左手向上伸展抬高。

▲ 边吐气边向右侧弯腰，左臂从头侧伸向右，牵拉左右腹部尽量伸展。吸气动作还原，相反方向做同样动作。

（4）采取站姿，双脚并立；配合呼吸连续做 20 个蹲起。

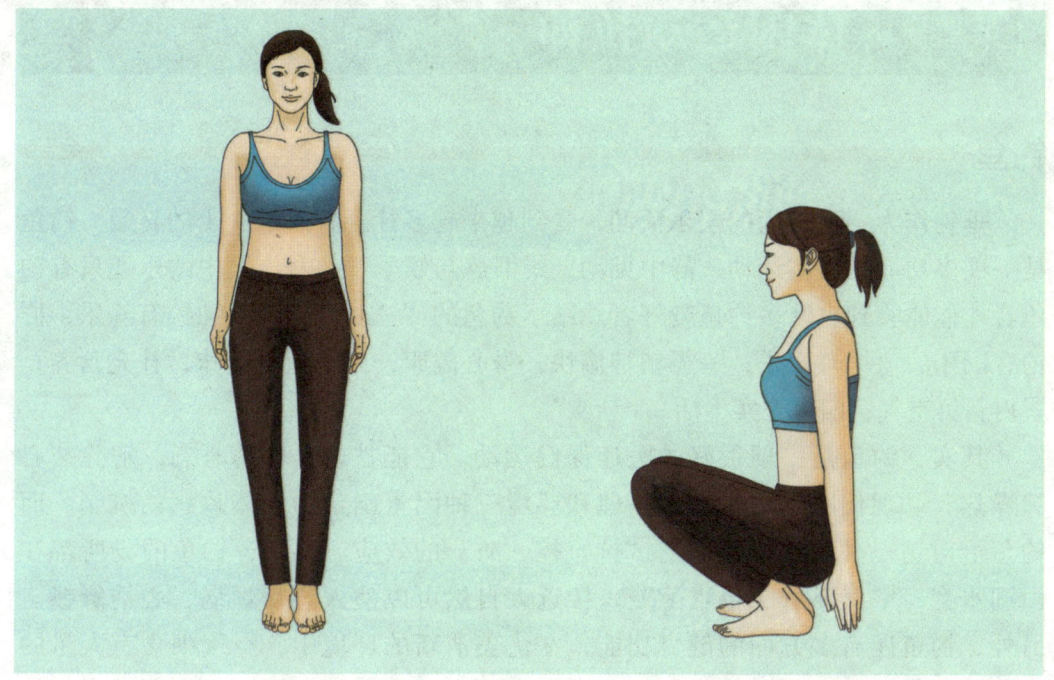

台球不像足球、篮球等球类运动那样需要强健的身体，但它也要求练习者有一定的体力、耐力，有良好的心态，能经受住压力。因此，运动前不宜过于疲劳，要保证充足的睡眠，运动后也要注意放松身心，以免过于劳累。

打台球时不宜穿过重过厚、装饰过多的服装，会影响发挥，正确的穿着应当满足舒适、轻便的要求。还要注意用眼卫生，锻炼结束后也要让眼部得到充分的休息，可以眺望远处或做眼保健操等，以减小对眼部的损害。

台球是室内运动，锻炼时虽然可以免受风雨之苦，但长时间在空气封闭的室内锻炼，对健康非常不利。因此，打台球的过程中，不妨时常外出呼吸一下新鲜空气，并且应尽量不在球室内吸烟。

为了达到最佳的锻炼效果，最好将台球运动与室外活动结合起来，不同的运动方式对身体的锻炼部位、锻炼程度各不相同，如果能够以科学的方式安排好锻炼计划，健身效果将更加显著。

拉伸：适合全家人的健身与运动

第三节 休闲运动拉伸

钓鱼

垂钓作为一项时尚的娱乐活动，受到越来越多社会各阶层人士的喜爱。钓鱼是一项多功能的文体运动，静中见动，集锻炼与娱乐于一身，其中的乐趣只有钓鱼者才能体验到。许多钓鱼爱好者总结了钓鱼的"三乐四得"：独钓有静乐，群钓有同乐，竞钓有比乐；一得精神愉快，身心健康；二得鱼鲜美味，补充营养；三得新鲜空气；四得充实生活。

其实，钓鱼是一项很好的医疗保健运动。它能祛虑，平衡心态，解除"心脾燥热"。现代医学把生理、心理和环境三种因素确定为人体致病的机制，而钓鱼恰对这三种致病机制具有"抗、控、防"的效应。第一，钓鱼的场所都在山涧水旁，空气新鲜、草木葱茏，接近大自然可以使人忘却烦恼、心情舒畅。另外，钓鱼还有多方面的健身功能，在优美清新的环境中，空气中含有大量的负离子，负离子进入人体后与体内的血红蛋白及钾、钠、镁等正离子结合，使血液中的氧和血红蛋白增多，从而能改善机体的功能；钓鱼也并非完全静止，抬竿提线之间，一起一立、一提一抛，都使手腕、四肢、脊柱得到全面的活动和伸展，起到了舒筋活血的作用；很多钓鱼爱好者的实践表明，经常垂钓对肩周炎、颈椎病、支气管炎、慢性胃炎、神经官能症、高血压等疾病有治疗和辅助治疗的作用。

虽然垂钓给人们带来了说不尽的益处，但因垂钓者常常被固定在一个位置，而且身体久久不能移动，也会引起各种疾病。因此垂钓之时，不要让腿或腰部长时间接触地面，尽可能不要坐在冰冷的岩石和地面上，同一种姿势长时间不动也会影响身体健康。

垂钓也有一些相应的拉伸热身动作：

（1）手指交叉。

▶ 左手拇指在上，将左右手的手指交叉在一起握手，紧握 3 秒钟后松开；然后，右手拇指在上，重复上面的动作，交替做 6 次。

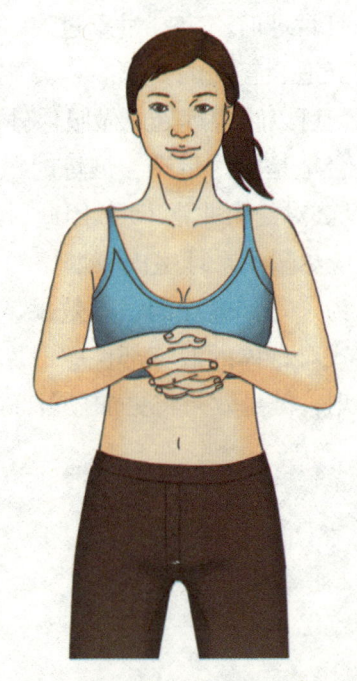

（2）勾拉手指：先用右手的示指，从左手的小指开始，依次轮流勾拉左手手指各3秒钟，然后再用左手的示指勾拉右手手指。

（3）互击手掌根部：双手手掌相对，将手掌根部轻轻互相碰撞20次。

（4）拉伸肩部。

◀ 一只手臂伸直。抬起与肩同高，另一手弯曲肘部。

▶ 用前臂往回拉伸直的手。左右交替一两次，每次10秒钟左右。

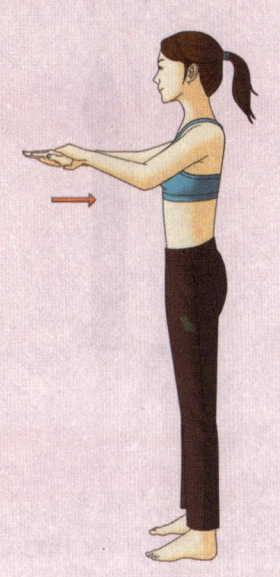

（5）拉伸上臂。

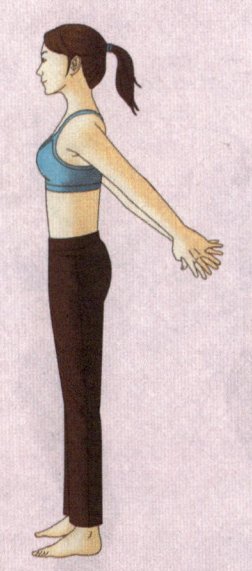

🔺 双手向后伸直，交叉相握后尽量向后拉伸，坚持10秒钟左右。

（6）拉伸上臂后面。

🔺 一手屈肘向后，上臂紧贴耳朵。

🔺 另一手扶住肘尖向侧、向后拉伸。左右各做1~2次，每次10秒钟左右。

拉伸：适合全家人的健身与运动

（7）拉伸前臂正面。

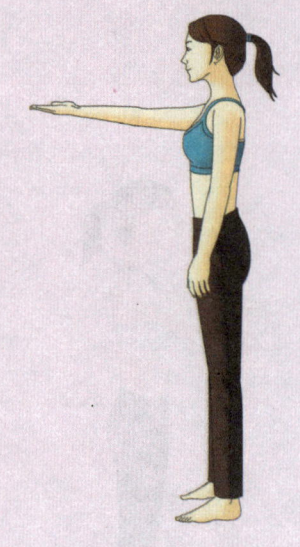

◀ 一手臂向前抬起与肩高，掌心向上。

▶ 另一手握住除拇指外的另外四指，往下往回拉，左右各 1~2 次，保持 10 秒钟。

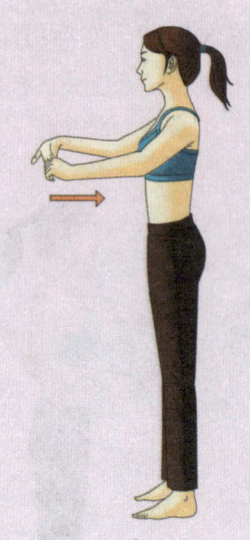

掷飞镖

飞镖运动起源于英国，距今已有 150 年的历史，在欧美及澳大利亚广为流行。飞镖运动不需要专门的场地、设施，趣味性强，男女老少人人都可以参与，时间可长可短。既可用于比赛，又可作为工作、学习之余的消遣。

掷飞镖时要求身体放松、挺胸抬头收腹，主要靠腕、肘、关节的运动完成击发动作，对于运动系统是一种良好的锻炼。特别是久坐不动的人群，锻炼效果更为显著。掷飞镖时需要全神贯注地盯着镖盘，有助于提高视觉肌的强度，还有缓解眼部疲劳、保护视力的功效，并且还可提高大脑的平衡和协调能力，活跃脑细胞，减缓大脑退化。

在强调技术细节的飞镖运动中，练习者会慢慢学会排除外界的干扰和压力，将飞镖运动视为一个挑战自我、战胜自我的过程，因此，练习者的心理耐受力和抗干扰能力都会增强。

掷飞镖前后的拉伸方法如下：

（1）站立，膝盖微微弯曲，右手肘弯曲，手臂置于脑后，同时用左手握住右手肘。

此时，向后移动头部，头后部靠着右臂，直到产生轻微的拉伸感。这个动作可以拉伸

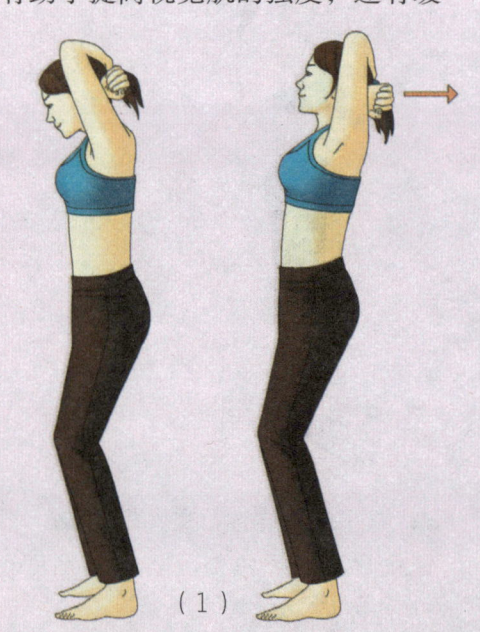

（1）

腋窝部位和肩膀。保持这个姿势 10~15 秒钟，换手做同样动作。

（2）左手置于脑后，尽力向下伸展。如果可以的话，抓住从背后伸上来的右手（右手手心朝外）。

如果你的两手无法握在一起，试着做一做下面的这些动作。

（3）将十指交叉置于身后，将背后的两只手臂向上举，直到手臂、肩膀或者胸部产生拉伸感，保持轻松拉伸 5~10 秒钟。当你发现自己双肩下垂、没精打采时，做这个动作是十分有用的。练习时，保持胸部外挺，下颌内收。

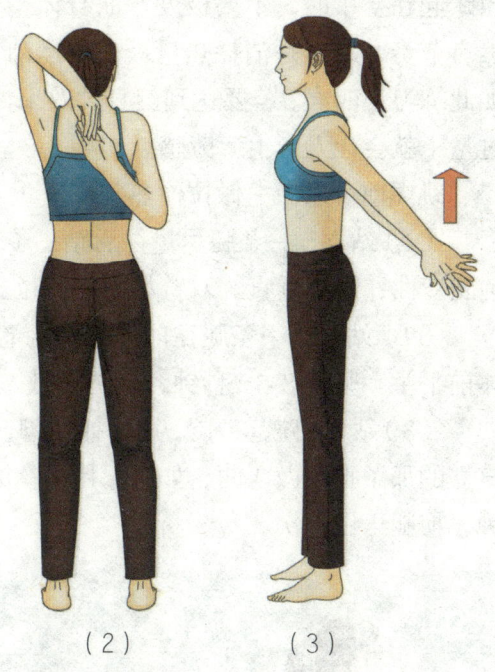

（2）　　　（3）

相比其他运动，掷飞镖危险性并不大，但如果没有足够的安全意识，也可能发生意外。飞镖的镖尖非常尖锐，拿取时要注意安全，以免割伤、划伤。如果飞镖落在地上，应先拿走飞镖盘上的镖，再去捡地上的镖，以免捡镖时，盘上的飞镖落下造成危险。有时飞镖正打在钢丝上，会弹回很远，在其落地前要小心闪避，绝不能用手去接。不能把飞镖盘挂在门背后、通道或其他有人经过的地方。如果一定要挂在门后，玩飞镖之前一定要反锁好门锁，以免误伤他人。

不要用过轻的飞镖练习，否则投掷时需要用较大的力气，容易造成肌肉拉伤。另外，飞镖运动消耗体力不大，但训练不能过度，否则也会对身体造成损害。每次练习掷飞镖，应以半小时到 1 小时为宜。

跳绳

提到跳绳，也许很多人对它不屑一顾，以为这是小孩玩的游戏。其实跳绳是一项极佳的家庭健身运动。它不受时间地点的限制，也不需要特别的运动器械，而且能有效训练个人的反应和耐力，有助于保持个人体态健美，从而达到强身健体的目的。它是最为普及，也是最受欢迎的健身运动方式之一。

人在跳绳之后会精神焕发、精力充沛，这正是跳绳要达到的效果。不过，任何事情都要讲究方法，都得有个度，跳绳也不例外，跳绳时要讲究方法并掌握运动量。跳绳是用前脚掌起跳和落地，切忌全脚或脚后跟落地，以免脑部受到震荡。

当跃起在空中时,不要极度弯曲身体,要保持自然弯曲的姿势。跳时,呼吸要自然有节奏。跳绳是消耗热量极大的运动,原则上每跳一两百下就可以稍稍休息,如此练习三四次。若要达到健身的效果,每分钟最少要跳100次,但也不要太多,过量了就会让人产生疲劳感。

跳绳前可以做一做拉伸热身:

(1)站立,一条腿尽量往后踏一步,保持脚底着地,身后的那条腿保持笔直,前腿弯曲,身体垂直。双臂尽力往后拉。坚持8~12秒钟,换腿再做一次。

(2)站立,一条腿往前伸并保持笔直,后腿弯曲,身体微微向前倾,双臂在体前平举。坚持8~12秒钟,换腿再做一次。

(3)站立,跷起一腿,用手抓住脚,尽量靠近臀部。保持臀部平衡,膝盖并拢,直立的那条腿微微弯曲,如有保持平衡的困难,可以扶住墙或椅子。坚持8~12秒钟,换腿再做一次。

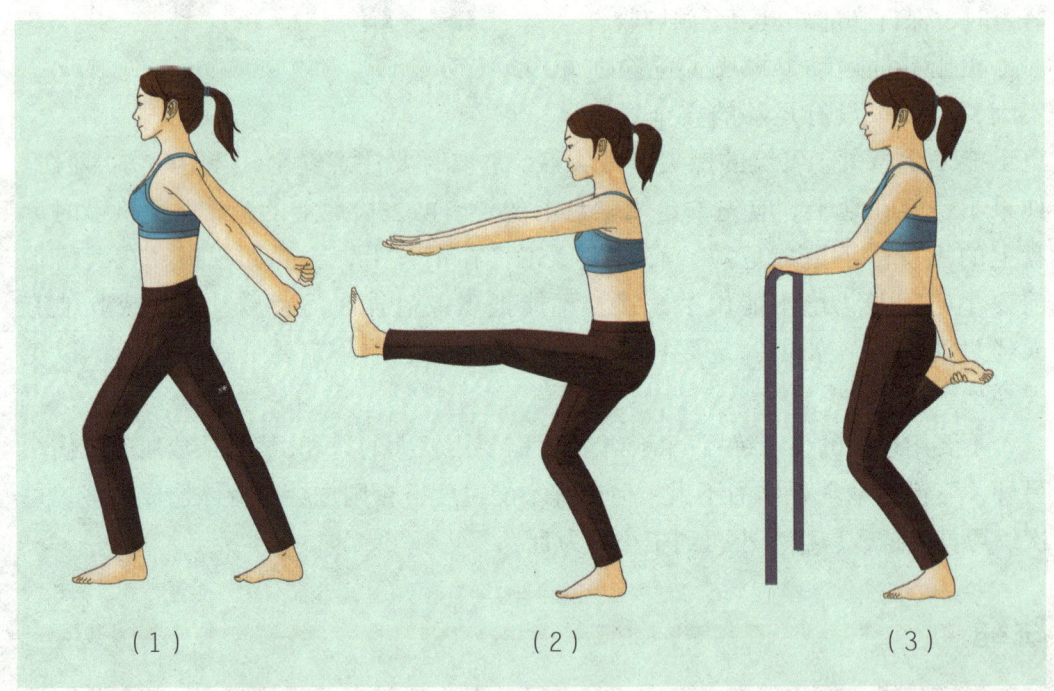

(1)　　　　　　　(2)　　　　　　　(3)

此外,跳绳时需要注意以下事项:

(1)绳子软硬、粗细要适中。初学者通常宜用硬绳,熟练后可改为软绳。

(2)跳绳者应穿质地软、重量轻的高帮鞋,避免脚踝受伤。

(3)跳绳时需放松肌肉和关节,脚尖和脚跟需用力协调,防止扭伤。

(4)选择软硬适中的草坪、木质地板和泥土地的场地较好,切莫在硬性水泥地上跳绳,以免损伤关节。

（5）胖人宜采用双脚同时起落。同时，上跃也不要太高，以免关节因过于负重而受伤。

呼啦圈

摇呼啦圈是一项简单方便的家庭健身运动，随时随地都能玩。转呼啦圈可以很好地锻炼腹部和后背，提高血液循环，帮助肠道蠕动，帮助消化和排便，更好地帮助人健美塑身、清除体内的垃圾，达到健身美容的效果。

摇呼啦圈前的拉伸热身：

（1）双臂上举伸直，贴于双耳两侧，双手合十。两腿略微分开，脚尖向前，收腹挺胸，尽量挺直脊柱，手臂内侧的肌肉收紧，利于手臂塑形。

（2）吸气，上半身尽量向后仰，手臂下垂，保持身体的重心，腰、腹、胸都有向上、向后延伸的感觉，保持15秒钟，以此加强腰部、腹部和臀部的肌耐力。建议颈椎有问题的人脖子不要向后仰，要有下颌向上拉的感觉。

（3）吸气，上身慢慢向前俯，双臂向前伸，双手合十，感觉臀部向后拉伸。上身尽量前屈，使脊柱得到充分延展，尽量让上半身、手臂都与地面平行。

拉伸：适合全家人的健身与运动

（4）身体姿势回到动作1。

上半身向右侧弯曲，髋部尽量向左推，头朝上，眼睛向上看，保持15秒钟之后再做另一侧的伸展。

（5）仍然从动作1开始。

双脚分开大约肩宽的两倍，脚尖内扣，呼气，上身前屈，手臂向身体两侧水平伸展，让上身和手臂与地面平行，抬头、挺胸，脊柱挺直，保持10秒钟。慢慢起身收回。

摇呼啦圈健身还需要注意下面3个问题：

1. 运动时间要把握好

摇呼啦圈是可以达到运动的效果，不过运动的时间一定要够久，因为摇呼啦圈的运动强度并不很大，唯有延长运动时间且持续性地运动，使其达到有氧运动的阶段，这样才可消耗身体储存的脂肪及过多的热量。许多人运动都有个盲点，以为一定要流汗才是运动，其实并不尽然，有些人本身对热的耐受性比较高，就有可能不容易流汗。摇呼啦圈需要每周运动3次，每次至少30分钟。

2. 呼啦圈并非越重效果越好

摇呼啦圈运动是一种全身性运动，可以达到运动瘦身的效果，但呼啦圈并非越重效果越好。较重的呼啦圈在开始的那一刹那，须要花较大力气才能甩得动，不过之后便成为一种惯性运动，重点还是运动的时间一定要够久，否则短暂的剧烈运动只属于无氧运动，只会换来肌肉的酸痛，并不会消耗人体多余的热量。另外，呼啦圈在甩动时会撞击腹部、背部内的脏器（如肾脏），太重的呼啦圈相对地撞击的力量也较大，有可能会伤及脏腑，所以，呼啦圈还是选择重量适中的为宜。

3. 摇呼啦圈运动不适合有腰肌劳损或缺钙者

摇呼啦圈主要靠腰部用力，充分运动了腰肌、腹肌、侧腰肌等部位，坚持运动可以达到收紧腰腹的效果。但是，需要提醒大家的是，腰肌劳损者、脊椎有伤者、骨质疏松患者以及老年人，是不适宜此项运动的。另外，在摇呼啦圈之前，应当先做一些伸展运动，伸展韧带，避免扭伤。

溜冰

进行溜冰锻炼有助于加强血液循环，提高心血管功能。对久坐不动的人群来说，是锻炼下肢力量的极好方式，跳跃和旋转是对全身控制能力、柔韧性的考验和提高。

有规律地练习溜冰，可以改善身体对脂肪及糖分（碳水化合物）的吸收，帮助减去过量的脂肪，防止体重骤增。还能够以更自然的方式发展臀部与大腿的健美肌肉，有利于改善体型。

此外，溜冰对关节的冲击远低于跑步，如果在溜冰时注意结合上肢运动，就能够收获很好的全身锻炼效果。

溜冰具有很强的娱乐性和趣味性，通过这项运动，可使人们从平时的紧张、压力繁重的学习和工作中解脱出来，达到身心放松的目的。溜冰对各年龄段人的平衡感都有良好的训练，对青少年更为有益。

溜冰前的热身拉伸方法如下：

（1）交叉双手，将两臂朝头上方伸直，双手手掌向上。手臂和胸腔上部有拉伸感。将此姿势坚持10秒钟，要重复练习多次。

（2）站立状态，略微弯曲双腿的膝盖，弯曲左手肘部，将两手臂放在脑后。同时用右手握住左肘，向右侧弯曲。

然后将头部向后移动，让头部尽可能地靠近右臂，直到产生轻微的拉伸感。将这个姿势保持10~15秒钟，两侧重复做同样的动作。

（3）将两臂放在背后，并尽力向上举，让两臂、肩膀以及胸部都产生拉伸感。要注意外挺胸部，内收下颌。将这个拉伸动作坚持5~10秒钟。

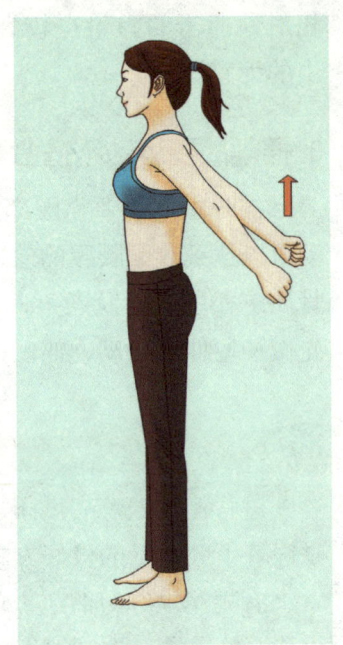

（4）选择一处坚实的支撑物，双腿一前一后站立。抬起手臂，将前臂靠在支撑物上，额头枕于手上。

弯曲前面的一条腿，前脚指向正前方，伸直后面一条腿，将髋部缓慢前移，腰部保持平直。拉伸时，后面一只脚的脚跟不能离开地面，脚尖要指向正前方，或者稍稍偏于内侧，做动作不要太快。保持轻松拉伸10~15秒钟，然后交换双腿的前后位置，再重复做同样的练习。

（5）左手从身后握住右脚前部，将右脚脚跟向臀部轻轻拉伸。将这个姿势保持10~20秒钟，然后换左腿和右手做同样的动作。

（6）一条腿弯曲，放在另一条腿前面。把前面一条腿的脚踝置于膝盖的正下方，后面的腿单独站立在地板上。

双手重叠放在前腿上膝盖前端的位置，然后伸直两臂，保持上半身直立，同时髋前部下压。保持这个姿势5~15秒钟，用同样的方法拉伸另一侧。

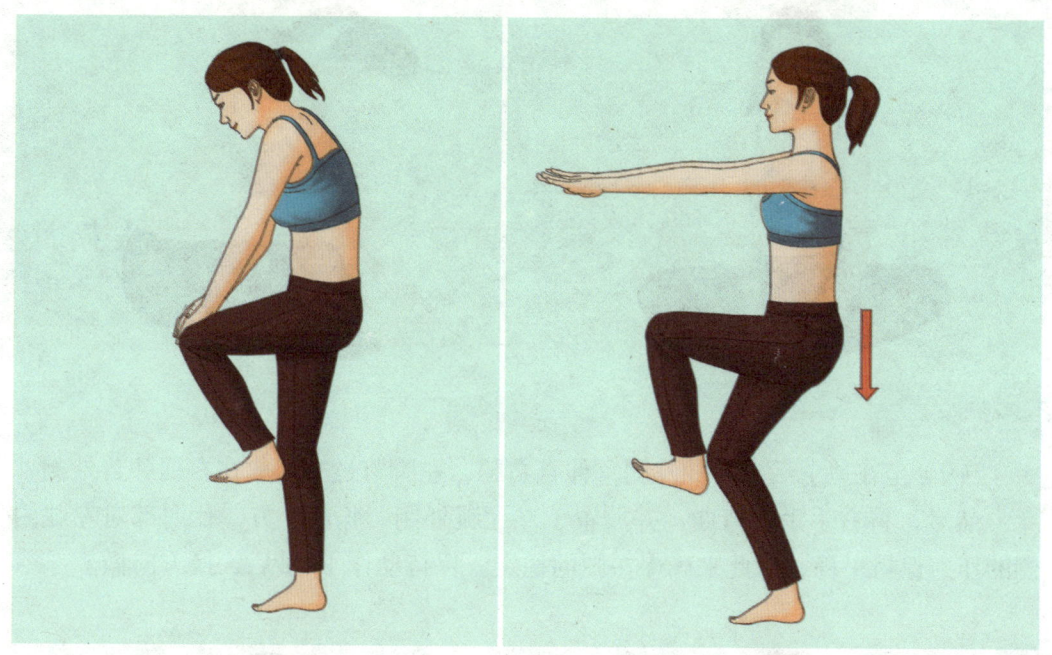

（7）坐在椅子上，右手放在身体右侧，同时用左手握住右脚，要让身体保持平衡。让这个姿势保持5~15秒钟。然后换另一侧进行同样的练习。

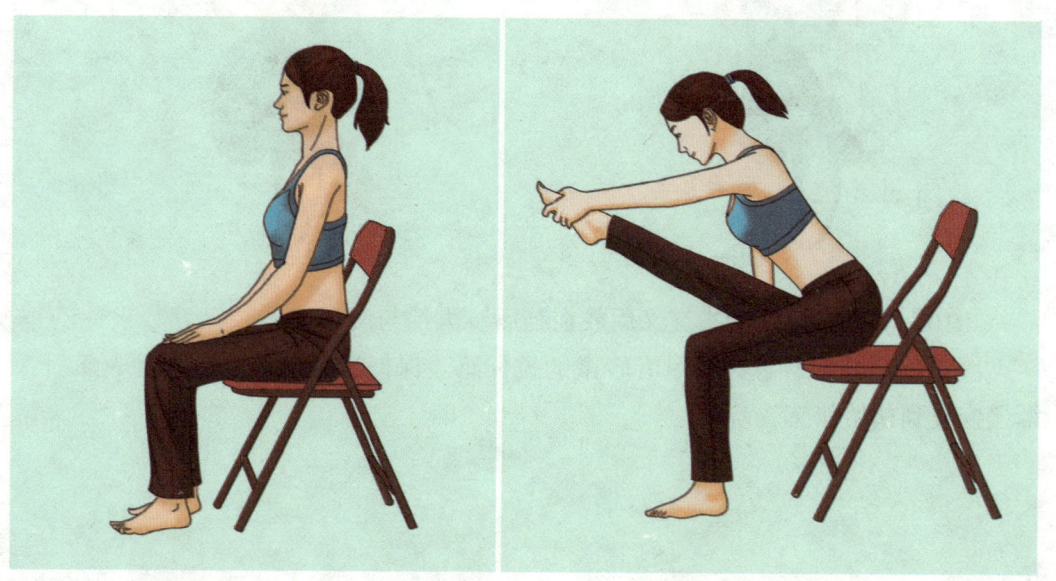

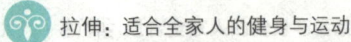

（8）坐在地上，双脚合十，两手分别握住两脚的脚趾。

轻轻地由髋部开始向前弯曲身体，直到腹股沟部位产生舒适的拉伸感。同时，后背有同样的拉伸感，将这个姿势保持20秒钟。

（9）坐在地上后，弯曲左腿，伸直右腿，左脚跨过右腿放在右腿膝盖外侧。

然后，将右手手肘弯曲，并放置于左大腿外侧、膝盖上方。让肘部对左腿内侧的压力保持平稳，以此来确保左腿的稳定。保持动作15秒后，换方向做。

（10）仰卧躺好，十指交叉后放在脑后，大约与两耳齐平。

缓慢抬高颈部，直到颈后有轻微的拉伸感。保持这个动作3~5秒钟，然后，缓慢恢复到初始状态。

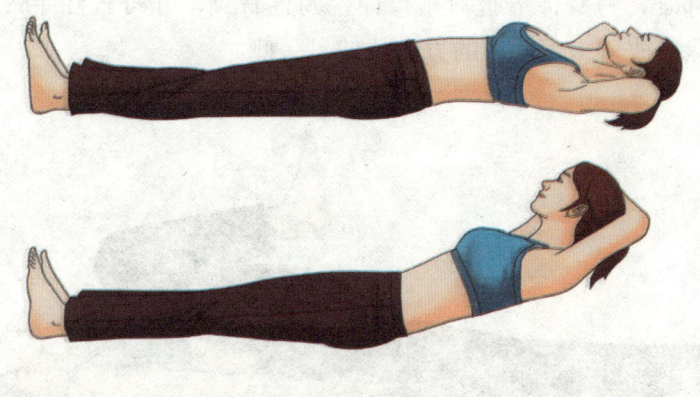

（11）仰卧，将两只手放在左腿膝盖后部，向胸前拉动左腿。注意用力要适度。将这个姿势坚持5~15秒钟。右腿的拉伸也是按照相同方式进行。

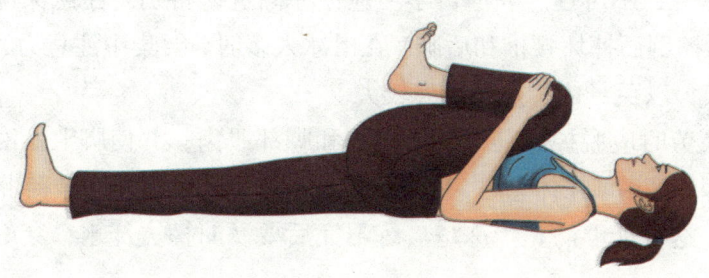

（12）仰卧，将右膝弯曲90度。

用左手向上拉弯曲的右腿，拉到左腿前侧。右臂向外伸直，转头看向右手，接着，再用在右腿上放着的左手，将弯曲的右腿向下拉，腰部和髋侧部会产生轻微的拉伸感。保持这个拉伸姿势5~15秒钟，两侧都做同样的动作。

拉伸：适合全家人的健身与运动

（13）仰卧，将身体进行对角拉伸，绷直右脚，并将右臂伸展。坚持这个姿势5秒钟，然后放松，用同样的方法拉伸另一侧。

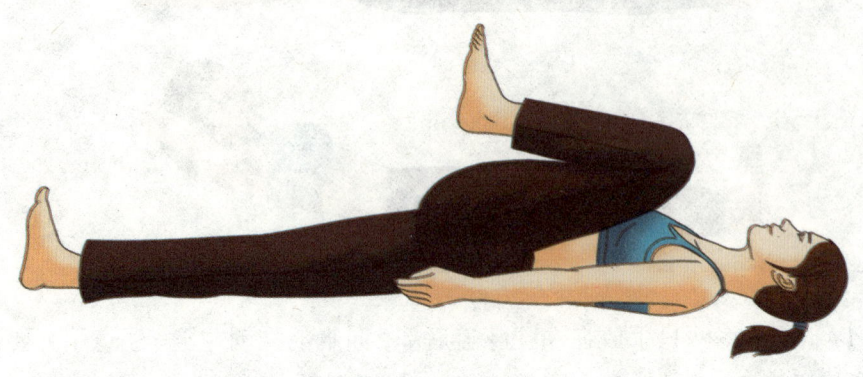

初学溜冰者，不可性急莽撞，学习应循序渐进，特别要注意保持身体重心平衡，避免向后摔倒而摔坏腰椎和后脑。在滑冰人多时，要集中注意力，避免相撞。时间不可过长，以免身体的热量损失较大。

当身体疲劳时应脱掉冰鞋，放松小腿和脚部肌肉；并使脚上血液循环通畅，更好地消除脚部疲劳。在休息时，应穿好防寒外衣，同时解开冰鞋鞋带，活动脚部，使血液流通，这样能够防止生冻疮。练习完后要及时擦去汗水，穿好衣服，以防感冒和冻伤。

划船

划船运动最主要的作用是锻炼背部伸肌，不但能够增加肌肉的力量和耐力，而且还可有效地改善肌肉和背部筋膜组织的生理活性，同时能让脊背在体前屈和体后伸过程中有更大的活动范围，使脊柱的各个关节得到锻炼。

在划船运动中，参与肌肉多、耗氧量加大，因而呼吸和血液循环加快，从而对提高人体生理功能有很大益处。从中医角度看，划船运动还可直接刺激心、肺、肝、胆、胃、脾、肾等处的穴位，对伤病的恢复、治愈都有十分积极的作用。

划船器是为了锻炼人体各部位的肌肉而设计的，使用划船器能够起到全身性的锻炼效果。在将腿不断伸直和弯曲的过程中，可以帮助减掉腹部的赘肉；在用手臂不断推拉把手的过程中，还可以减掉臀部多余的脂肪，因此通过划船运动还能起到较好的减肥效果。

划船运动前的具体拉伸方法如下：

（1）面朝下，两腿弯曲，两臂向前伸展。

接着，两臂笔直地向后拉，同时手掌轻轻下压。

（2）仰卧躺好，十指交叉后放在脑后，大约与两耳齐平。

缓慢抬高颈部，直到颈后有轻微的拉伸感，保持这个动作3~5秒钟。然后，缓慢恢复到初始状态。

（3）十指交叉后抱于脑后，肩胛部尽力向中间挤压，使上背部肌肉略微感到紧张（做此动作时，胸部也要朝上运动）。将这个姿势保持4~5秒钟，接着慢慢放松，再轻轻地将头部向前上方拉伸。

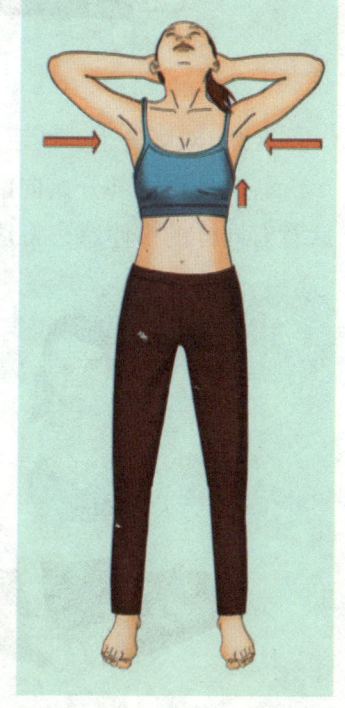

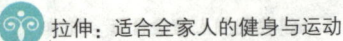

（4）仰卧躺好，将左腿向胸部方向尽力拉伸，并伸直另一条腿。尽量让头后部一直贴在地面上，但注意适当的力度，不要过于用力。将这个姿势保持30秒钟。两侧都重复做相同的动作。

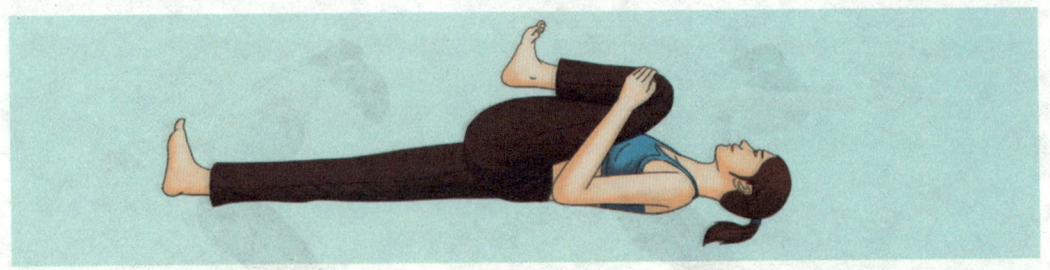

（5）仰卧，用左腿压右腿，右腿沿着竖直方向拉动，以收缩髋部肌肉。坚持收缩5秒钟，然后自然放松。

（6）仰卧，两臂伸展，举过头顶，将两条腿伸直。以自己身体舒适为限，尽可能地将两臂和两腿朝相反的方向拉伸。保持5秒钟，然后放松。

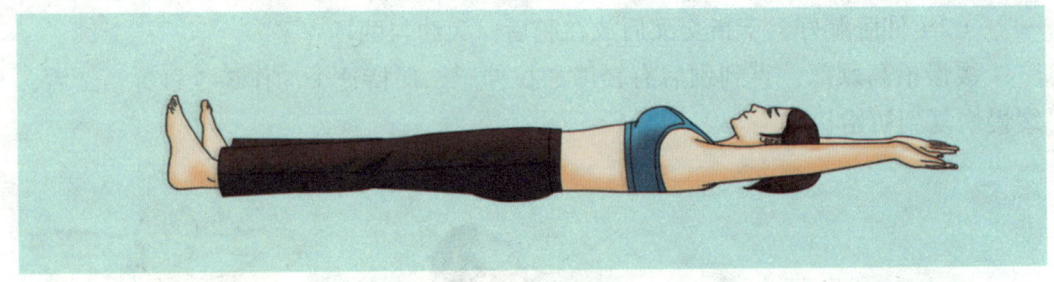

（7）双脚合十，两手分别握住两脚的脚趾。

轻轻地由髋部开始向前弯曲身体，直到腹股沟部位产生舒适的拉伸感。同时，后背有同样的拉伸感，将这个姿势保持20秒钟。

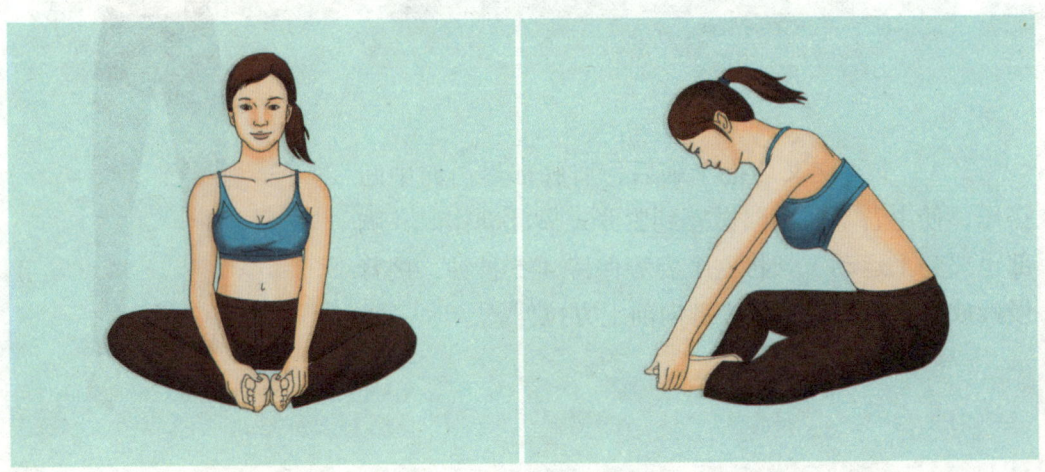

（8）坐姿，伸直右腿，弯曲左腿，左脚从右腿上跨过去，放在右腿膝盖外侧。然后将右侧手肘弯曲，并放在左大腿外侧，膝盖的上方。通过肘部对左腿内侧的压力，让左腿保持稳定。将这个动作保持 10~15 秒钟。两侧都按照同样的方法去做。

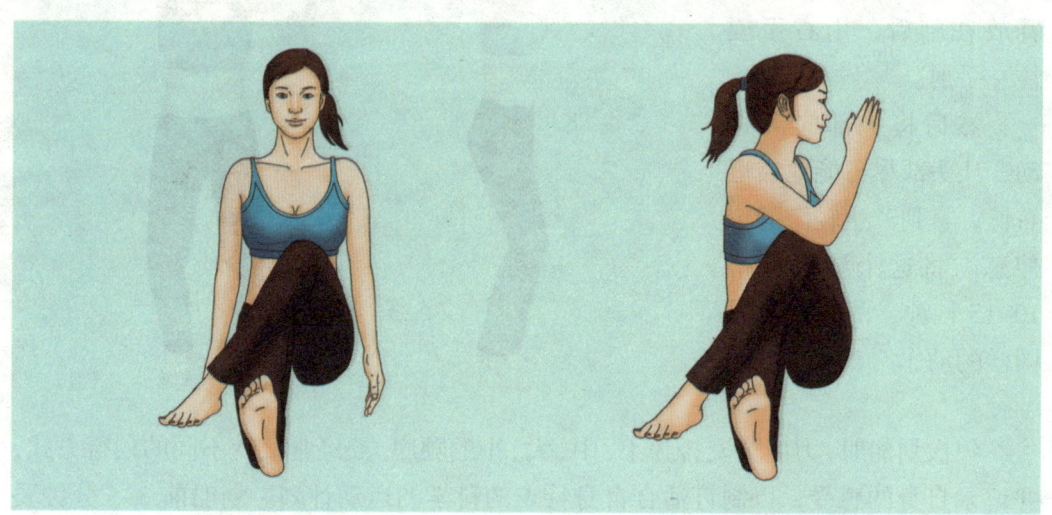

（9）双脚一前一后站立，前腿膝盖弯曲，成弓步，后脚的前脚掌撑地，后面一条腿的膝盖离开地面，要让这条腿尽可能地伸直。双手置于前腿膝盖上。将这个动作坚持做 5~15 秒钟，然后换方向做。

（10）站立，略微弯曲双膝，将手掌放在腰部靠近髋部的部位，双手的指尖向下。用手掌轻轻前推腰部肌肉，让腰部尽可能地舒展。将此姿势坚持 10 秒钟，重复 2 次。

（11）站立状态，略微弯曲双腿的膝盖。弯曲左手肘部，将两手臂放在脑后，用右手握住左手肘。

然后将头部向后移动，让头部尽可能地靠近右臂，直到产生轻微的拉伸感。将这个姿势保持10~15秒钟，两侧重复做同样的动作。

每次划船时，力度要安排为小、中、大、小的顺序。要经常改变不同的划行方式，并记录自身的感受，以制订适合自身特点的科学的运动计划。划船前3~5分钟要进行一般性划行，这样可保证腰背部能充分活动，防止在锻炼过程中受伤。划船中注意施力要领，防止后仰跌倒。

射箭

射箭是用弓把箭射出并射中预定目标的技艺。射箭运动是锻炼身体的一种有效方式。经常科学地从事射箭运动，可以促进人体产生良好的变化，对于工作和学习都会起到积极的推动作用。

由于射箭技术是由若干个动作有机结合而成，从练习者举弓到最后将箭射出所用的时间只有几秒或者十几秒。因此，经常从事射箭运动可提高练习者的动作速度、反应速度和周期运动中的位移速度。不仅能增强臂、腰、腿部的力量，而且可发达胸、背肌肉，使肌纤维变粗，肌肉的体积增大，力量增强。还可以促进运动器官的发展，新陈代谢加强，使骨骼的血液供应得到改善，骨骼变得更加粗壮坚固，同时可提高骨骼的抗阻和支撑能力，使骨骼的结构和性能得到增强。

在射箭的瞄准和撤放过程中，为保持弓身的稳定和静止的状态，练习者会逐渐控制呼吸的频率和深度。这对呼吸器官的功能发展有良好的作用，既能使肺活量增加，胸廓的活动范围增大，又使呼吸深而慢，使呼吸器官有较多的时间休息，不易疲劳，也不会因轻度运动而气喘，从而显著提高呼吸系统机能。

练习射箭能够提高人的注意力，使人的注意力更加集中，可以增强神经系统的功能，对工作和学习都能起到积极的作用。

运动拉伸 第三章

练习射箭前可以做一些拉伸运动,具体的拉伸方法如下:

(1)拉伸上臂和胸部肌肉。

◀ 双手手指相扣,手掌朝外。

▶ 伸展胳膊到头顶,保持手指相扣,向上伸展,保持10秒钟。

(2)拉伸背部肌肉。

▲ 双臂在胸前交叉,将双手放到肩膀上。慢慢向背的中心伸展双手,能伸多远伸多远,保持10秒钟。

(3)拉伸胸部、肩膀和下臂的肌肉。

▲ 一个胳膊向上并弯到背部,另一只手从下面绕过伸向后背。两手相扣,保持10秒钟,然后换胳膊和方向,再保持10秒钟。做这个练习时要保持背部挺直。

(4)拉伸肩膀和背部肌肉。

▲ 双手相扣,伸展胳膊,慢慢地尽力向右转,保持10秒钟;然后再慢慢地向左转,再保持10秒钟。

（5）拉伸脖子和上肩部肌肉。

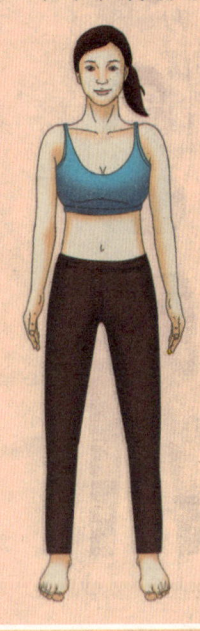

▸ 自然站姿，两臂自然地放在身体两侧。

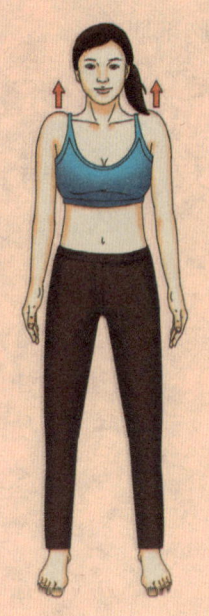

▸ 向脖子的方向耸肩膀，越高越好，然后向前移肩膀，再向后移。做大概10秒钟。

（6）拉伸背部和肩部肌肉。

▴ 用一节橡皮筋或橡胶管，抓住两端，抬高胳膊与肩同高。

▴ 然后张开并伸直双臂，向后拉动，使肩胛靠近。保持10秒钟，重复做6次。

（7）拉伸肩膀肌肉。

▴ 用一节橡皮筋或橡胶管，抓住两端，抬起一只胳膊到头顶，另一只与肩同高。两臂向下拉并保持10秒钟，重复做6次，交换双臂位置然后再重复动作。

（8）拉伸胸部和肩部肌肉。

（9）拉伸射箭肌肉。

- 用一节橡皮筋或橡胶管，抓住两端，绕过背后。
- 保持胳膊与肩齐平，然后向前拉动橡皮筋。保持10秒钟，重复做6次。
- 用一节橡皮筋或橡胶管，绑成一个环，然后拉动橡皮筋模仿射箭的动作。保持10秒钟，重复做6次。然后换手继续做，这样做是为了平衡肌肉发展。

潜 水

潜水的原意是为进行水下查勘、打捞和水下工程等作业而进入水面以下的活动，后逐渐发展成为一项以在水下活动为主要内容，达到锻炼身体、休闲目的的休闲运动，广为大众所喜爱。

潜水运动中，全身骨骼和肌肉处于类似失重的环境中，使得关节、骨骼、肌肉承受的压力大大减轻，并通过均匀的游动使身体的每一部分得到放松，可以起到极佳的健身效果，并能减少运动损伤的危险。

潜水时锻炼者呼吸的是经过多级净化后压缩入瓶的纯净空气，因而有助于减少肺部压力，改善肺通气，提高呼吸功能。水对人体产生的均衡压力有助于提高皮下血管的循环功能，具有特殊的按摩作用，能够有效降低肌肤的松弛和老化的过程，经常锻炼可使肌肤光洁、润滑、富有弹性。

水下运动要不断克服阻力，能量消耗较大，因而比陆上运动能更好地燃烧脂肪、消耗热量，有改善体型的功效。并且在水下能够观赏到各种色彩斑斓的水下生物，给锻炼者带来极大的精神享受，有助于放松神经、舒缓压力，对失眠、忧郁、烦躁不安等症状有一定的改善作用。

潜水前的具体拉伸方法如下：

（1）站立，双腿膝盖微微弯曲，双手弯曲置脑后。从髋部开始将身体向一侧弯曲，同时在脑后轻轻牵动肘部。保持轻松拉伸 10 秒钟。左右两侧做同样动作。

（2）将十指交叉置于身后，将背后的两只手臂向上举，直到手臂、肩膀或者胸部产生拉伸感。保持轻松拉伸 5~10 秒钟。

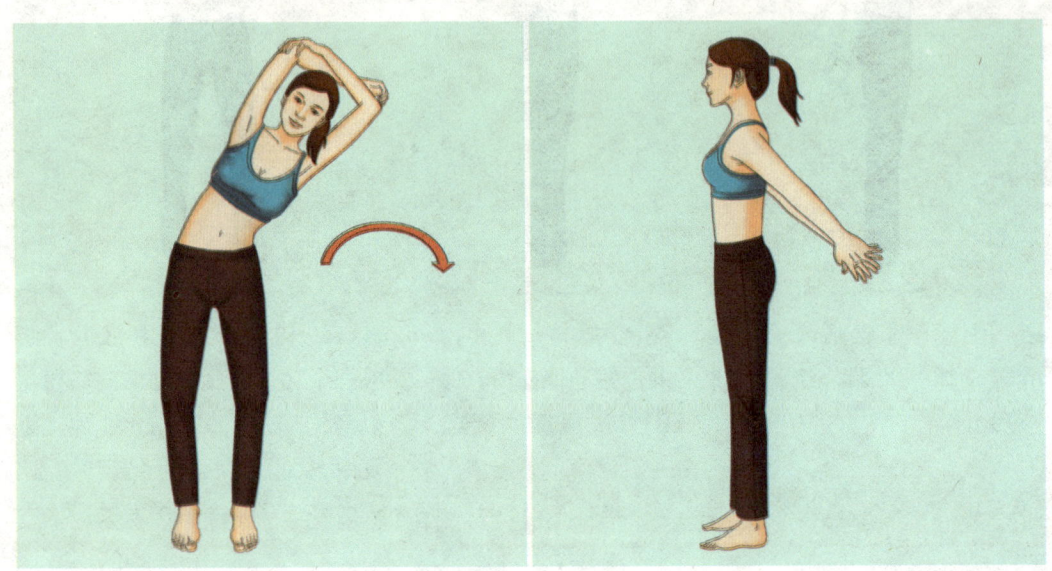

（3）坐位，两脚合十，双手握住双脚脚趾。

轻轻地由髋部开始向前弯曲身体，至腹股沟处有微微的拉伸感，保持 20 秒钟。

（4）蹲位，将一条腿向前移动，大腿垂直于地面，膝盖不要超过前脚趾，另一条腿的膝盖置于地上，将髋前部向下压，直到有微微的拉伸感。保持这个姿势 10~20 秒钟。

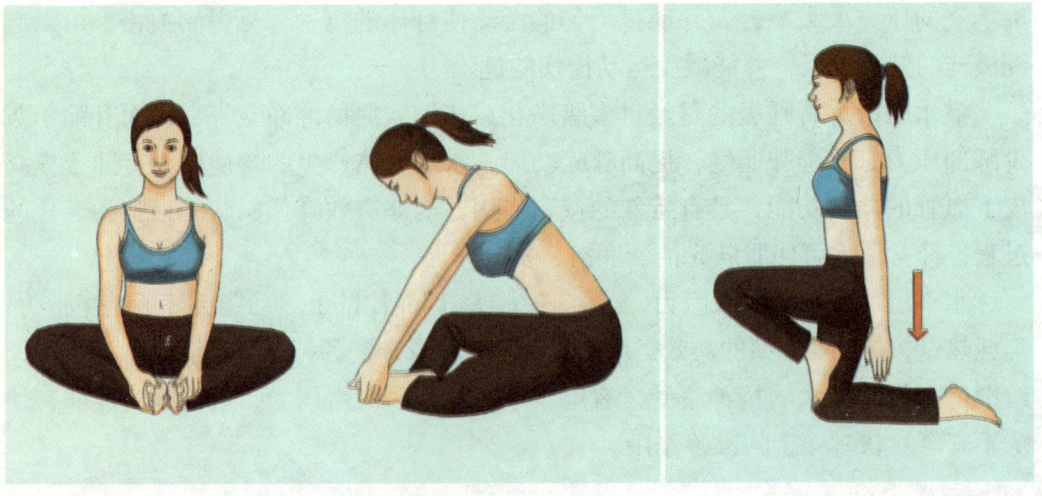

在掌握基本技巧的前提下进行潜水锻炼，是不易造成运动伤害的，但锻炼时仍需注意一些问题，以减少危险的发生。参加潜水运动前最好做全身体检，如患有高血压、心脏病、糖尿病、感冒、神经过敏、白内障等症的人及有长期服药史的人都不宜进行潜水锻炼。

下水前应做好充分的准备活动。一旦发生抽筋，要保持镇静，腿部抽筋时可用力将足趾拉开、扳直，让收缩的肌肉伸展和松弛；手指抽筋时可重复握拳、张开的动作，即可缓解不适。近视患者可选择有度数的潜水镜，但不宜同时佩戴隐形眼镜，否则容易让水冲走，而且隐形眼镜会在上升时阻碍眼睛排出氮气，对身体造成损害。

在海底时，不要用手脚触摸一些不认识的生物，以免引起一些有攻击性生物的反击，造成危险。

潜水后如果有恶心呕吐等症状，可以服用人丹，或生吃几瓣蒜；如果有头痛症状，可用大拇指在头顶百会、太阳及列缺穴按揉，并用热毛巾敷头，即可好转；如果有眼睛痒痛症状，可用清洁的淡盐水冲洗眼睛，然后用氯霉素或红霉素眼药水点眼，在临睡前最好做眼部热敷。

爬山

爬山既是有氧运动，又有力量练习的成分，而且运动量、运动强度可以根据自己的体力、身体素质进行调节。可以说是一项健身作用较全面而危险性相对较小的锻炼方式。爬山有一些很好的养生功能：

（1）可以促进毛细血管功能。经常爬山可以让你感觉全身舒爽通畅，同时对预防心脑血管疾病有明显作用。

（2）可以强筋健骨。经常爬山可以使骨骼的血液循环得到改善，骨骼的物质代谢增强，使钙、磷在骨骼内的沉积增多，骨骼的弹性、韧性增加，并有利于预防骨质疏松，延缓骨骼的衰老。

（3）可以使人精力充沛。经常爬山，能改善中枢神经系统的机能，使人精力充沛，动作敏捷，工作效率提高。爬山可以改善大脑的供血状况，降低神经系统的疲劳和精神紧张，提高睡眠的质量。

（4）爬山对于提高腰腿部的力量，行进的速度、耐力，身体的协调平衡能力等身体素质有显著效果，还有利于加强心肺功能，增强抗病能力。

（5）减肥。对于现代都市人来说，肥胖已经是越来越突出的问题。爬山是强度较低的运动，由于供氧充分，持续时间长，总的能量消耗多，所以是非常理想

拉伸：适合全家人的健身与运动

的减肥运动。

（6）爬山可以使人回归自然，跋山涉水，静思养神，全身沐浴大自然的精气和香气，洗净城市尘嚣，有利于摆脱不良的心境，使精神、心理更健康。

在进行爬山之前应当做一些适当的锻炼，特别是要针对大腿前部的股四头肌进行相关锻炼。具体的方法如下：

（1）站立，两脚分开站立与肩部同宽。

慢慢地从一数到五，同时下蹲，膝盖处的角度不要小于90度角，保持膝盖一直在脚尖的正上方，但是前端不要超过脚尖。

然后从一数到二，慢慢站起来，站起来的同时向上举起双臂，这样可以同时锻炼你的腰部和胸腔，进行15次练习。

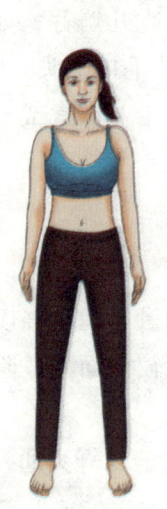

（2）一只脚站在路沿上，另一只脚在路沿下，两只脚平行站立，使路沿下的脚刚好在另一只脚的下方，将你全身的重量都压在路沿下的那只脚上。

然后慢慢下蹲，并从一数到二，每次下蹲膝盖弯曲的角度不要小于90度。进行锻炼，不可少于15次。

此外,进行爬山运动也有一些注意事项:

(1)衣服和鞋有讲究。要穿合脚的胶鞋和旅游鞋,不能穿高跟鞋,要穿运动服或休闲服。

(2)爬山要选择晴朗的天气,以免发生危险。

(3)可随身携带水或饮料,或者带一些运动饮料。

(4)爬山的正确姿势是身体前倾,腰、背要挺直,避免形成驼背、弯腰姿势。

(5)下山时一定要注意慢下,千万不要跑着下山。

消除旅行疲劳的拉伸

要消除旅行中的疲劳,下面的旅行操很有效:

(1)颈部伸展。

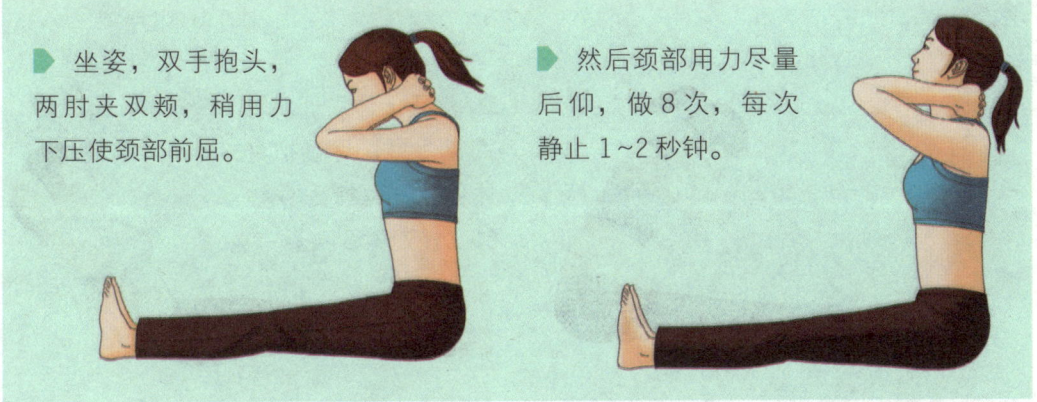

▶ 坐姿,双手抱头,两肘夹双颊,稍用力下压使颈部前屈。

▶ 然后颈部用力尽量后仰,做8次,每次静止1~2秒钟。

(2)肩部伸展。　　(3)胸背伸展。

▲ 坐姿,十指交叉上举,掌心朝上,然后由慢到快用力后振10次。

▲ 坐姿,两臂屈肘前平举含胸低头。

▲ 然后两臂向侧后平行伸展,抬头挺胸,做10次。

（4）体侧伸展。

▶ 坐姿，一手叉腰，另一手臂伸直上举，上体稍侧屈。

▶ 手臂用力向侧上方伸展5次，然后换另侧做，每次静止1~2秒钟。

（5）腰腹伸展。

▶ 坐姿，两手抱头，体前屈。

▶ 然后上体后仰，肘关节外展，尽量把身体伸直，保持3~4秒钟，慢速做5次。

（6）腿部伸展。

▶ 坐姿，双腿屈膝置于胸前。

▶ 然后两腿同时伸直，脚尖绷直，做10次，每次静止1~2秒钟。

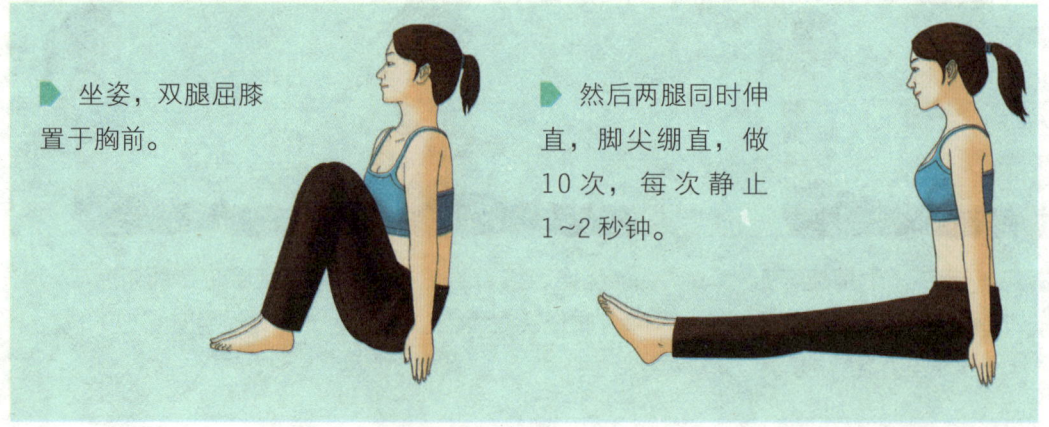

第四节 力量训练拉伸

锻炼腰背肌的伸背器拉伸

由于年龄渐长,腰背部肌肉也逐渐地发生失用性萎缩,中老年人常感到背部酸痛、不适。而伸背器不失为中老年人安全有效锻炼腰腹部肌肉的最佳器材,经常使用有助于缓解腰背部的疲劳和酸痛。

健身者双手握住器材两边的弧形圈,双腿自然伸直,身体就着器材的弧度向后逐渐舒展,停顿10秒钟,再慢慢起身。伸背器可有效地训练腰背的诸多肌肉,放松脊柱关节韧带。

此外,健身者还可以利用这个器械练习收腹、举腿等其他动作。通过日积月累的锻炼,可以帮助锻炼者增加脊柱弯曲弧度,改善脊柱的柔韧性,加大身体活动幅度,以改善腰背部的酸痛症状。训练方法如下:

(1)伸腰训练。　　(2)抬腿训练。

▲ 双手握紧扶手,腰部向后靠在其弯曲板上,缓缓向后弯曲身体。

▲ 坐在训练器上,双手握紧栏杆。

▲ 两臂同时用力支撑起身体,两腿抬平停留几秒钟。

拉伸：适合全家人的健身与运动

（3）俯卧撑训练。

▶ 双手握住栏杆做斜体俯卧撑，次数根据自己的体力而定。伸背器适合电脑操作员、慢性腰肌劳损患者、轻度驼背者。但儿童、严重脊椎病患者不宜进行。

应该注意的是，训练中除了落实循序渐进、逐渐加量的原则，还应配合一些相关器材的力量训练，如广播体操、健身操、太极拳等运动；还有划船器、扭腰器、大转盘等器械，帮助全身运动及拉伸。练习中，双手应牢牢握住扶手，在身体逐渐向后弯曲时切不可松手或放开手指。

下腰训练器的拉伸

下腰训练器可以让腰部得到充分锻炼，可以起到增补肾气、通经络的功效，对于平时缺乏运动的上班族来说，此项运动是很有好处的。训练方法如下：

（1）后桥练习。

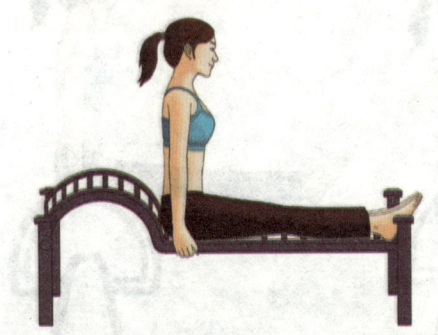

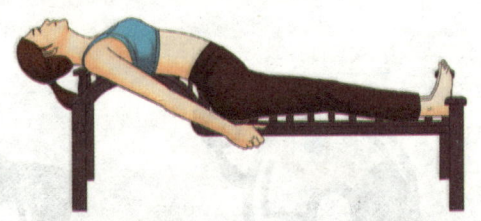

▲ 坐在训练器的前斜面上，两腿伸直，两手紧抓两侧的扶手。

▲ 接着身体缓缓地向后仰，使腰部靠在伸腰器的圆柱形曲面上，充分舒展成桥形，保持5~8秒钟，接着恢复初始状态。动作要缓慢。

（2）高位俯卧撑。

▶ 面对训练器，两手抓栏杆，做俯卧撑练习。也可进行仰卧起坐练习，做时要收腹。

（3）仰卧提身运动。

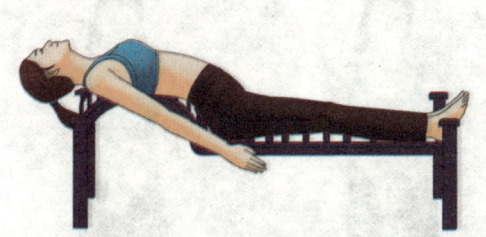

▲ 躺在训练器上，双手伸直，两腿绷直。

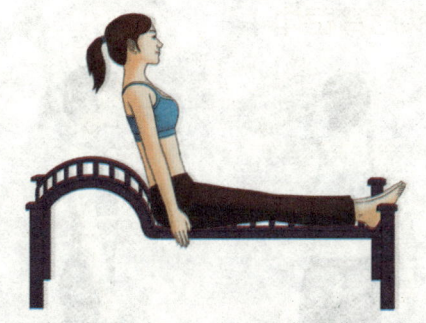

▲ 上身缓缓地提升，直到感觉背部收紧。上升幅度因人而异，不要勉强进行，以免弄伤腰部。

拉力器，肌肉的"雕刻刀"

拉力器运动简便易行，不受场地的限制，而且能起到强身健体的运动功效，与哑铃有异曲同工之妙。下面介绍几种用拉力器锻炼肌肉、改善体型的方法。

1. 直臂下拉

▲ 两脚开立，两手握拉力器两端举于头上。

▲ 直臂将拉力器向两侧下拉，静止片刻，慢速还原。

2. 臂弯举

▲ 直立，用脚踩住拉力器下端，同侧手握住上端把柄，上臂紧贴体侧。

▲ 前臂弯举，至肱二头肌彻底收缩，两臂交替做。上臂与前臂之间的夹角在50~60度之间为最佳。

3. 头后臂屈伸

 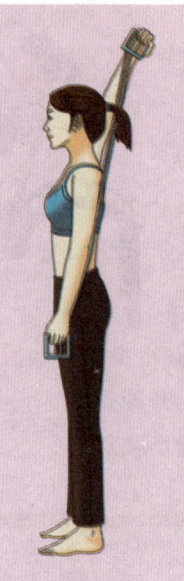

🔺 两脚开立，一手握拉力器下端，另一手于头后握拉力器上端把柄。

🔺 上面的臂用力向上挺伸，静止片刻，慢速还原。两臂交替做。

4. 双肩上耸

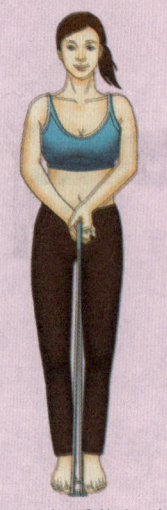 

🔺 两脚踩住拉力器下端，两手分握拉力器上端把柄。

🔺 双肩先后做前耸、后耸和上耸动作，静止片刻，慢速还原。

5. 水平屈伸

◀ 直立，两手握拉力器于背后。

◀ 两臂同时向外推拉力器，待伸直后静止片刻，再慢速还原。

6. 体侧屈

🔺 两脚开立,一脚踩把柄,上体侧屈,同侧手握住拉力器上端把柄。

🔺 上体用力向异侧屈,静止片刻,慢速还原。两侧交替做。

7. 直腿硬拉

🔺 两脚开立,用脚踩住拉力器下端,上体前屈,两手分握拉力器上端把柄。

🔺 由背肌发力抬起上体,静止片刻,慢速还原。

8. 颈屈伸

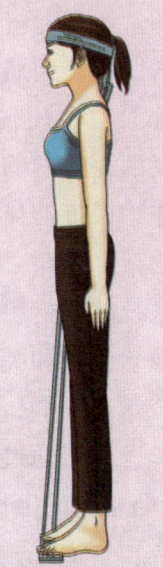
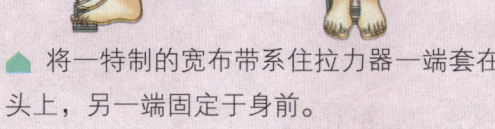
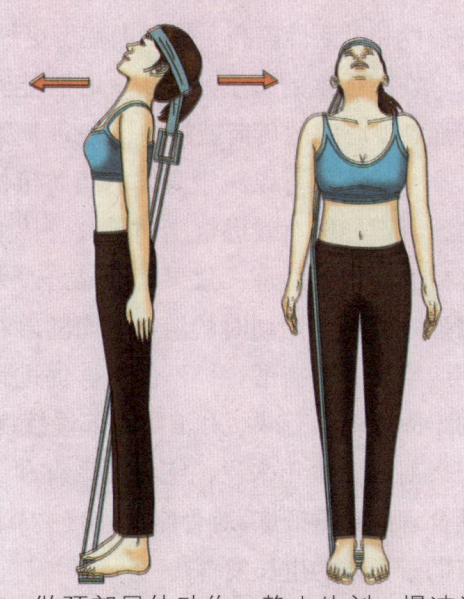

🔺 将一特制的宽布带系住拉力器一端套在头上,另一端固定于身前。

🔺 做颈部屈伸动作,静止片刻,慢速还原。此动作主要锻炼颈后肌群,提高颈椎灵活性。

9. 直立上拉

◀ 两脚开立，两手正握拉力器上端把柄，下端固定。

▶ 两臂屈肘上拉至锁骨位置，静止片刻，慢速还原。

除以上方法外，拉力器运动锻炼方法还有很多。为锻炼不同体位的肌群和同一块肌肉的上下部或内外侧，可以举一反三，变化练法。拉力器是靠弹力增加负荷的，拉得越长负荷越大，因此，要逐渐加大动作幅度，切忌快速拉长，以充分刺激肌肉并避免受伤。

举重

大多数的运动形式仅有部分的肌肉参与运动，而举重训练则通过用较轻的重量和整个身体的运动，可迅速激活每一个肌肉细胞参与锻炼，因而能使肌肉发生很大的变化。不仅可使肌肉体积增大，肌纤维增粗，而且其中的收缩蛋白增加，兴奋性和灵活性提高，使肌肉变得更加坚强有力。

在高强度的举重锻炼中，心脏能够输送更多的血液到运动中的肌肉，而肌肉越强壮，心脏的负荷就越小，有助于降低患心血管疾病的风险。

举重不仅可以减少身体的脂肪量，在人体新陈代谢中还会继续消耗体内的脂肪，因而能够有效燃烧脂肪、改善体型。只要用重量合适的哑铃作为锻炼器械，坚持有规律的锻炼，效果就会显著。大量的能量消耗，使身体里的新陈代谢必须加强才能满足运动时的消耗，而随着新陈代谢水平的提高，其他系统的功能也都相应增强。坚持锻炼，不但能够促进骨骼肌的发育，还有助于增强软组织和关节的牢固程度，有减缓和消除背部慢性疼痛的功效。

对于青少年来说，练习举重有利于生长发育，使身材更匀称。青少年通过科学合理的举重锻炼，对骨骼、肌肉、关节产生良好的影响，更有利于骨骼肌肉的生长，有助于身体的生长发育。

举重前的热身拉伸方法如下：

（1）双臂向上伸展举过头顶，手掌交叉，掌心相对。

向上并略微向后拉伸双臂。向上拉伸时吸气，保持这个姿势5~8秒钟，同时保持呼吸自然。

（2）拉伸肩部以及上背部，将一侧手肘轻轻拉过胸前，拉向另一侧的肩膀。保持这个姿势10秒钟。换手做同样动作。

（3）双手举过头顶，在脑后交叉，用一只手握住另一只手臂的肘部。然后轻轻拉动至产生拉伸感，动作要慢。保持这个姿势15秒钟，不要屏住呼吸。

（4）拉伸颈部侧面时，将头部从侧面靠向左肩，同时左手从身后抓住右臂，并斜着向下拉伸。保持轻松拉伸5~10秒钟，相反方向做同样动作。

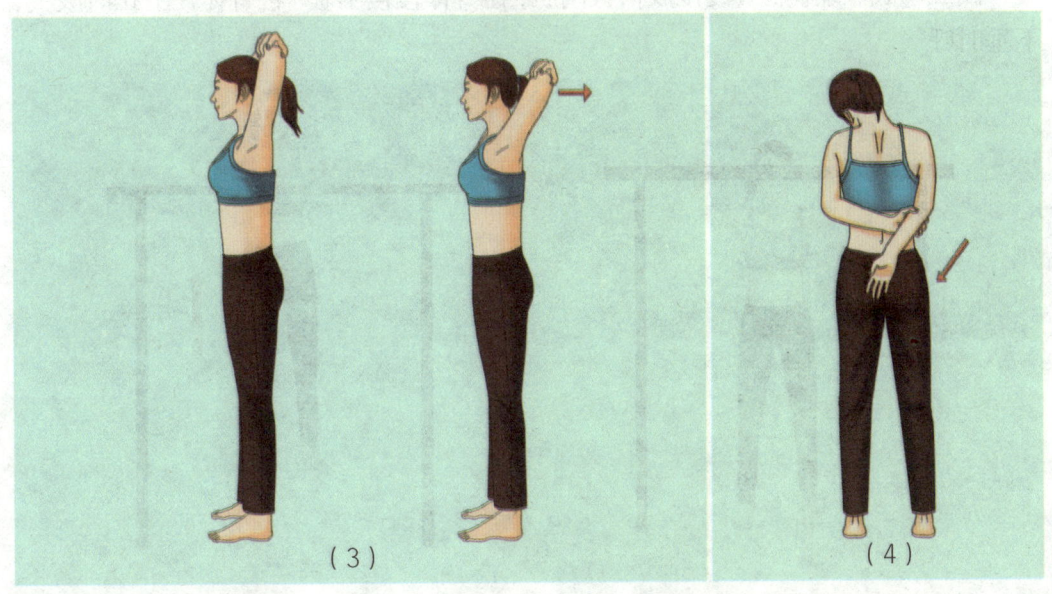

（5）站立时膝盖微微弯曲，将手掌放在腰部靠近髋部的位置，指尖朝下。此时手掌轻轻前推，使腰部伸展。保持这个姿势10秒钟，重复2次。

久坐之后，可以用这个动作来进行一段时间的拉伸，不要屏住呼吸。举重必须掌握科学的方法，否则容易造成运动伤害。初学者应请教练帮助选择适当的重量和制订适宜的锻炼计划，这样能大大减少受伤的可能。

锻炼前后要做伸展运动，以保持身体的灵活性，举重的重量和次数可逐步增加，要循序渐进，不要急于求成。

举重锻炼后应该安排4~7天的休息时间，特别是当上次练习已经产生了肌肉酸痛感时，就更不应该再安排锻炼计划，肌肉完全恢复才可再次练习。

单杠上的拉伸

单杠运动的起源可追溯到人类的祖先——原始人在丛林中进行的各种攀登、爬越、摆动、摆荡等练习。在当时那只是一种生活实用技能，后来随着社会的进化就逐渐成为一种锻炼身体的手段。

利用单杠进行拉伸的方法如下：

（1）引体向上：两手正握（掌心向前）单杠，身体不能晃动。

用背阔肌的收缩力量将身体往上拉起，直到单杠触及或接近胸部，停留1秒钟，使背阔肌彻底收缩。然后慢慢放松背阔肌，让身体慢慢下移。将身体往上拉时吸气，下垂时呼气。

（1）

（2）悬垂前摆：两手正握单杠，用力前摆落地。适合于力量素质较好的人。

（3）双臂悬垂：两手正握单杠，用腿腰挺起和举腿收腹，维持数秒钟。单杠拉伸能够改善肩、肘、指关节的活动能力，锻炼双臂及肩、背部肌力；有利于提高身体的柔韧性和关节的灵活性。

（2）　　　　　　　　　　　（3）

双杠上的拉伸

双杠动作由众多结构组中选出的摆动和飞行动作组成，通过各种支撑和悬垂动作来过渡完成。双杠上的拉伸练习方法如下：

（1）双臂屈伸运动：由支撑点开始，两臂同时弯曲，再伸直。做上下运动，不能横向拉动双杠。

（1）

（2）分腿前进：双手握杠，两腿横跨在两杠上，缓缓向前移动。

（3）双杠举腿：双手握杠，跳起成直臂支撑，双腿提起与上身成90度，接着再返回原位为1次。

（4）双杠支撑前进：双手握杠，跳上成支撑，两臂依次向前移动，到杠端后跳下。

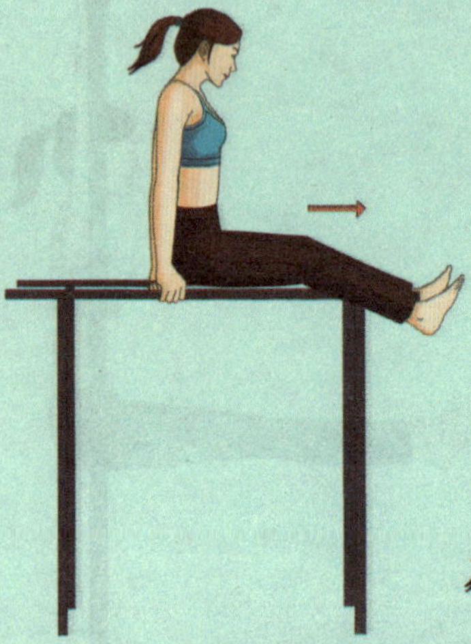

（2）

（3）

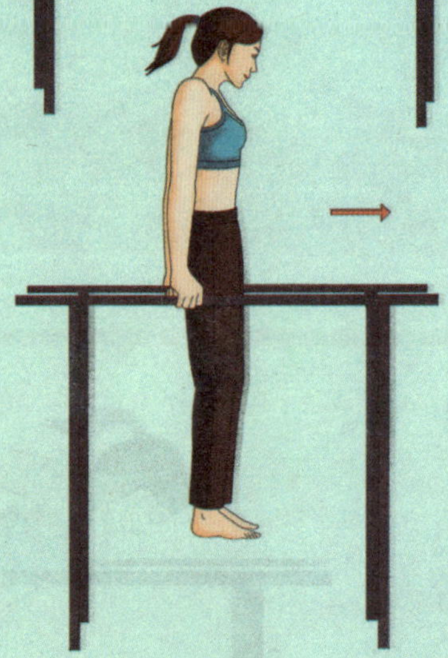

（4）

第四章
不生病的健身拉伸法

第一节 身体小毛病的拉伸治疗

胰腺炎的拉伸

胰腺炎是胰腺消化酶被激活后,对自身及周围脏器产生消化作用而引起的炎症性疾病,分急性胰腺炎和慢性胰腺炎,表现为胰腺及周围组织水肿、细胞浸润和脂肪坏死。饮食不慎是引起胰腺炎发作的重要原因,主要症状表现之一为腹痛,大多在饱餐、酗酒后突然发病,呈持续性刀割样,以上腹部为主,向背部放射,病人常蜷曲身体来缓解疼痛。腹痛的原因主要是胰腺充血、水肿、渗出和局限性腹膜炎。也可能持续2~3天的发热,可能发展为胰腺脓肿,同时伴有恶心、呕吐剧烈、呕吐后疼痛反加重、黄疸等症状。

此病一般都带有低血压、休克、消化道出血、心功能衰竭、肾衰竭等并发症。

暴饮暴食是胰腺炎的高发因素,饮食上要荤素搭配,营养均衡,多吃新鲜蔬菜和水果,同时饮食上不能酗酒,饮酒要适量。不能吃得太饱,不能吃得太油腻,尽量做到少食多餐,每天吃4~6顿为宜。

饮食不慎是引起胰腺炎发作的重要原因。胰腺炎急性期禁止经口摄食,通过静脉注射补充营养素。恢复期可经口给予完全不含脂肪和高碳水化合物的清流质食物,如果汁、杏仁茶、浓米汤、西红柿汁,以免消化不良。病情稳定后给予低脂肪半流质饮食,开始用脂肪含量很低的易消化食物。

蛋白质不宜过多,应供给充足的碳水化合物。

此外,胰腺炎还可通过以下拉伸方法来防治:

(1)坐直,双手手指交叉。

伸直腰肢,使劲举过头顶,全身肌肉往上拉伸,得以舒展。以两边侧腰稍微感觉疼痛为宜。

(1)

（2）站立，双手背在身后，手指交叉，向后上方提拉，扩张胸肌和后背肌肉成后背伸直姿势，身体不要前倾。

（3）直立，头部轻柔地倾斜向左侧，将左耳轻放于左肩上，用鼻均匀地深呼吸；一分钟后，换另一侧练习。放松，调匀呼吸，若配合冥想，效果更佳。

（4）直立，两腿分开约1米，脚尖向前。

深呼吸，将右手缓缓举过头，吐气，身体缓缓向左侧倾倒，左手放在左腿侧，正常呼吸，保持该动作5~10秒钟。深呼吸，缓缓将身体复位，吐气，放下手臂，放松。换左手臂进行同样的练习。

(2)　　(3)　　(4)

防治便秘的拉伸

便秘已经成为越来越多人的"小毛病"，虽然小，却让人烦恼。它不仅使体内毒素无法及时排出，而且使得肌肤颜色灰暗，出现色斑、痘痘等，是健康、美丽的隐形杀手！

便秘可以发生在人生的任何一个年龄段，它与我们的饮食不均衡、运动不足、压力过大、生活不规律等有着密不可分的关系。

人体的肠壁并不是光滑的，而是有褶皱的，我们每天所吃食物的残渣就会一点一点地积存在这些褶皱里，如果食物残渣在大肠中移动过慢，使便体变得又干又硬，增加了排便的困难，就形成了便秘。

无花果、蕨菜、红薯、蜂蜜等都可以促进排便。《本草纲目》中说："无花果开胃、止泻痢，治五痔、咽喉痛。""蜂蜜清热、补中、解毒、润燥、止痛。"

拉伸：适合全家人的健身与运动

除此，还可以多做拉伸运动：
（1）床上操。

▼ 主要是做腹肌锻炼。患者仰卧，举起双足，使双足与身体成30度，持续1分钟，接着两脚用力反弹起身，以上动作可反复做十几次。

（2）足部的屈伸体操。

▲ 站立，然后直接蹲下，双手撑地，接着起身直立，反复几十次。此方法可促进肠道运动，并且能健美。

（3）引便操。

▲ 双脚分开与肩同宽，肩部放松。

▲ 上身向前倾，用左手摸右脚趾。膝盖要伸直，后弯腰扭动身体。

▲ 起身，双手撑腰，上身向后仰，腹部尽量往前挺。重复以上同样动作数次。双手交替摸双脚趾。

糖尿病患者的拉伸

糖尿病是继恶性肿瘤、心血管病之后又一危害人类健康的重大疾患，随着人们生活水平的提高，加之体力活动减少，糖尿病的发病率越来越高，占6‰~7‰，极大地危害着人们的身心健康。

糖尿病的一大症状就是口甜，同时伴有口渴、多尿、多食。这是因为湿热蕴结于脾，脾丧失了运化能力，人体内的津液便停留在了脾内，由此导致一方面脾气上溢，人会感觉口甜，另一方面人体缺少津液感到口渴。

那么，对于糖尿病，我们又该如何调治呢？

药物降糖和饮食降糖虽有一定的作用，但受到药量、种类的限制，而且多数降糖药有不同程度的副作用。因此，人们很自然地倾向于非药物疗法，拉伸疗法则越来越被人们所认可。

（1）身体站直，两脚分开，与肩同宽。

两臂伸直后双手高举，抓握毛巾并拉直。保持这一姿势，右脚向前迈半步踏地，左脚在后，停留一会儿。

接着两臂前后摆动，胸部前挺，做扩胸运动。如此连续做4~5次。接着换左脚，重复同样的动作和次数。

（1）

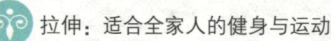拉伸：适合全家人的健身与运动

（2）初始状态同（1）。身体保持挺直，右脚向前，双臂屈肘，两手拉住毛巾，将毛巾放在颈后。

吸气，双臂举起；呼气，双臂放下。如此连续做4~5次。接着换左脚，重复同样的动作和次数。

（3）初始状态同（1）。右脚向前迈一步踏地，脚尖勾起成90度，左膝部弯曲。将毛巾套在右脚尖上，两手用力朝上拉，拉时吸气，放松时呼气，连续做4~5次。接着再换左脚，做同样的动作和同样次数。

（4）初始状态同（1）。上身挺直，右脚在前，左脚在后，两手在腰部拉紧毛巾。先向左转动上半身，连续做4~5次，然后向右转动，连续4~5次。接着，左脚向前，右脚在后，重复做同样的动作和次数。

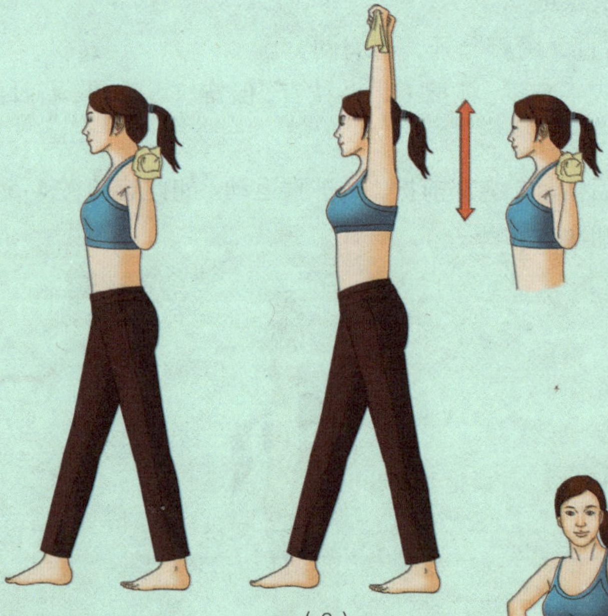

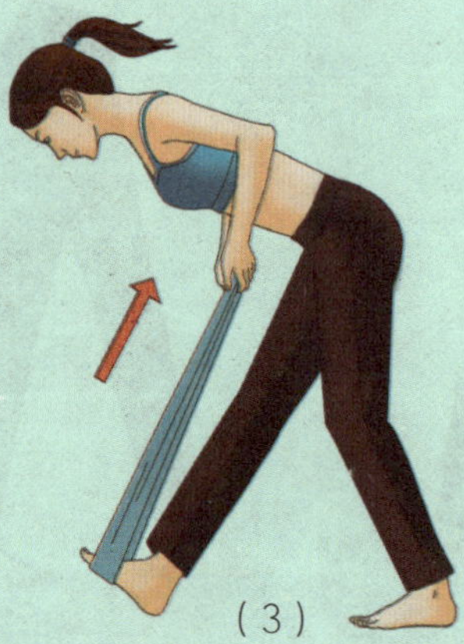

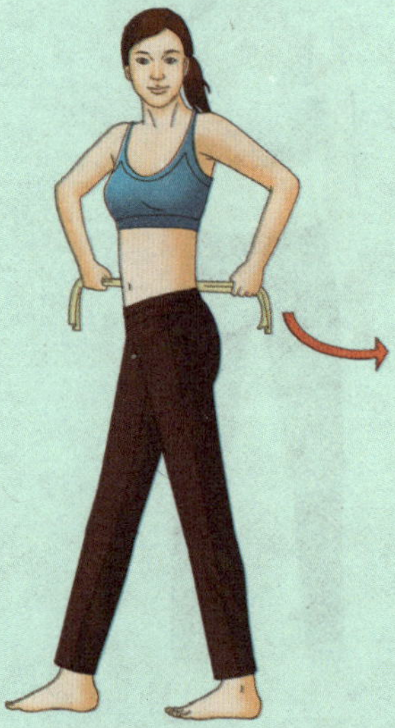

胃下垂患者的拉伸

每次饭后总觉得胃胀、胃痛，或者反胃、烧心、有下坠感。时间一长，就更不想吃东西，常常几天都不大便，这些都是胃下垂的典型症状。

中医学虽无"胃下垂"病名的记载，但认为此病是由于中气不足、气虚下陷造成的。脾胃为后天之本，气血生化之源。胃主受纳，以降为顺；脾主运化，以升为和。两者一纳一运，一升一降，互相配合，在心肺的作用下，将水谷精微输布于全身，以维持机体的正常功能活动。由于禀赋不足、机体素弱、七情内伤、饮食劳倦等，均可导致脾胃运化失常，升降失调，脾气不升，反而下陷，从而导致胃下垂和其他脏器下垂。

治疗此病的最好方法就是补中气，拉伸就是提升中气的好方法：

（1）屈膝抬臀。

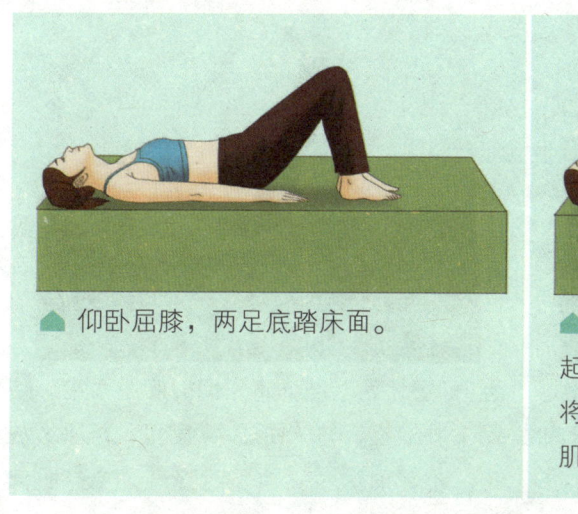

▲ 仰卧屈膝，两足底踏床面。

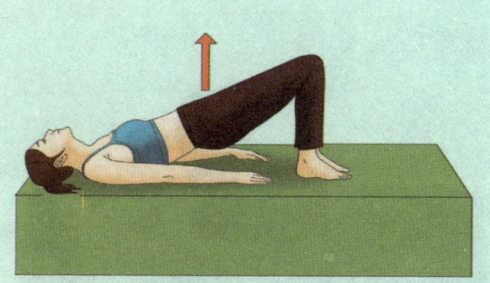

▲ 将臀部抬起，接着将臀部放下，抬起时吸气，要求腰背肌紧张用力，并将肛门收缩上提。臀部放下时呼气，肌肉完全放松。重复10~30次。

（2）抱膝压腹。

▲ 仰卧，两手抱膝压腹部，上身稍抬起。恢复初始状态时两手松开，两腿伸直，反复进行，以加强腹肌力量，重复10~30次。

（3）屈腿仰卧起坐。

▲ 仰卧，屈膝屈髋各90度左右，两手指交叉抱头。

▲ 开始练习时可借助床头压住脚背，接着练习仰卧起坐，待腹肌锻炼有一定力量后，可不借助床头横档，自行练习。此动作可增强腹肌和髂腰肌力量，重复10~20次。

（4）模仿蹬自行车运动。

（5）双腿抬高。

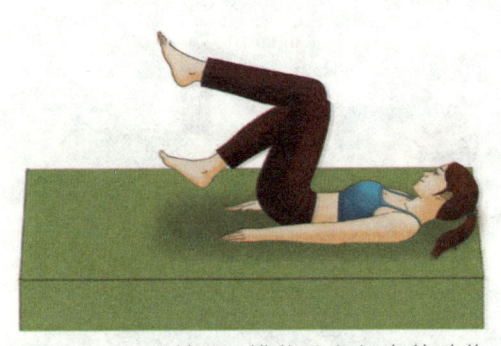

▲ 仰卧，双腿抬起，模仿蹬自行车的动作。可增强髂腰肌、腹肌、骨盆肌和下肢肌肉力量，重复20~50次。

▲ 仰卧，两下肢伸直，同时腹肌收缩，使两下肢抬起，与床面成70度角，再缓缓放下。抬起时吸气，放下时呼气，全身肌肉放松，重复10次左右。

（6）肩背倒立。

▶ 仰卧，两脚踩墙，两手扶腰，使腰臀部挺起，成肩背倒立，保持一会儿后放下。保持自然呼吸，重复10~20次。练习前先解小便，宽衣松带，最好在饭后2小时左右进行，每天可练1~2次。

冠心病患者的拉伸

冠心病是冠状动脉粥样硬化性心脏病的简称。一个人的血管发生了严重粥样硬化或者痉挛，那么就可以导致给心脏输送营养物质的通道变狭窄甚至堵塞，其严重后果是导致心肌缺血、缺氧或梗死，因此又被称为缺血性心脏病。

冠心病是一种不可逆的慢性病，一旦戴上这顶"帽子"，就要做好长期"作战"的准备。但是，冠心病患者一样可以带病延年，关键是在合理用药的基础上，注意自我调节。

一般来说，对于冠心病患者，可采用以下几个拉伸运动方法进行调理：

（1）预备势，保持身体直立，两臂自然下垂，两脚分开与肩宽。

（2）两臂伸直，从体前缓缓上举与肩平，掌心向下，同时吸气。接着恢复初始状态成预备势，同时呼气，重复做8次。

（3）两臂屈肘于体侧，掌心朝上，右手向前伸出。

掌心转向下，再向外做平面画圈，同时右腿成弓步，接着掌心逐渐转朝上回到预备势。如此左右交替进行10次。

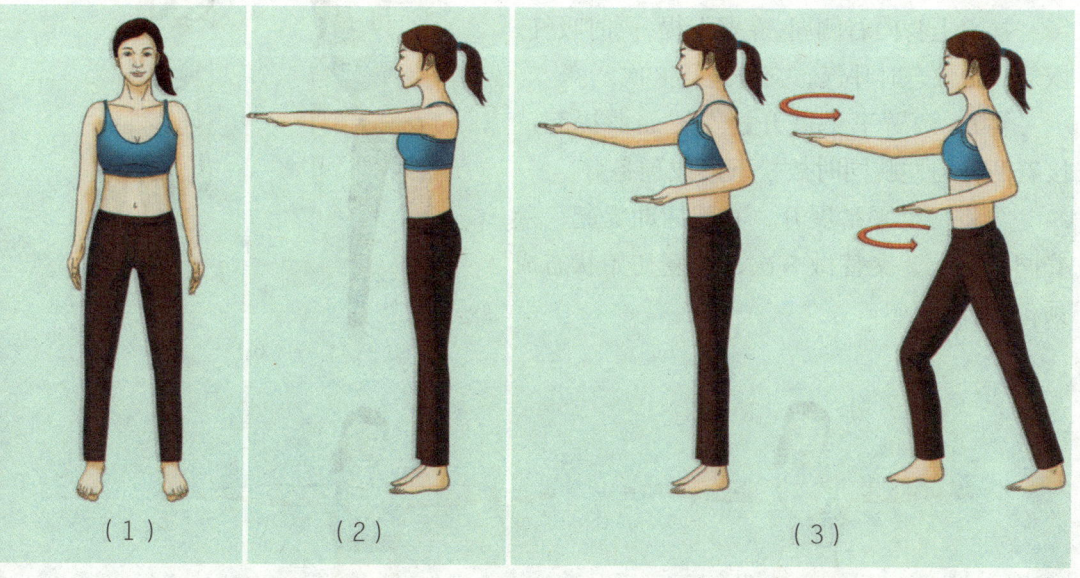

（1）　　　（2）　　　（3）

（4）两臂由体侧举到头上，接着两手缓缓放于头顶百会穴，同时吸气，两手再由百会穴沿头经面部于身体前侧缓缓落下，反复进行10次，恢复初始状态成预备势。

（5）左腿前跨成弓步，右腿在后伸直，身体前倾，两臂向前伸直。

接着身体向后倾，左腿伸直，右腿成后弓步，两臂向后拉，两肘屈曲，像摇橹一样，反复做8次。接着以右腿前跨成弓步，左腿在后伸直，重复做同样的摇

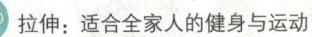拉伸：适合全家人的健身与运动

橹动作，反复8次然后恢复初始状态成预备势。

（4）　　　　　　　　　　（5）

（6）上身向左侧屈，右臂上提，同时吸气，恢复初始状态时呼气。

接着上身向右侧屈，左臂上提，同时吸气，恢复初始状态时呼气，交替进行8次。

（7）两臂平举展开，左腿屈曲提起，接着两臂与左腿同时放松下落成预备势。

再将两臂平举展开，右腿屈曲提起，接着同时落下，交替做8次，恢复初始状态成预备势。

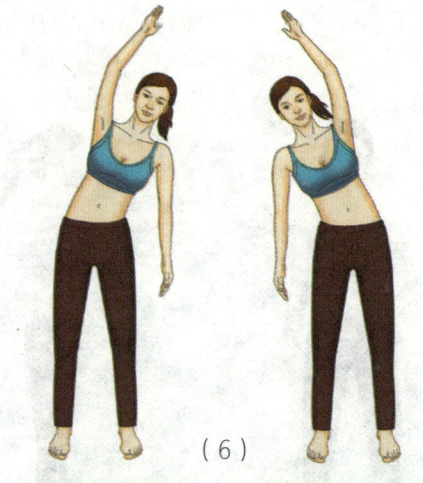

（6）

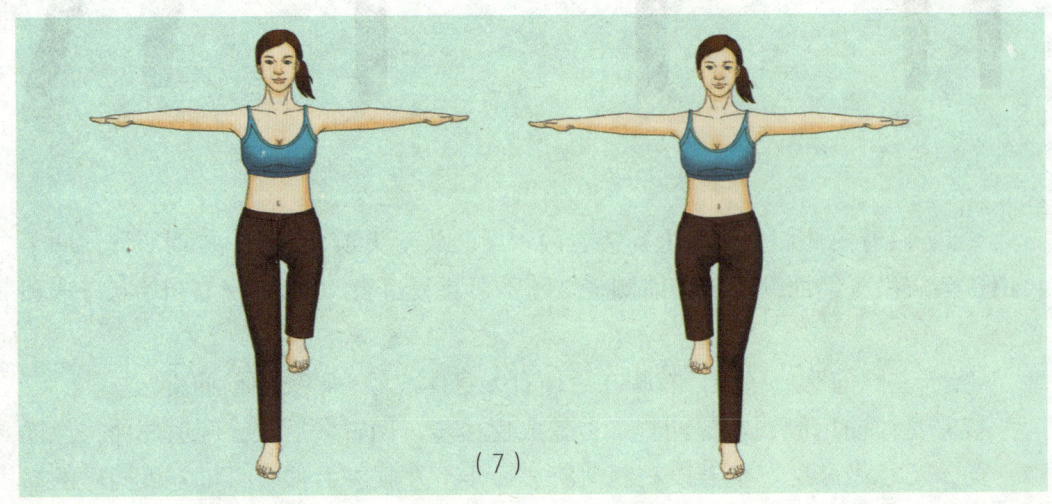

（7）

（8）右足向前跨出一步，身体重心随其前移，左足尖跷起同时两臂上举，掌心相对，展体吸气，接着恢复初始状态呼气。

再将左足向前跨出一步，身体重心随其前移，右足尖跷起，同时两臂上举，掌心相对，展体吸气，接着恢复初始状态呼气。交替进行8次，恢复初始状态成预备势。

（9）左右腿交替屈曲上抬，做原地高抬腿踏步。重复做2分钟后停止。

高血脂患者的拉伸

高血脂（即高脂血症）这个名字很多人都知道，但对于它的危害却并非人人都清楚。正因为如此，它才成为危害人类健康的隐形杀手。高血脂与糖尿病、脂肪肝等被认为是"都市现代病"，是由工作脑力化、办公自动化、交通现代化、营养失衡等多种因素引起的。

（8）

高血脂的主要危害是导致动脉粥样硬化，进而导致众多的相关疾病，其中最常见的一种致命性疾病就是冠心病。高脂血症对身体的损害是隐匿、逐渐、进行性和全身性的。大量国内外临床研究显示，作为心脑血管疾病的独立危险因素，高血脂导致心肌梗死的发生率为9%，而高血压为1.4%，糖尿病为1.5%。

在现代社会，中年人是社会的骨干力量，是家庭的"中流砥柱"，生活和工作压力都比较大。特别是一些大城市，很多人的日常生活中饮食不均衡，经常外出用膳，进食高热量、高糖分、高脂肪食物，又长时间坐着办公，缺乏运动，从而导致高血脂。因此，中年人应当是高血脂的重点防护对象。

针对目前高血脂的发病率高，危害大，应该防治结合，重点在防；无病防病，有病防进展。当高血脂被确诊后，首先应进行非药物治疗，包括拉伸运动、饮食调整、生活方式改善、规律的体育锻炼，防肥胖，戒烟、酒等。在此基础上，再进行药物治疗。

下面介绍几种拉伸方法。

（1）转体：两脚分开站立，两手叉腰，上身向左转动到最大限度，恢复初始状态。再向右转动，连续转体40~50次。

（2）摸脚：两脚分开站立比肩宽，上身前屈，两臂侧伸展，与地面平行。转肩时左手摸右脚外侧，右手摸左脚外侧，快速重复20次。

（3）蹲起：两脚分开站立与肩宽，下蹲，膝关节尽量屈曲，起立再下蹲，重复做30次。

（4）仰卧起坐：仰卧位，两手上举向前，带动身体朝上坐起，恢复初始状态，再坐起。连做30~40次。

（5）对墙卧撑：面对墙站立，距墙80厘米左右，两手贴墙做双臂屈伸练习，连做30~40次。

（6）原地高抬腿：连做50~60次。

胆囊炎和胆结石的拉伸

急性胆囊炎的常见症状为上腹部剧痛，往往发生在饱餐或吃油腻食物后。由于较小的结石常可移动而嵌顿于胆囊颈部或胆囊管，可引起剧烈的上腹部疼痛，伴恶心、呕吐，发病早期无感染、无发热。由于平卧后胆囊结石容易滑入胆囊管而造成梗阻，所以，不少病人常在夜间发作。如果因结石嵌顿引起的梗阻持续存在，胆囊可发生化脓、坏疽甚至穿孔等严重并发症。较小的胆囊结石有时可经胆囊管落入胆总管，形成继发性胆总管结石，引起黄疸或胆管炎，甚至急性胰腺炎。

预防胆囊炎、胆石症，首先要注意饮食调节，少进高胆固醇饮食，多吃含维生素 A 的水果与蔬菜，如胡萝卜、菠菜、苹果等，有利于胆固醇代谢，可减少结石的形成。加强运动和锻炼，可增强胆囊舒缩功能。尽早发现胆囊炎，积极治疗胆道感染，对预防胆结石有益。肥胖与高脂血症病人，适当应用降血脂药，也是预防胆结石症的一种方法。

对治胆囊炎，拉伸疗法也是个不错的选择：

（1）坐在椅子上，伸直身体，做一次深呼吸，收腹紧腰，保持 2~3 秒，重复 4~8 次。

（2）坐在椅子上，伸直身体，两肩向后用力使背肌收紧，保持 4~5 秒，重复 4~8 次。

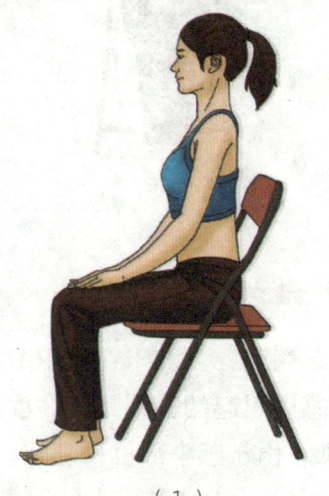

（1）

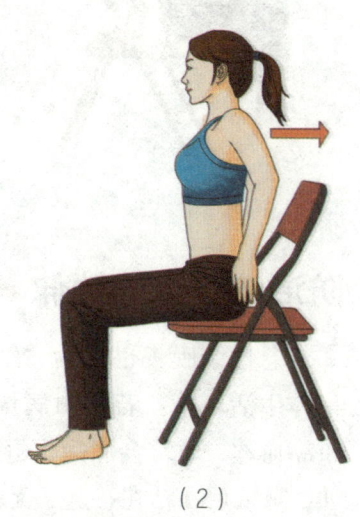

（2）

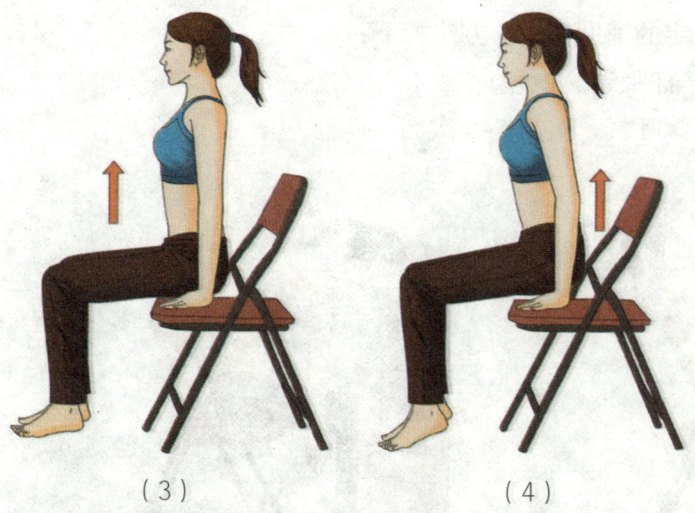

（3）　　　　（4）

（3）坐在椅子上，两手用力撑住椅面，尽量把身体抬起。保持姿势 3~4 秒，重复 4~8 次。

（4）坐在椅子上，身体紧缩收腹，双手用力支撑，收紧臀大肌，并使臀部从椅子上微微抬起。保持 4~6 秒钟，重复 4~8 次。

（5）坐在椅子上，两脚踩地，伸直身体，脚跟尽量提起，保持6秒，重复8~12次。

（6）坐在椅子上，两脚踩地，双手叉腰，最大限度左右转动腰部，重复8~12次。

（7）坐在椅子上，双腿轮流屈膝向上提起，双臂屈肘于体侧，交替前后摆动，模仿跑步动作，重复20~30次。

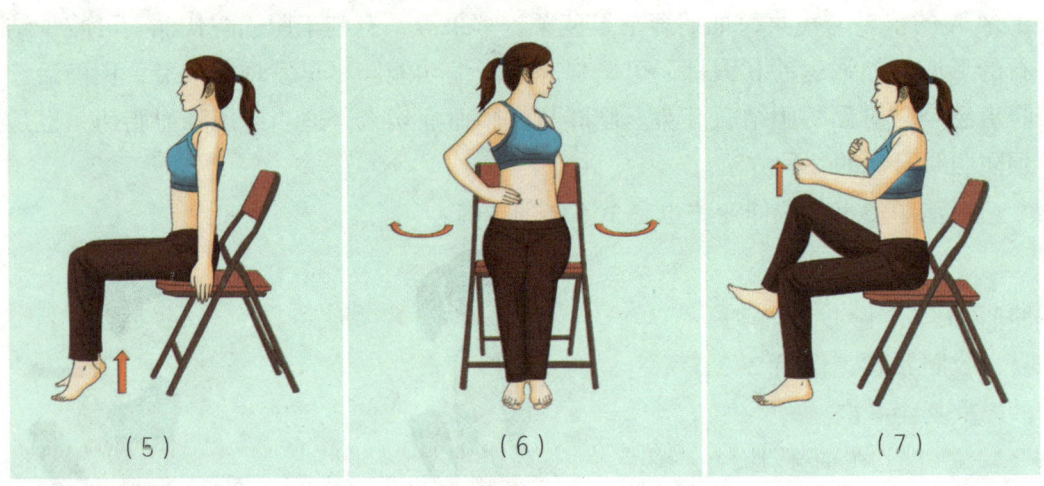

(5)　　　　　　　　　(6)　　　　　　　　　(7)

防治结膜炎的拉伸

急性结膜炎也称为"红眼病"，多发于春秋季节，常流行于学校、幼儿园等集体生活环境。若是由病毒感染引起的，则具有高度的传染性。眼睛可能肿大、布满血丝，通常会痛痒不舒服。由于感染部位长满脓，使眼皮容易在久闭之后（例如，睡眠后）粘在一起，无法张开。造成结膜炎的因素包括细菌感染、眼睛受伤、过敏、刺激眼睛的物质（例如烟雾、隐形眼镜冲洗液、游泳池中的氯、化妆品等）。

拉伸对防治结膜炎有一定的辅助作用，方法如下：

（1）后仰，紧靠椅背，深吸气。

然后前倾，贴近桌面，深呼气，重复5~6次。

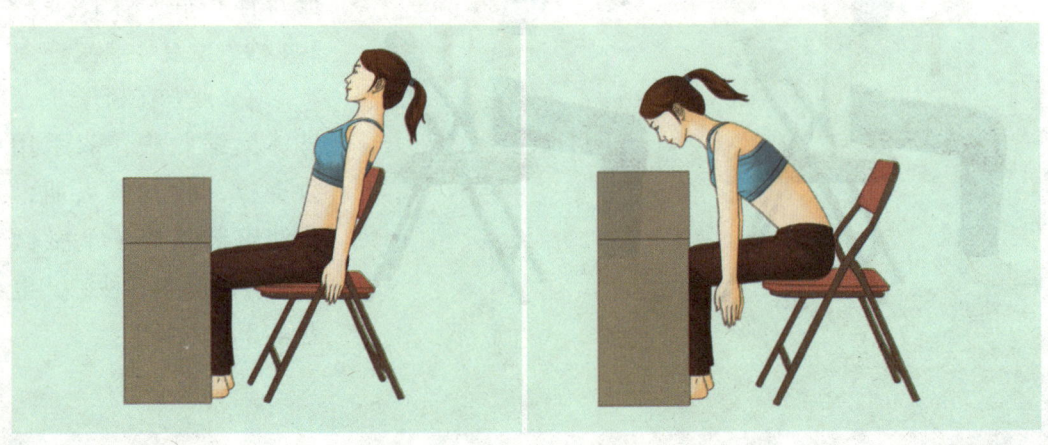

（2）紧靠椅背，全身放松。然后眯眼，再张开，重复 4 次。

（3）坐在椅子上，双手叉腰，然后头向右转看右胳膊肘，再左转看左胳膊肘，重复 4~5 次。

（4）坐在椅子上，举示指放在脸中部离鼻子 15~20 厘米。然后看前面不远处的墙 2~3 秒，目光转向手指，看指尖 3~5 秒。放下手，重复 5~6 次。

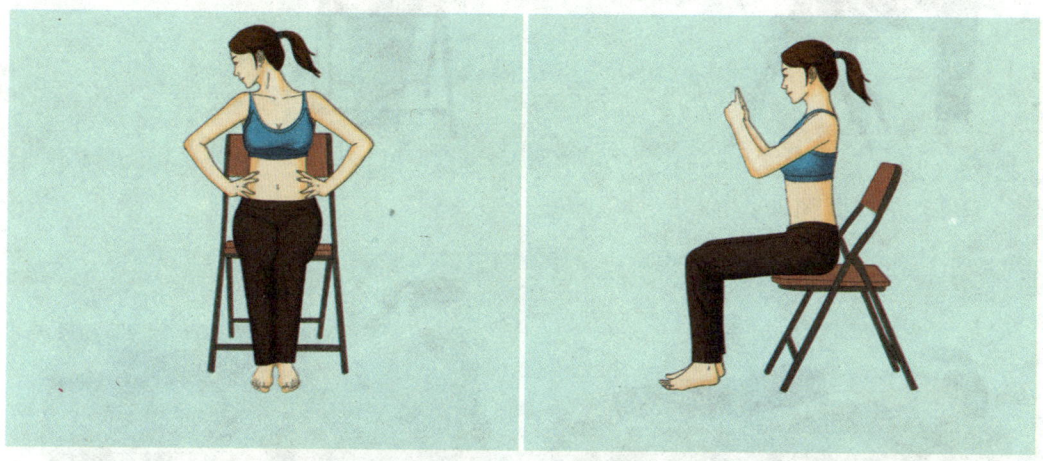

（5）由印堂穴开始，用手指腹沿上眼眶推至太阳穴，反复操作 15~20 次。

（6）以拇、示、中三指提捏前额部的皮肤组织，反复操作 1~3 分钟。

甲亢患者的拉伸

免疫失常和神经精神因素会导致甲亢病，例如有的人在和别人吵架或者发生不愉快后会因生气而生病，还有的人长期受精神创伤、精神刺激等影响，另外还有感冒、扁桃体炎、肺炎等感染和各种创伤以及过度的劳累等，这些都可能引发甲亢病。防治甲亢除了药物治疗，还可以配合拉伸来缓解病情：

（1）四方动颈。

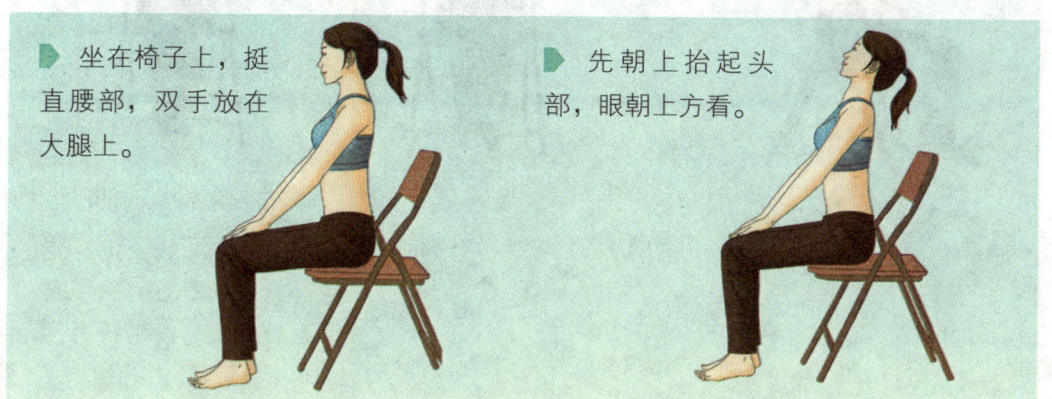

▶ 坐在椅子上，挺直腰部，双手放在大腿上。

▶ 先朝上抬起头部，眼朝上方看。

拉伸：适合全家人的健身与运动

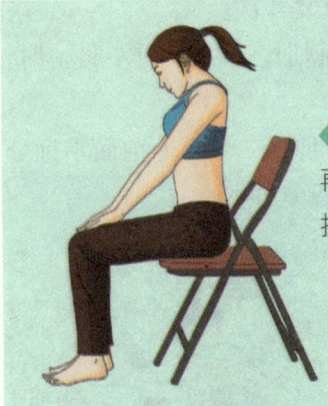
▸ 恢复初始状态后再向下，下颌尽量接触胸部。

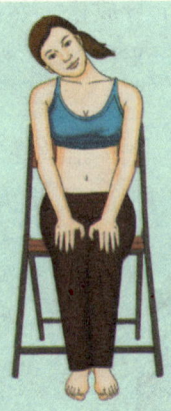
▸ 接着头部向左右侧倾斜，耳朵接近同侧肩部。

（2）昂首挺胸。

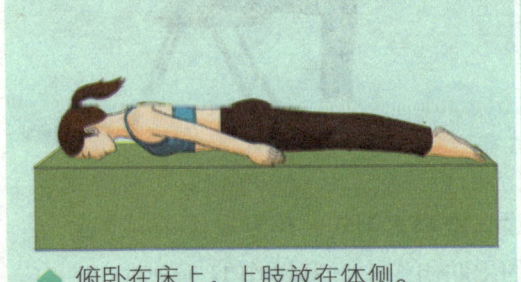
▲ 俯卧在床上，上肢放在体侧。

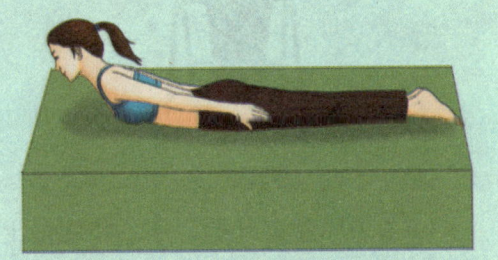
▲ 下肢不动，头部及上胸部抬起，使颈部及胸背部肌肉紧张。

（3）左右转腰。

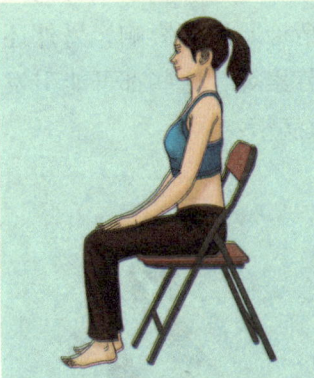
▲ 坐在椅子上，挺直腰部。

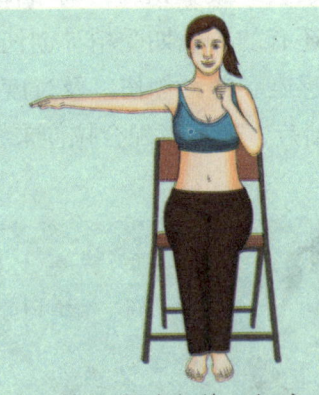
▲ 抬起右臂向外，与肩同高，左肘弯曲放在胸前。

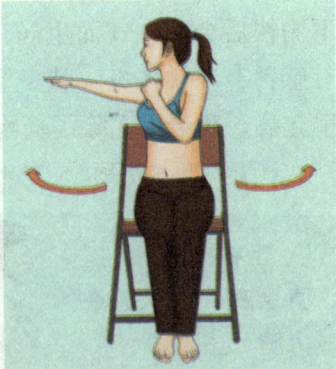
▲ 下肢不动，头部及上身尽量向右转动，带动腰部脊柱向右旋转到最大限度。恢复初始状态后再向左旋转，动作相同。

（4）弯膝抬腰。

（5）后伸抬腿。

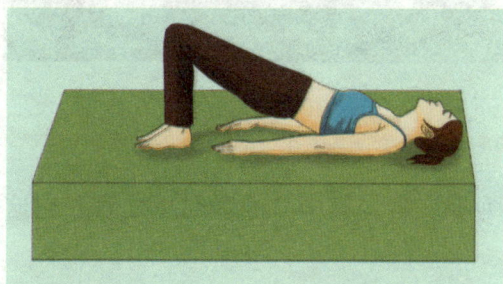

▲ 仰卧在床上，上肢放在体侧，双足平放，弯曲膝关节，以双足、双肩为支点，腰背部及臀部肌肉收缩，将腰及臀部抬起。

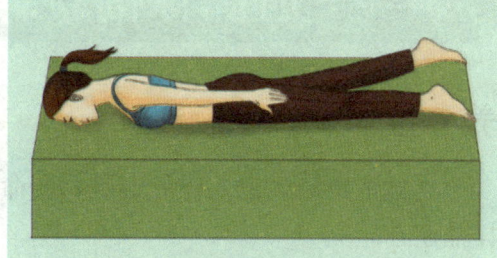

▲ 俯卧在床上，上肢放在体侧。一侧下肢先抬起，恢复初始状态后再抬另一侧下肢。

（6）四肢交叉运动。

▶ 双膝跪在床上。先将一侧上肢朝上抬起，再将另一侧下肢伸直后朝上抬起，尽量使背部肌肉紧张，保持身体平衡。

特别注意：动作应缓慢，保持平稳，尽量达到关节活动的最大范围，保持几秒钟后再恢复初始状态。前两个动作可在低头工作1小时后练习，后4个动作可在中午或者晚上睡觉前练习，每个动作重复5~10次。每次练习后，如能配合做一些颈、腰部的自我保健按摩，效果更佳。

甲亢病人饮食的注意事项：

（1）少食多餐，不能暴饮暴食。忌辛辣、烟酒。

（2）补充充足的水分，每天饮水2500毫升左右，忌咖啡、浓茶等兴奋性饮料。

（3）注意营养成分的合理搭配，适当控制高纤维素食物，尤其是腹泻时。

（4）禁食海带、海鱼、海蜇皮等含碘高的食物，以及含钾、钙丰富的食物。

（5）病情减轻后适当控制饮食。

第二节 脏腑保健拉伸

养心拉伸

《黄帝内经》把人体的五脏六腑命名为十二官，其中，心为君主之官。它这样描述心：

"心者，君主之官。神明出焉。故主明则下安，主不明，则一十二官危。"君主，是古代国家元首的称谓，有统帅、高于一切的意思，是一个国家的最高统治者，是全体国民的主宰者。把心称为君主，就是肯定了心在五脏六腑中的重要性，心是脏腑中最重要的器官。

"神明"指精神、思维、意识活动及这些活动所反映的聪明智慧，它们都是由心所主持的。心主神明的功能正常，则精神健旺，神志清楚；反之，则神志异常，出现惊悸、健忘、失眠、癫狂等症候，也可引起其他脏腑的功能紊乱。另外，心主神明还说明，心是人的生命活动的主宰，统帅各个脏器，使之相互协调，共同完成各种复杂的生理活动，以维持人的生命活动，如果心发生病变，则其他脏腑的生理活动也会出现紊乱而产生各种疾病。因此，以君主之官比喻心的重要作用与地位是一点也不为过的。

在生活中，人们常用"心腹之患"形容问题的严重性，却不明白为什么古人要将心与腹部联系起来。所谓"心"，即指心脏，对应手少阴心经，属里；"腹"就是指小肠，为腑，对应手太阳小肠经，属表。"心腹之患"就是说，互为表里的小肠经与心经，它们都是一个整体，谁出现了问题都是很严重的。

正是因为心脏对人体健康起着决定性的作用，我们平常要加强对心脏的养护，还要多注意自身的变化，以便尽早发现心脏疾病，中医认为"心开窍于舌"，"舌为心之苗"，也就是说心与舌的关系密切，心脏的情况可以从舌的色泽及形体表现出来。心的功能正常，舌红润柔软，运动灵活，味觉灵敏，语言流利；心脏气血不足，则舌质淡白，舌体胖嫩；心有瘀血，则舌质暗紫色，重者有瘀斑；心火上炎，则舌尖红或生疮。所以，心的养生保健方法要以保证心脏主血脉和主神志的功能正常为主要原则。拉伸就是一个不错的选择：

（1）站立姿势，双腿自然分开，两臂下垂放于两侧，掌心相对。

深吸一口气，两臂向外伸展最终在身前伸直，打开手掌，同时脚后跟慢慢向上抬起。

（2）深呼一口气，慢慢放下脚后跟并将双腿收拢。

然后慢慢向下蹲，两臂向内弯曲，掌心向下，与肩部在同一水平线上，并且注意伸直双臂。

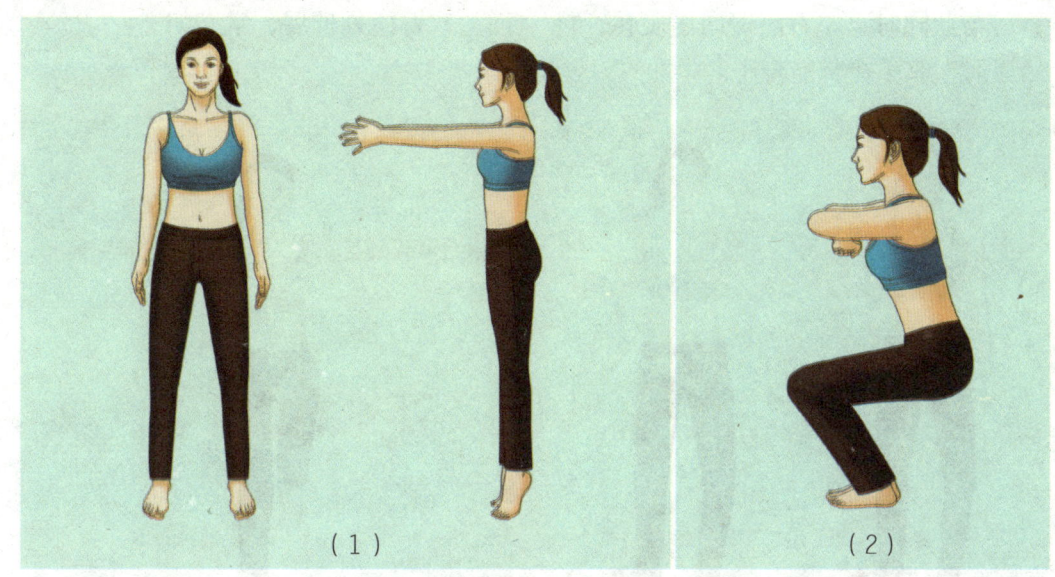

（1） （2）

（3）深吸一口气，拉直双腿并使脚后跟向上提起，左右手臂回到向两侧平举的姿势，同时放开双拳，掌心向上。

目光注视着左手中指的指尖。然后深呼一口气，慢慢向下蹲同时脚后跟还原，左右两臂再向内旋转，掌心朝下，慢慢握住拳头。

再深吸一口气，左右两臂向外伸展最终在身前伸直，放开拳头，掌心朝上。

拉伸：适合全家人的健身与运动

（4）站立，将重心放在左腿上，同时左腿略微弯曲，右脚往前迈出一步，右脚脚尖略向上提成虚步。

与此同时，左右两臂向内旋转，自然屈肘，双手在胸前合十。

（5）深吸一口气，重心放在左腿上，同时左腿略微弯曲，右腿向上抬起与左腿膝盖持平，右脚脚尖自然垂向地面，双臂向外伸展，掌心朝上。

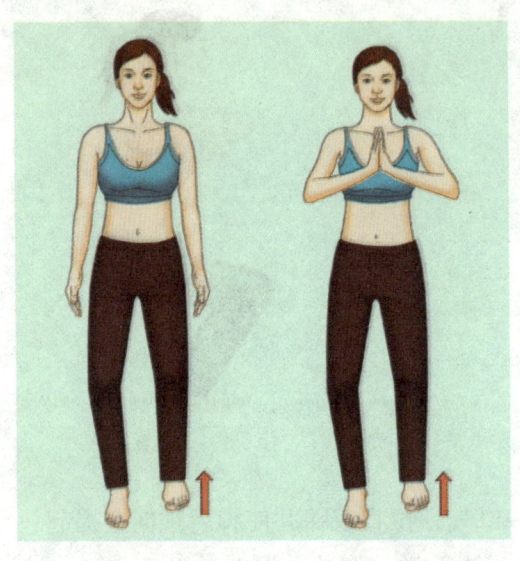

（6）深呼一口气，右脚从后侧收回一步，同时略微弯曲，再次将重心放到右腿上，左脚脚尖略向上提成虚步，与此同时，左右手臂举至头顶偏前的位置，旋转手腕，使掌心朝上，目光注视着左手中指的指尖。

（7）左腿朝前面跨出一步，成弓步，同时屈肘，左右手掌在体前相对，指尖相向。左右交替以同样的动作要领重复练习。

（8）深吸一口气，左脚向左侧跨出一步，左右手臂向内旋转然后平举至胸前，松开拳头，掌心朝下。

（9）保持自然站立，双腿分开。

身体向前弯曲，直到双手接触地面，保持双腿绷直。

回到自然站姿后，双手叉于腰际，上半身用力后倾。重复练习。

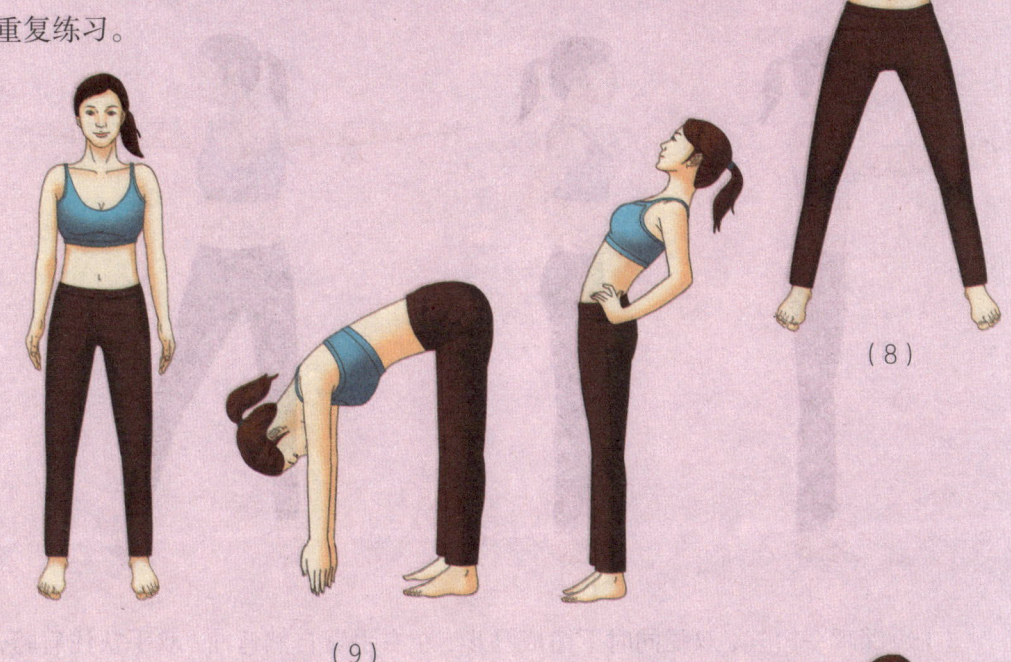

（8）

（9）

（10）深呼一口气，左右腿同时下蹲成马步，左右手臂向内旋转，分别抓住两侧肩膀，肘部紧密相贴。

（11）深吸一口气，左右臂向外旋转，双肘同时向外打开，旋转手腕使其变成掌心朝上，托住耳部，同时双腿自然分开。

（10）

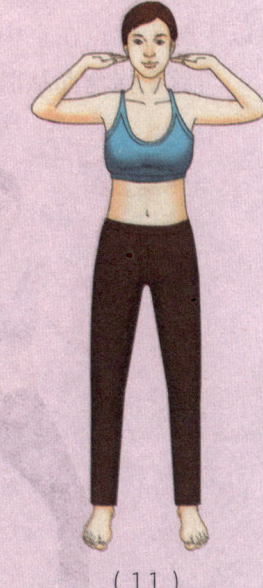

（11）

（12）深呼一口气，双脚自然分开，双臂从两侧向地面方向还原，手掌向上抬起并在胸前充分伸展，使指尖相对。交换右脚，以同样的动作要领重复一遍。

（13）双腿自然分开，双手置于腰间，微微握拳，拳心朝上。

（14）深吸一口气，双腿自然分立，左脚向左侧大跨一步。双臂侧平举，与肩膀在同一水平面上，旋转手腕使掌心朝上，目光注视着左手中指的指尖。

（12） （13） （14）

（15）深呼一口气，双腿同时下蹲成马步，左右手臂自然弯曲，双手扶住肩膀，并以手腕为起点在空中画弧旋转。

然后手指弯曲从腋下往背后方向行掌。

（15）

（16）深吸一口气，上臂向外旋转，并分别向左右两侧画弧之后在身体前方伸直。

双臂屈肘，使掌心朝外，再以手腕为起点，双肘在水平线上来回摇摆。

（17）深呼一口气，重心放在身体右侧，向内旋转双肘时，屈肘，并在腰际处成拳状。交换右腿重复一遍。

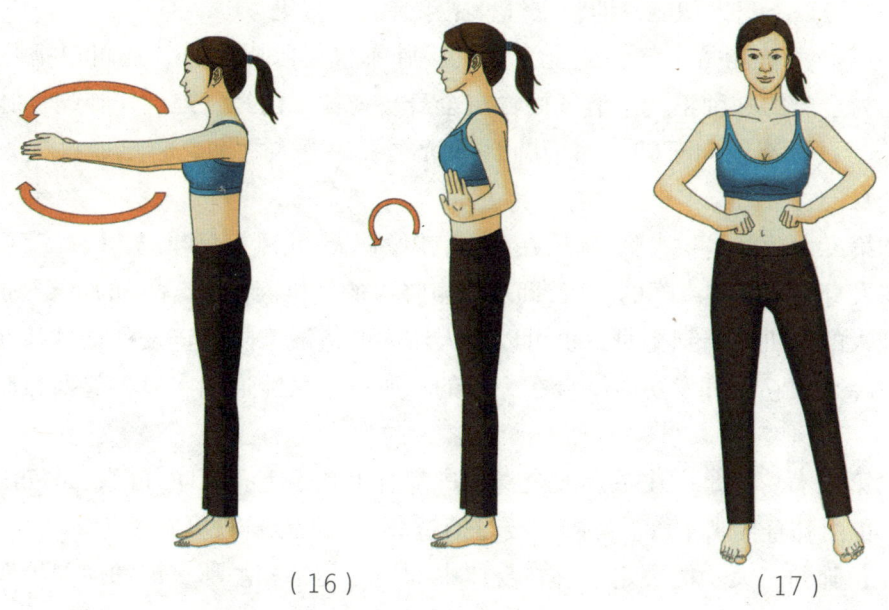

（16） （17）

在饮食方面，心脏也有自己的喜好，从颜色上来看心脏喜欢"红"色的，从口味上来讲是"苦"的。养心我们可以吃些赤小豆来补心，吃些苦味食品来降火。

下面就为大家介绍一款平时养心的佳品：

五行益寿养心粥

【材料】通心（去核）红枣20枚，通心（去芯）莲子20粒，葡萄干30粒，黄豆30粒，黑米适量（家里吃的人多，黑米就多放一些）。

【制法】将以上五种食物浸泡一宿，共同煮烂后即可食用；如果工作忙，没时间煮粥的上班族可以把它们加工成粉末，每次用开水冲着吃，效果一样。

润肺拉伸

肺在五脏六腑的地位很高，《黄帝内经》中说："肺者，相傅之官，治节出焉。"也就是说肺相当于一个王朝的宰相，一人之下，万人之上。宰相的职责是什么？他了解百官、协调百官，事无巨细都要管。肺是人体内的宰相，它必须了解五脏六腑的情况，所以《黄帝内经》中有"肺朝百脉"，就是说全身各部的血脉都直接或间接地会聚于肺，然后敷布全身。所以，各脏腑的盛衰情况，必然在肺经上有所反应，中医通过观察肺经上的"寸口"就能了解全身的状况。寸口在两手桡骨内侧，手太阴肺经的经渠、太渊二穴就处在这个位置，是桡动脉的搏动处，中医号脉其实就是在观察肺经。

肺主要有以下三大功能，即肺主气，主肃降，主皮毛。

肺的第一大功能是主气，主全身之气。肺不仅是呼吸器官，还可以把呼吸之气转化为全身的一种正气、清气而输布全身。《黄帝内经》提到"肺朝百脉，主治节"。百脉都朝向于肺，因为肺是皇帝之下，万人之上，它是通过气来调节治理全身的。

肺的第二大功能是主肃降。肺居在西边，就像秋天，秋风扫落叶，落叶簌簌而下。因此肺在人身当中起到肃降的作用，即可以肃降人的气机。肺是肺循环的重要场所，它可以把人的气机肃降到全身，也可以把人体内的体液肃降和宣发到全身各处，肺气的肃降是跟它的宣发功能结合在一起的，所以它又能通调水道，起到肺循环的作用。

肺的第三大功能是主皮毛。人全身表皮都有毛孔，毛孔又叫气门，是气出入的地方，都由肺直接来主管。呼吸主要是通过鼻子，所以肺又开窍于鼻。

因此，肺的三大功能决定了它在身体中的地位是宰相。那么该如何养护我们的肺呢？

中医提出"笑能清肺"，笑能使胸廓扩张，肺活量增大，胸肌伸展，笑能宣发肺气、调节人体气机的升降、消除疲劳、驱除抑郁、解除胸闷、恢复体力，使肺气下降、与肾气相通，并增加食欲。清晨锻炼，若能开怀大笑，可使肺吸入足量的大自然中的"清气"，呼出废气，加快血液循环，从而达到心肺气血调和的作用，保持人的情绪稳定。

注重饮食，饮食养肺还应多吃玉米、黄豆、黑豆、冬瓜、番茄、藕、甘薯、猪皮、贝、梨等，但要按照个人体质、肠胃功能酌量选用。此外，养肺要少抽烟，注意作息，保持洁净的居室环境等。

还有一点就是保持周围空气的清新，因为肺的主要生理功能是进行体内外气体交换，吸清呼浊，即吸入阳气，呼出二氧化碳，保证机体对氧的需求，所以日常生活中肺的养生保健最重要的是周围空气的清新，所以不管是家里还是单位，应多开窗通风，保持干净，不要让垃圾长时间在屋里滞留。

养肺还有一个很好的方法就是拉伸，在运动的过程中通过呼吸，能够调节肺内部的环境：

（1）压腹呼吸：两腿自然分开站立，双手叉于腰际，拇指面向身后，其余各指面向身前。

（2）慢慢呼出一口气，并收紧腹部，用在身体前面的四根指头用力按压腹部，同时双肘略向前移动，收紧胸部。

（3）自然站立，深吸一口气，左右两肩向后拉伸，做扩胸运动，反复练习两个8拍，有助于扩大肋骨的活动幅度。

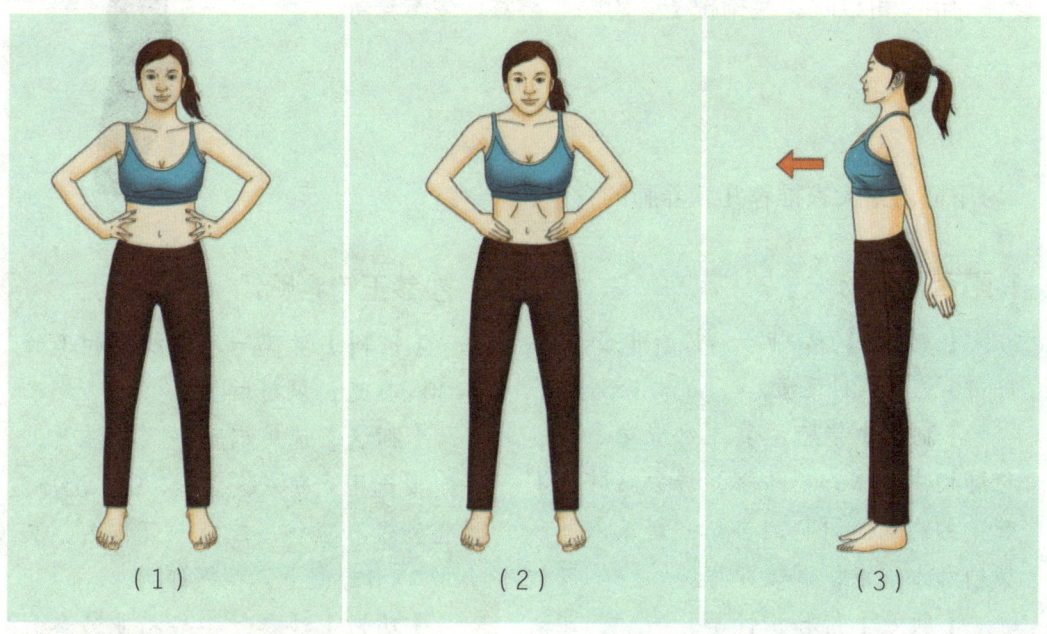

（4）右腿向身体左前侧大跨一步，并成右腿弓步，左腿箭步的姿势。调整重心使其居于身体重心位置，双手自然扶住右边膝盖。

（5）调整重心，使其居于右脚上，并用力向地面放下做压腿运动。

（6）有规律地在前后之间调整重心，反复调整8次以后，交换左腿重复同样的动作8次。

（7）左腿自然弯曲，头部向后略仰，双手自然背在身后，充分舒展手臂。

平时养肺我们可以多吃一些瓜类的蔬菜水果，比如丝瓜和冬瓜，水肿的人就可以长期吃，这两种瓜都有顺湿利窍的作用。食补的话，可以吃一些枸杞子、山药、桑葚、生薏仁等。

下面再给大家推荐几款养肺的食谱：

1. 南杏猪肺汤

【材料】猪肺一副，甜杏仁15~20克，调料适量。

【制法】猪肺反复冲水洗净。将猪肺切成片状，用手挤，洗去猪肺气管中的泡沫。再将甜杏仁一起放入瓦煲内加水煲煮，调味即可。

【功效】猪肺，性平，味甘，能治肺虚咳嗽，咯血，有补肺的功用，可用于一般人因秋冬气候干燥引起的燥热咳嗽。秋冬时节，对于肺气不开、干咳无痰、大便燥结、喉咙干燥等都有一定功效。

甜杏仁是杏树种子的一种，性平，味甘，无毒。含有苦杏仁苷、脂肪油、糖分、蛋白质、树脂、扁豆苷和杏仁油，等等，是滋养缓和性润肺止咳之物。因为含脂肪油较丰富（50%以上），所以润燥之功较好。

2. 沙参玉竹老鸭汤

【材料】老鸭一只，沙参和玉竹各30~50克，调料适量。

【制法】选用老鸭一只（注意，一定要选用老鸭），去毛、脏，洗净。再将沙参和玉竹一起放入瓦锅内，文火煲1小时以上，调味即可。

【功效】沙参，一般指北沙参，性微寒，味甘，入肺、胃经，含生物碱、淀粉、沙参素等，能够滋阴清肺、养胃生津以及除虚热、治燥咳。玉竹，性味甘，微寒，入肺、胃经。玉竹质润多液，含铃兰苦苷、铃兰苷、山柰酚苷、槲皮醇苷、维生素A、淀粉和黏液质等，能养阴润燥、润肠通便。

老鸭，性温，味甘，无毒，入脾、胃、肺、肾经，功能滋阴补血，能够治疗肺燥、干咳等，对病后体虚、津亏肠燥等引起的便秘等亦有效。老鸭肉还是一道非常具有滋补性的食材。

护肝拉伸

肝为将军之官，对人体健康具有总领全局的重要意义，我们要呵护好自己的肝脏，切勿因一些不良生活习惯，使肝脏成为最大的受害者。在保养肝脏之前，我们不妨先来认识一下人体内的这位"将军之官"。

肝脏的位置是在人体内的东边，就像春天，所以肝脏主生发。中医理论认为，肝主要有两大功能，即主藏血和主疏泄。

肝主藏血一部分是滋养肝脏自身，一部分是调节全身血量。血液分布全身，肝脏自身功能的发挥，也要有充足的血液滋养。如果滋养肝脏的血液不足，人就会感觉头晕目眩、视力减退。另外，肝脉与冲脉相连，冲为血海，主月经，当肝血不足时，冲脉就会受损，于是女子容易出现月经不准、经血量少色淡，甚至出现闭经的情况。肝调节血量的功能主要体现在：肝根据人体的不同状态，分配全身血液。当人从安静状态转为活动状态时，肝就会将更多的血液运送到全身各组织器官，以供所需。当肝的藏血功能出现问题时，则可能导致血液逆流外溢，并出现呕血、衄血、月经过多、崩漏等病症。

肝主疏泄。疏泄，即传输、疏通、发泄。肝脏属木，主生发。它把人体内部的气机生发、疏泄出来，使气息畅通无阻。气机如果得不到疏泄，就是"气闭"，气闭就会引起很多的病理变化，譬如出现水肿、瘀血、女子闭经等。肝就是起到疏泄气机的功能。如果肝气郁结，全身各组织器官必然长期供血不足，影响其生长和营运功能，这样，体内毒素和产生的废物就不能及时排出，长期堆积在体内，就会发展成恶性肿瘤，也就是我们闻之色变的"癌"。

此外，肝还有疏泄情志的功能。人都有七情六欲、七情五志，也就是喜、怒、哀、乐这些情绪，这些情志的抒发也靠肝脏。假如一个人怒气冲天，实际上就是肝的功能失调。谋略、理智全没了，全靠情绪去做事，这就会造成很多严重的后果。所以在这里要强调的是：要想发挥聪明才智最重要的是保证肝的功能正常。

拉伸对肝脏的调理有很大的帮助作用。

（1）左腿向身体左侧横跨一步，左右腿成马步的姿势，双臂前举至胸前，掌心朝下。

（2）深吸一口气，同时握紧双拳，并向后、向里拉伸双肘到最大极限。

（3）直立，双手向外做推掌运动，将注意力集中在掌心，深呼一口气时向外推掌直到双臂伸直，重复练习数次。

拉伸：适合全家人的健身与运动

（1）　　　　　　　　（2）　　　　　　　　（3）

（4）右腿跪在地板上，左腿下蹲，使左脚脚踝与右膝相贴，上半身略向前倾，保持姿势几秒钟。

（5）保持第（4）动作，深吸一口气，上半身向左侧旋转，左脚脚踝继续与右膝相贴，右手从左腿膝盖处绕过，并尽力扶住左脚的脚踝，深呼一口气。

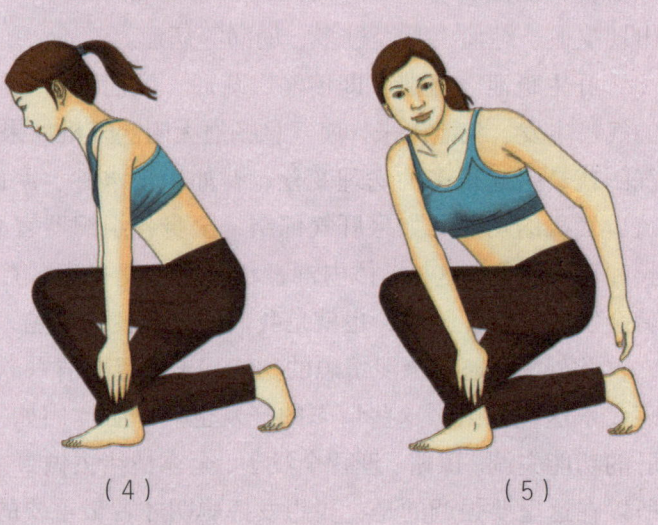

（4）　　　　　　　　　（5）

养肝，在日常生活中还要注意下面几点：

1. 心情好：慎激动，少争执，莫惊乱

中医认为，肝属木，与春季生发之阳气相应，如果不学会自我调控和驾驭情绪，肝气抑郁，则会生出许多疾病来；肝主惊，惊则气乱。春季养肝要减少与他人不愉快的纷争，尽量避免七情过于激动而影响情绪。要培养乐观开朗的性格，多培养兴趣爱好，对春季养肝颇有裨益。

2. 睡眠好：睡眠要充足，时间要规律，环境要安静

《黄帝内经》云："人卧血归于肝。"现代医学研究证实，睡眠时进入肝脏的血流量大量增加，有利于增强肝细胞的功能，提高解毒能力，并加快营养物质的代谢，抵御春季多种传染病的侵袭。因此，保证充足的睡眠和提高睡眠质量有助于春季养肝。

青少年和中年人每天需保证 8 小时的睡眠，60 岁以上老年人应在 7 小时左右，80 岁以上的老年人则要睡 8~9 小时。体弱多病者可适当增加睡眠时间。

晚饭不要吃得过饱，睡前切勿饮浓茶及咖啡，睡前应用热水洗脚，以帮助提高睡眠质量。

睡姿讲究"卧如弓"，以右侧卧位为宜。保证安静的睡眠环境，卧室内空气保持新鲜，不在卧室摆放不利于睡眠和夜间耗氧量大的花草，温度、湿度适宜，床铺、被褥干净舒适，这些都有利于获得优质的睡眠。

3. 饮食好：平补为主，少酸增甘，少油腻，忌生冷

平补养肝，春季滋补以清平为主，适当多吃些温补阳气的食物，少酸增甘，忌吃油腻、生冷、黏硬的食物，以免伤及肝脾，注意摄取足够的维生素和矿物质，从而提高人体免疫功能，增强抗病能力。

春季是吐故纳新，采纳自然阳气养肝的好时机，而适当运动则是很好的方法之一。中医认为，肝主筋，坚持锻炼能舒筋活络，有益肝脏。可根据自身体质状况，选择适宜的运动方式，如散步、慢跑、做体操、打太极拳、舞剑、打球、郊游和爬山等。

强肾拉伸

《黄帝内经》说："肾者，作强之官，伎巧出焉。"这就是在肯定肾的创造力。"作强之官"，"强"，从弓，就是弓箭，要拉弓箭首先要有力气。"强"就是特别有力，也就是肾气足的表现，其实我们的力量都是从肾来，肾气足是人体力量的来源。"伎巧出焉"是什么意思呢，伎巧，就是父精母血运化胎儿，这个伎巧是你无法想象的，是由父精母血来决定的，是天地造化而来的。

肾的功能主要有三个方面：主藏精，主纳气，主骨生髓。

肾的第一大功能是藏精。精分为先天之精和后天之精。肾主要是藏先天的精气。精是什么？精是维持生命的最基本的物质。这种物质基本上呈液态的，所以精为水，肾精又叫肾水。肾还主管一个人的生殖之精，是主生殖能力和生育能力的，肾气

拉伸：适合全家人的健身与运动

的强盛可以决定生殖能力的强弱，所以养肾是生命的根本。同时，肾主水，各种液体、水的东西都储藏于肾，都由肾升发、运载。

肾的第二大功能是纳气，也就是接收气。气是从口鼻吸入到肺，所以肺主气。肺主的是呼气，肾主的是纳气，肺所接收的气最后都要下达到肾。

肾的第三个功能是主骨生髓。肾主管骨头的生长，生的是髓，《黄帝内经》中髓主要有三种：脑髓、骨髓、脊髓。因此牙齿也是一种骨头，肾还主管牙齿，《黄帝内经》有一句话是"齿为骨之余"，如果肾虚则会导致牙齿早早掉落。脑髓不足、骨髓不足都属于肾精不足，肾气不足，所以养肾是非常重要的。

拉伸，是呵护肾脏的不错的方法。

（1）保持自然站姿，身体直立，聚精会神，尽量放松身体，意守丹田，舌头顶住上腭。

（2）保持自然站姿，双腿分开与肩同宽。

伸直双臂，使掌心朝下。

并用力抬起至头顶上方，掌心相对。收紧腹部，挺胸抬头，在身后用力震动双臂3下。

（1）　　　　　　　　　　　　　　（2）

（3）左右手臂侧举至肩膀在同一水平线上，掌心朝上。

上半身保持伸直，然后慢慢往前倾同时屈膝，双臂自然收回两侧。

（4）向身体左侧旋转腰部，左右手一起抱住左脚脚踝，头微上仰，重复练习8次以后，还原。

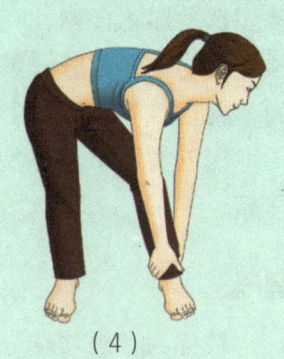

（3） （4）

（5）左脚向身体左侧迈出一步，使两腿间距略比肩宽。

伸直的双臂慢慢侧举，直到与肩膀在同一水平线上，掌心朝下。

（5）

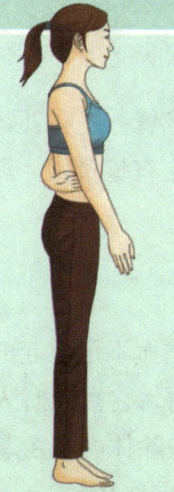
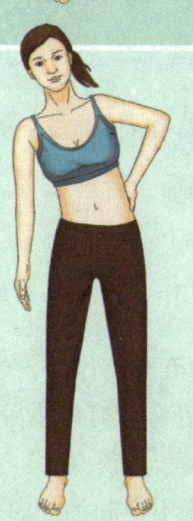

（6）左侧手臂以左肩为轴，向左后方旋转划弧，并将手臂缠绕于腰部。

上半身略向身体右侧拉伸，同时左臂自然弯曲，掌心轻柔拍打左边的腰部3下。

（6）

肾色为黑色，属冬天。黑色的食品有益肾、抗衰老的作用。冬季适宜养肾。因此，冬天应适当多吃黑桑葚、黑芝麻、黑米、黑豆、何首乌、熟地等黑色食品，它们都有补内益气、固肾延年的作用，特别是机体渐渐出现衰退现象的中老年人，应该多选食黑色食物，吃的食物越黑越健康，对于补肾尤其重要。中医理论也认为黑色食物滋养肾脏，黑色食物一般含有丰富的微量元素和维生素，如我们平时说的"黑五类"，包括黑米、黑豆、黑芝麻、黑枣、黑荞麦，就是最典型的代表。

"黑五类"个个都是养肾的"好手"。这五种食物一起熬粥，更是难得的养肾佳品。

1. 黑米

也被称为"黑珍珠"，含有丰富的蛋白质、氨基酸以及铁、钙、锰、锌等微量元素，有开胃益中、滑涩补精、健脾暖肝、舒筋活血等功效，其维生素 B_1 和铁的含量是普通大米的 7 倍。冬季食用对补充人体微量元素大有帮助，用它煮八宝粥时不要放糖。

2. 黑荞麦

可药用，具有消食、化积滞、止汗之功效。除富含油酸、亚油酸外，还含叶绿素、卢丁以及烟酸，有降低体内胆固醇、降血脂和血压、保护血管功能的作用。它在人体内形成血糖的峰值比较延后，适宜糖尿病人、代谢综合征病人食用。

3. 黑枣

有"营养仓库"之称的黑枣性温味甘，有补中益气、补肾、养胃、补血的功能；含有蛋白质、糖类、有机酸、维生素、磷、钙和铁等营养成分。

4. 黑豆

黑豆被古人誉为"肾之谷"，黑豆味甘性平，不仅形状像肾，还有补肾强身、活血利水、解毒、润肤的功效，特别适合肾虚患者。黑豆还含有核黄素、黑色素，对防老抗衰、增强活力、美容养颜有帮助。

5. 黑芝麻

黑芝麻性平味甘，有补肝肾、润五脏的作用，对因肝肾精血不足引起的眩晕、白发、脱发、腰膝酸软、肠燥便秘等有较好的食疗保健作用。它富含对人体有益的不饱和脂肪酸，其维生素 E 的含量为植物食品之冠，可清除体内自由基，抗氧化效果显著。对延缓衰老、治疗消化不良和治疗白发都有一定作用。

养胃拉伸

《素问·刺法论》曰："胃为仓廪之官，五味出焉。"仓廪：仓，谷藏也；廪，发放。仓廪，即管理财物并按时发放的官员，人体所需要的能量都来源于胃的摄取。

胃上承食道，下接十二指肠，是一个中空的由肌肉组成的容器。金朝医学家说："胃者，脾之腑也……根本。胃气壮则五脏六腑皆壮也。"胃为水谷之海，其主要生理功能是受纳腐熟水谷、主通降，以降为和。由于胃在饮食消化过程中起着极其重要的作用，与脾一起被称为"后天之本"，故有"五脏六腑皆禀气于胃"，胃气强则五脏功能旺盛。因此，历代医家都把固护胃气当作重要的养生和治疗原则。

所谓"胃气"，在中医理论中泛指以胃肠为主的消化功能。在中医经典著作《黄帝内经》中有这样的记载："有胃气则生，无胃气则死。"也就是说，胃气决定着人的生与死。对正常人来说，胃气充足是机体健康的体现；对病人而言，胃气则影响到康复能力。

那么，如何判断一个人有无胃气呢？这就要看一个人是否有饥饿感。

婴儿饿了就会哭，这就是饥饿感；小孩子饿了，就闹着要吃饭，这就是饥饿感；成年人早晨起来想吃东西，这就是饥饿感；病人病好点了，就有吃东西的欲望，这就是饥饿感。人能有饥饿感，就说明这个人是正常人、健康人，这也说明此人的胃气很好。

胃气是人赖以生存的根气，只可养，不可伤。因此在诊断上要审察胃气，在治疗上要顾盼胃气，在养生上要调摄胃气。胃气强壮，则气血冲旺，五脏和调，精力充沛，病邪难侵，可祛病延年。

中医认为，胃以降为顺，就是胃在人体中具有肃降的功能。胃气是应该往下行、往下降的，如果胃气不往下降，就会影响睡眠，导致失眠，这就叫作"胃不和则卧不安"。

与此同时，胃还有一个重要的功能——生血。"血变于胃"，胃将人体吸纳的精华变成血，母亲的乳汁其实就是血的变现，血是由食物的精华变成的，在抚养孩子的时候，母亲的血又变成了乳汁。

拉伸，是养护胃脏一个很好的方法，练习方法如下：

（1）自然端坐于地板上，双腿分开成与两肩同宽，身体身体略向后仰，在同一直线上，自然弯曲为倒"V"形状。然后双臂打开，与身体垂直，注意用腹部呼吸。保持5秒钟。

（2）自然端坐于地板上，腹部微微用力，然后慢慢吐出一口气，身体略向后仰，但要使双手平行于地面，然后伸直双腿，注意维持身体的平衡状态，慢慢吸一口气，保持姿势5秒钟。

（3）身体自然仰卧，双腿绷直，尤其是脚面用力绷直，利用双肘的力量支撑上半身，双肩保持平衡，注意屈肘为90度，手臂自然置于腰际。

（4）保持第3步的姿势。改用上臂的力量来支撑身体的重量，但要注意上半身离开地面后，仍然平行于地面。收紧臀部，下压肩膀，放松颈部，腹部用力，保持这样的姿势5秒钟，尽量保持正常呼吸。

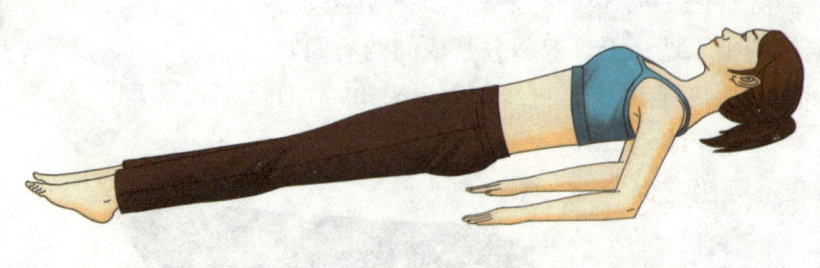

（5）俯卧于地面，面部朝下。

从腹部开始的下半身尽量与地面完全接触，左右手臂互相垂直，以手臂的力量支撑上半身，打开肩膀，脖子略微上仰，放松身体，自然呼吸，保持5秒钟。

（6）俯卧于地面，面部朝下，将身体重心向上移动，利用手臂的力量支撑身体，直到全身都能离开地面，注意脚尖着地。此时，用腰腹吸气，充分伸展脖子，收紧臀部，保持这个姿势5秒钟。

养胃平时还应当注意食用有营养的食物。多吃些高蛋白食物及高维生素食物，保证机体的各种营养素充足，防止贫血和营养不良，对贫血和营养不良者，应在饮食中增加富含蛋白质和铁的食物，如瘦肉、鸡、鱼、肝、腰等。高维生素的食物有深色的新鲜蔬菜及水果，如绿叶蔬菜、西红柿、茄子、红枣等。每餐最好吃2~3个新鲜山楂，以刺激胃液的分泌。注意食物酸碱平衡，当胃酸分泌过多时，可喝牛奶、豆浆，吃馒头或面包以中和胃酸，当胃酸分泌减少时，可用浓缩的肉汤、鸡汤、带酸味的水果或果汁，以刺激胃液的分泌，帮助消化，要避免引起腹部胀气和含纤维较多的食物，如豆类、豆制品、蔗糖、芹菜、韭菜等。

当患有萎缩性胃炎时，宜饮酸奶，因酸奶中的磷脂类物质会紧紧地吸附在胃壁上，对胃黏膜起到保护作用，使已受伤的胃黏膜得到修复。酸奶中特有的成分乳糖分解代谢所产生的乳酸、葡萄糖醛酸能增加胃内的酸度，抑制有害菌分解蛋白质产生毒素，同时使胃免遭毒素的侵蚀，有利于胃炎的治疗和恢复。

少吃味精、酸辣及过咸食物。当以清淡食物为主，过量味重、酸辣之品会刺激胃酸分泌，加重病情。但少量的生姜和胡椒具有暖胃并增强黏膜的保护作用。

少吃油腻或煎炸食品。饮食当尽量选择易消化的食物为主，可适量进食肉类，但炒煮一定要熟，烹饪蔬菜不要半生。

少吃冰冻和过烫食物。为避免对胃过度刺激，饮食要温度适中，喝汤或饮水均不宜过热。

少吃含酸量多的水果。有胃酸分泌过多的病人，注意不要吃杨梅、青梅、李子、柠檬等含酸量较多的水果。否则，可使病情加重，并严重妨碍溃疡的正常愈合。

另外，有胃病的人还应该戒烟、戒酒以及咖啡、浓茶、碳酸性饮品（汽水）、酸辣等刺激性食物，这些都是最伤胃的。胃的脾性喜燥恶寒，因而冷饮和雪糕也必须要戒，食物以热为好，这对于任何人都是一个考验，特别是在酷暑时节。有两种饮料应该多喝，一是牛奶，二是热水。牛奶可以形成一层胃的保护膜；多喝水，特别是热水，因为人在大部分情况下会把缺水误认为是饥饿。

润肠拉伸

中医里说小肠是"受盛之官，化物出焉"。小肠的功能就是先吸收被脾胃腐熟后的食物的精华，然后再把它分配给各个脏器。

13~15点（未时）是小肠经当令的时间，这段时间小肠经最旺，它的工作是先吸收被脾胃腐熟后的食物的精华，然后再进行分配，将水液归于膀胱，糟粕送入大肠，精华输入到脾脏。小肠经当令时，人体主要是吸收养分然后重新分配，以供下午的消耗，因此，应在13点前用餐，而且午饭的营养要丰富，这样才能在小肠功能最旺盛的时候把营养物质充分吸收和分配。

小肠经上的天宗穴能治疗颈肩综合征，长时间的伏案工作或电脑操作常使人觉得整个身体乏力，颈肩部僵硬、发紧，这时候可以按压一下天宗穴，意想不到的效果就会出现。取穴时一手下垂，另一只手从肩关节上方绕过，向下顺着肩胛骨往下走。它的位置相当于肩胛骨的中线上中点处，点按时感觉非常明显。

大肠为传导之官，大肠接受由小肠分配后剩下的食物残渣，再吸收残余的水液，形成粪便，传送至大肠末端，经肛门排出体外。

中医有句话叫肺与大肠相表里。所谓表里指的是一种关系，就好像是夫妻。肺为里为妻，大肠为表为夫。大肠与排便有关，我们知道大肠经值班的时间是早晨5~7点，而这个时候正是排便的时间，5点到7点天亮了，也就是天门开了，与天门相对应的是地门，即人的肛门也要开，所以就需要排便。另一方面，这个时候，人体的气血也到达大肠，身体经过一夜的代谢，也已将废物输送到大肠，这时如果不把废物排出体外，又会重新代谢吸收，所以，在这个时候起床排便是最好的。已经养成习惯的人自然不成问题，没有养成习惯的人也可以在这段时间到厕所蹲一会儿，促进便意，长期坚持，肯定会对身体有好处。

保护肠胃还有一个很好的方法，就是拉伸运动。

（1）伸展胸廓。

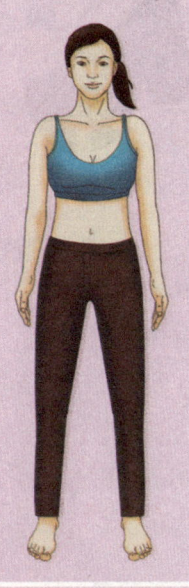
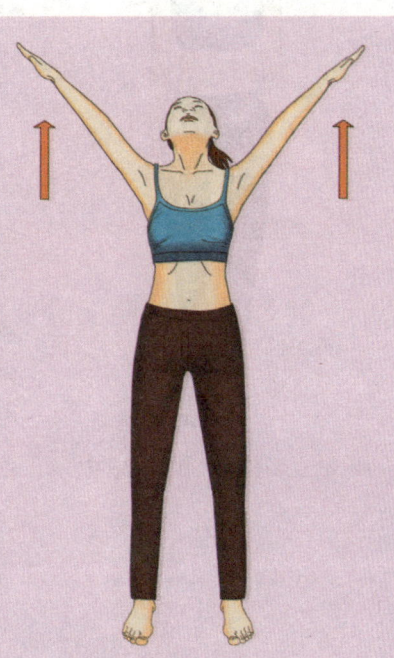

◀ 站立姿势，双臂自然下垂，两脚开立与肩同宽。

▶ 深吸一口气，双臂从身体两侧慢慢向上拉伸，充分扩张胸部。注意抬头挺胸，深呼一口气，然后回到自然站姿。

（2）转体压胸。

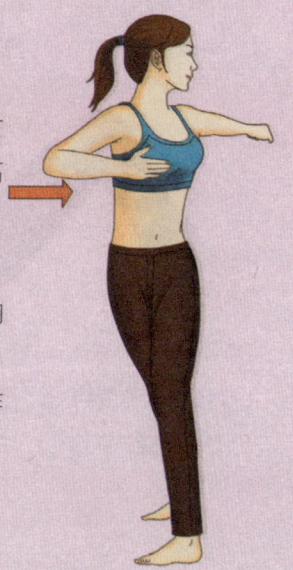

◀ 站立姿势。深吸一口气，上半身慢慢向身体的左后方旋转，左臂顺势侧举至肩高同时用力向左后方拉伸。

▶ 然后右手自然放置于胸部右侧，并将胸部推向左边，深呼一口气。以同样的动作要领，向身体右侧旋转。

（3）抱双膝压胸。

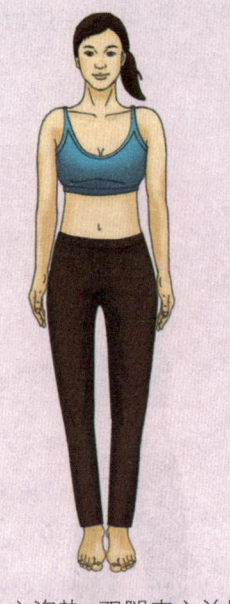

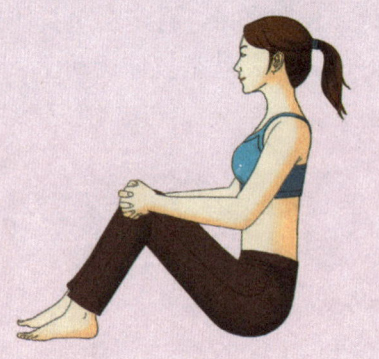

▲ 站立姿势，双腿直立并拢。

▲ 深吸一口气，慢慢将气呼出，然后屈膝，坐在地上，保持上身直立，用双手抱住两膝。

▲ 然后大腿发力尽量挤压腹部和胸廓，有助于将肺部存留的气体顺利排出，深吸一口气，回到自然站姿。

（4）交叉抱胸。

▲ 端坐于地上，双脚自然着地。深吸一口气之后，慢慢将气呼出，同时双手在胸前交叉，上半身向前略倾，然后慢慢呼吸，回到自然坐姿。

（5）抱单膝挤压胸。

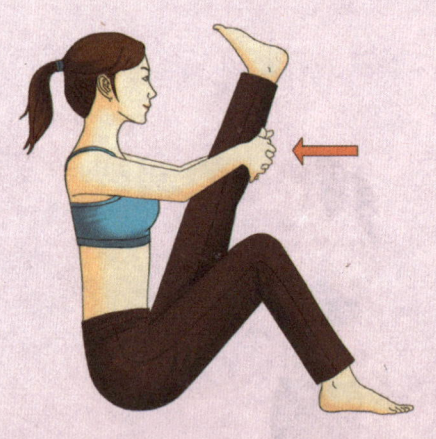

▲ 端坐在地上，双脚自然着地，深吸一口气，慢慢将气呼出，同时左腿向上抬起，并用双手扶住左边的小腿部位，用力挤压胸部。深吸一口气，回到自然坐姿。左右两腿交替练习。

附录 | 十四条经脉拉伸

手太阴肺经的拉伸

手太阴肺经上有11个穴位：中府、云门、天府、侠白、尺泽、孔最、列缺、经渠、太渊、鱼际、少商。

手太阴肺经是人体非常重要的一条经脉，它起于胃部，向下络于大肠，然后沿着胃口，穿过膈肌，属于肺脏；再从肺系横出腋下，沿着上臂内侧下行，走在手少阴经、手厥阴经之前，下向肘中，沿前臂内侧桡骨边缘进入寸口，上向大鱼际部，沿边际，出大指末端。它的支脉与手阳明大肠经相交。

肺为娇脏，很容易出现问题。当肺的正常功能受损时，就会出现咳嗽、气喘、胸闷等呼吸疾病，以及各种皮肤病。所以，我们要格外爱护肺经。

养护肺经的拉伸方法如下：

（1）两腿屈膝，下蹲，左脚向左前45度方向上一步。

用脚跟着地，脚尖向上勾起。身体向左转45度，卷杖至两乳下，同时屈微肘，翻腕。

左脚落平，重心向前移，形成基本步型左弓步。与此同时，两手变为夹，然后向上、向前、向下弧形摇杖，犹如船夫划桨一般，高度至与腰同高，双眼目视卷杖的方向。

（2）将身体重心后移至右腿，右腿屈膝、屈胯。左腿自然伸直，脚跟着地，脚尖向上勾起。

腰向右转正，再向左前 45 度方向转，两手环握杖划弧至腹前，用卷杖手法提至两乳下，同时翻腕。

然后，将身体重心前移，左脚全脚掌着地成左弓步。同时，两手变为夹持杖，向上、向前、向下弧形摇杖，依然如船夫划桨一般，高度至与腰同高。双眼目视杖的方向。重复这一动作 1 遍。

（3）右腿屈膝，身体重心后移至右腿。同时，左腿自然伸直，脚跟着地，脚尖向上勾起。

两手环握杖划弧至腹前，用卷杖手法提至两乳下。

随后，将左脚收回，双脚并拢，两腿直立，自然站立。与此同时，两手向前摇杖划圆落至腹前。

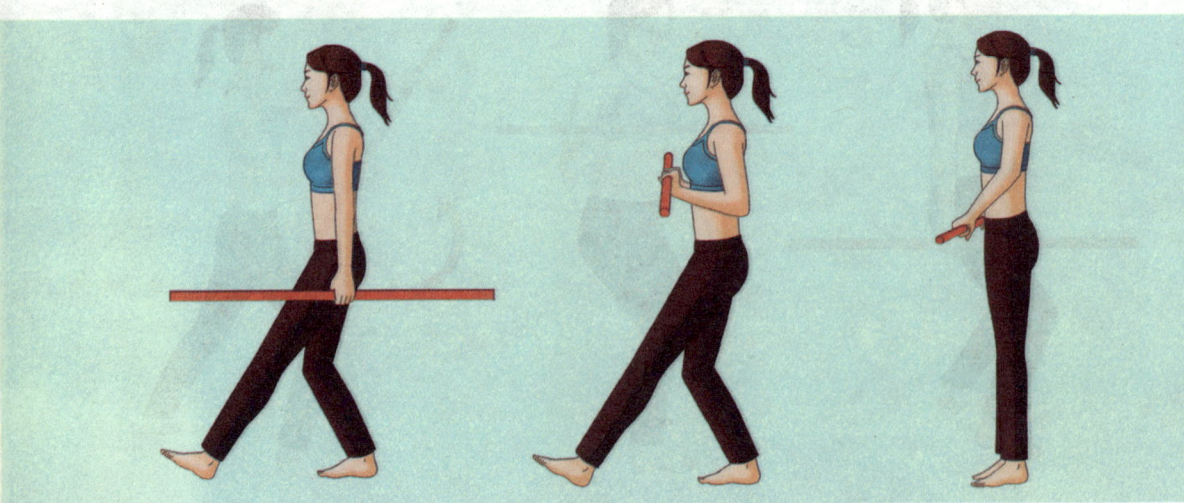

以上是完整的左式动作，右式动作与左式的动作和动作要领相同，只是方向相反。

【按摩方法】

肺经在寅时当令，也就是凌晨 3~5 点。这个时候，是按摩肺经的最佳时间。但这个时候应该是人睡得最沉的时候，怎么办呢？在同名经上找，也就是足太阴脾经（上午 9~11 点当令）。也就是说在上午 9~11 点脾经旺时进行按摩，也能取得同样的效果。

手阳明大肠经的拉伸

手阳明大肠经上有 20 个穴位：商阳、二间、三间、合谷、阳溪、偏历、温溜、下廉、上廉、手三里、曲池、肘髎、手五里、臂臑、肩髃、巨骨、天鼎、扶突、口禾髎、迎香。

手阳明大肠经起于示指末端的商阳穴，沿示指桡侧，通过合谷、曲池等穴，向上会于督脉的大椎穴，然后进入缺盆，联络肺脏，通过横膈，入属于大肠。

"循行所过，主治所及"，是说经络从哪里经过就能治哪里的病，因此，从大肠经的循行路线我们可以看出，肺和大肠都与大肠经关系密切，所以，疏通此经气血就可以预防和治疗呼吸系统以及消化系统的疾病。虽然，肺和大肠看起来是毫不关联的两个内脏，但是它们通过大肠经互相联系、互相影响，也就是说，肺与大肠相表里。所谓表里，指一种内外关系，就好像夫妻。丈夫在外边忙着的时候，妻子就应该把家里的事务管理好；丈夫如果在外面特别忙，那妻子也相对比较忙。肺为里，为妻；大肠为表，为夫。

在人体中，气血是维持生命活动的基础，《黄帝内经》上说："阳明经多气多血。"手阳明大肠经与足阳明胃经所属的肠胃是人体消化、吸收以及排出废物的器官。人体的体质由先天和后天决定，先天部分是遗传于父母的，我们无法改变，后天部分就来源于我们的食物。肠胃消化吸收功能正常，体内生成的气血充足，抵抗疾病的能力自然会增强；胃肠排泄功能正常，体内产生的垃圾就能及时排出，不在体内堆积，那么由内在原因引起的疾病自然会减少。所以，手阳明大肠经是人体中重要的经络，平时一定要注意疏通。

【拉伸方法】

（1）从两脚开立、右手扶杖开始，以右脚跟为轴向左转体 90 度。

接着左脚向前迈出一步，踏地屈膝，右腿蹬伸，重心前移，成左弓步；同时右手提杖前摆，换左手握杖，右手在左手后 10 厘米处（意在拉弓）成左式拉弓射箭的预备势。

拉伸：适合全家人的健身与运动

（2）拉弓射箭。左脚向前下用力蹬地，上体后撤，身体重心后移，右膝稍屈，左臂用力向前上方挺伸、推顶、稳固，同时右手屈指用力勾住弓弦后拉，目视左前上方的箭射目标（可以两眼同视）。当将弓拉成满弓的瞬间，快速松手脱弦放箭。

（1） （2）

（3）在左式拉弓放箭后。接着右脚蹬地，身体重心前移，向左后转体，右脚随之向前迈出一大步，成右弓步；同时，左手握杖下落至体前换成右手握杖。

接着，右臂直臂将杖前举至右肩高度，而左臂换握后放松顺势后摆。

然后随右臂前举而向前上摆至距右手10厘米处，成右式拉弓射箭的预备势。

（3）

（4）拉弓射箭。右式拉弓射箭与左式拉弓射箭在动作上基本相同。向左方向共做 9 次拉弓射箭，再返回向右做。

（5）在向左进行的拉弓射箭动作结束后，接着左脚内扣，右腿直膝，身体重心左移，向右后转体 180 度，右脚外展踏地，右腿屈膝；同时两手在体前换握杖后，右手握杖前举（略高于肩），左臂也随之前摆（两手相距约 10 厘米），成右式拉弓射箭的预备姿势。其他拉弓射箭的动作做法皆与向左进行的相同，共做 9 次。

【按摩方法】

大肠经当令的时间是早上 5~7 点，这时候大肠经运行最旺盛，按摩效果也最好。大肠经很好找，你只要把左手自然下垂，右手过来敲左臂，一敲就是大肠经，敲时有酸胀的感觉。

（4）

足阳明胃经的拉伸

足阳明胃经上有 45 个穴位：承泣、四白、巨髎、地仓、大迎、颊车、下关、头维、人迎、水突、气舍、缺盆、气户、库房、屋翳、膺窗、乳中、乳根、不容、承满、梁门、关门、太乙、滑肉门、天枢、外陵、大巨、水道、归来、气冲、髀关、伏兔、阴市、梁丘、犊鼻、足三里、上巨虚、条口、下巨虚、丰隆、解溪、冲阳、陷谷、内庭、厉兑。

足阳明胃经是人体前面的很重要的一条经脉，也是人体经络中分支最多的一条经络，有两条主线和四条分支，主要分布在头面、胸部、腹部和腿外侧靠前的部分。

它起于鼻旁，沿鼻上行至根部，入于目内眦，交于足太阳膀胱经；沿鼻外侧下行至齿龈，绕口唇，再沿下颌骨出大迎穴；上行耳前，穿过颌下关节，沿发际至额颅。它的支脉从大迎穴下行，过喉结入锁骨，深入胸腔，穿过横膈膜，归属胃，并与脾相络。它的另一支脉直下足部二趾与中趾缝，此支又分两支，一支自膝膑下三寸分出，下行至中趾外侧，一支从足背分出，至大趾内侧，交足太阴脾经。

从胃经的循行路线可以看出，与胃经关系最为密切的脏腑是胃和脾。脾胃是人体的后天之本，这是因为每个人在出生后，主要依赖脾和胃以运化水谷和受纳腐熟食品，这样人体才能将摄入的饮食消化吸收，以化生气、血、津液等营养物质，才能使全身脏腑经络组织得到充分的营养，维持生命活动的需要。

拉伸：适合全家人的健身与运动

【拉伸方法】

（1）站立，手臂伸直，同时左掌向上托起，左手手臂向外旋转经过自己面前向上穿去。

随后，左手手臂向内旋转继续向上直到举到头顶的左上方，这时左臂的肘关节微微弯曲，左臂的力量全部到达左掌根部，掌心向上，指尖指向右方；同时，右掌微微向上举。

随后右臂就向外旋转到右边的髋部，这时，右臂的肘关节微微弯曲，右臂的力量完全到达了右掌根部，掌心朝向下方，右掌指尖指向前方，动作略略停顿，眼睛注视前方。

（2）练习者要放松腰部，髋部下沉，使身体的重心慢慢下降；腿的膝关节由挺直状态变成微屈。

同时，练习者要屈起左臂的胳膊肘，并向外旋转，左掌经过自己面前向下落在自己的腹部前面，掌心朝上；右臂向外旋转，右掌向上捧在自己腹部前面，掌心向上。左右两掌指尖相对，大约距离10厘米，眼睛注视前方。

【按摩方法】

按摩胃经，一方面可以充实胃经的经气，使它和与其联系的脏腑气血充盛，这样脏腑的功能就能正常发挥，就不容易生病；另一方面可以从中间切断胃病发展的通路，在胃病未成气候前就把它消弭于无形。

当然，按摩胃经的目的主要还是调节胃肠功能，所以饭后1小时左右就可以开始按揉胃经的主要穴位了，如足三里、天枢等一定要按到；然后在睡前1小时左右按摩一会儿，按摩完后喝1小杯水。每天早上7~9点按揉的效果应该是最好的，因为这个时辰是胃经当令，是胃经经气最旺的时候。

足太阴脾经的拉伸

足太阴脾经上有21个穴位：隐白、大都、太白、公孙、商丘、三阴交、漏谷、地机、阴陵泉、血海、箕门、冲门、府舍、腹结、大横、腹哀、食窦、天溪、胸乡、周荣、大包。

足太阴脾经主要循行在胸腹部及下肢内侧，即从足走到头。它从大脚趾末端开始，沿大脚趾内侧脚背与脚掌的分界线，经踝骨，向上沿内踝前边，上至小腿内侧；然后沿小腿内侧的骨头，与肝经相交，在肝经之前循行，上膝股内侧前边，进入腹部；再通过腹部与胸部间隔，夹食管旁，连舌根，散布舌下。其分支从胃部分出，上过膈肌，流注心中，经气接手少阴心经。

从上面的路线可以看出来，与脾经关系密切的脏腑有脾、胃和心。中医认为，脾除了有运化的作用外，还有统血的作用，就是统摄、约束血液行于脉内而不外溢。如果脾气虚弱，不能承担起这种约束功能，就会出现各种出血病症，如呕血、便血、尿血等。治疗脾虚引发的出血症状重点在于补脾气，中成药归脾丸就是治疗这类出血症的有效药物。

当脾经不通时，人体还会出现一些常见的慢性病：大脚趾内侧、脚内缘、小腿、膝盖或者大腿内侧、腹股沟等经络线路会出现冷、酸、胀、麻、疼痛等不适感，或者全身乏力、疼痛、胃痛、腹胀、大便稀溏、心胸烦闷、心窝下急痛，还有舌根发强、饭后即吐、流口水等。

【拉伸方法】

（1）两臂分开垂于身体两侧，左手手心向下贴杖，手臂向外夹持杖，此时杖垂直。左脚侧开，两脚平行，与肩同宽，成自然站立姿势，双眼目视前方。

（2）两腿屈膝半蹲，两臂从体侧开始向前合抱于腹前。两手掌心向内，十指相对，间距约10厘米，双眼目视前方，此动作稍停。

（3）两腿伸直，身体自然站直。两手向丹田处收拢；然后两臂自然分开垂于

拉伸：适合全家人的健身与运动

体侧，双眼目视前方。

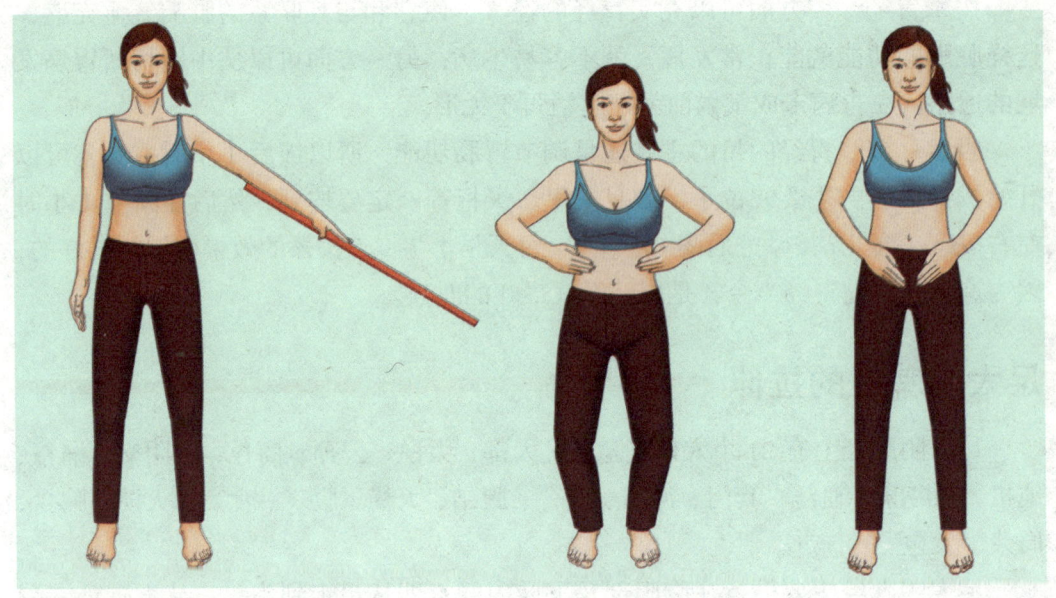

【按摩方法】

脾经不通时出现的疾病都可以从脾经去治，最好在脾经当令的时候按摩脾经上的几个重点穴位：太白、三阴交、阴陵泉、血海等。上午9点~11点正处于人体阳气的上升期，这时疏通脾经可以很好地平衡阴阳。

在日常饮食上也要注意多吃清淡的食物，不暴饮暴食，以减轻脾经的负担。

此外，思伤脾。所谓"衣带渐宽终不悔，为伊消得人憔悴"，思虑过度就会扰乱脾的正常工作，使其方寸大乱，反映到身体上就是食欲不振、无精打采、胸闷气短。所以，一定要做到思虑有节，这样脾的功能才会正常。

手少阴心经的拉伸

手少阴心经上有9个穴位：极泉、青灵、少海、灵道、通里、阴郄、神门、少府、少冲。手少阴心经主要分布在上肢内侧后缘，起始于心中，出属于心脏周围血管等组织（心系），向下通过横膈，与小肠相联络。它的一条分支从心系分出，上行于食管旁边，联系于眼球的周围组织（目系）；另一条支脉，从心系直上肺脏，然后向下斜出于腋窝下面，沿上臂内侧后边，行于手太阴肺经和手厥阴心包经的后面，下行于肘的内后方，沿前臂内侧后边，到达腕后豌豆骨部进入手掌内后边，沿小指的内侧到指甲内侧末端，接手太阳小肠经。

从上面的循行路线可以看出，心经和小肠经是互相联系的。这正应了我们常说的成语——心腹之患。所谓"心"，即指心脏，对应手少阴心经，属里；"腹"

就是指小肠，为腑，对应手太阳小肠经，属表。"心腹之患"就是说，互为表里的小肠经与心经，它们都是一个整体。谁出现了问题都会很严重，一定不可小视。

实践证明，心经的问题常常会在小肠经上反映出来，比如心脏病发作时常常表现为背痛、胳膊痛，有人甚至还会牙痛，而这些疼痛部位大多是小肠经的循行路线。

【拉伸方法】

准备姿势为，两脚平行开立（略宽于肩）；两手握杖横于体前（手距约与肩宽）；头正身直，眼前平视。

（1）身体右转，重心右移，左腿内旋蹬地，脚跟提起，脚掌用力向左下方蹬伸；同时，两手握杖用力向右上方挺举，并稍向右下扭转，使身体左侧有伸直绷紧之感。

（2）接上动作。身体向左后转动，重心左移，右腿内旋，脚跟提起，脚掌用力向右下方蹬伸。

两手握杖随体转动，并用力向左上方挺举，使身体右侧有伸直绷紧之感。

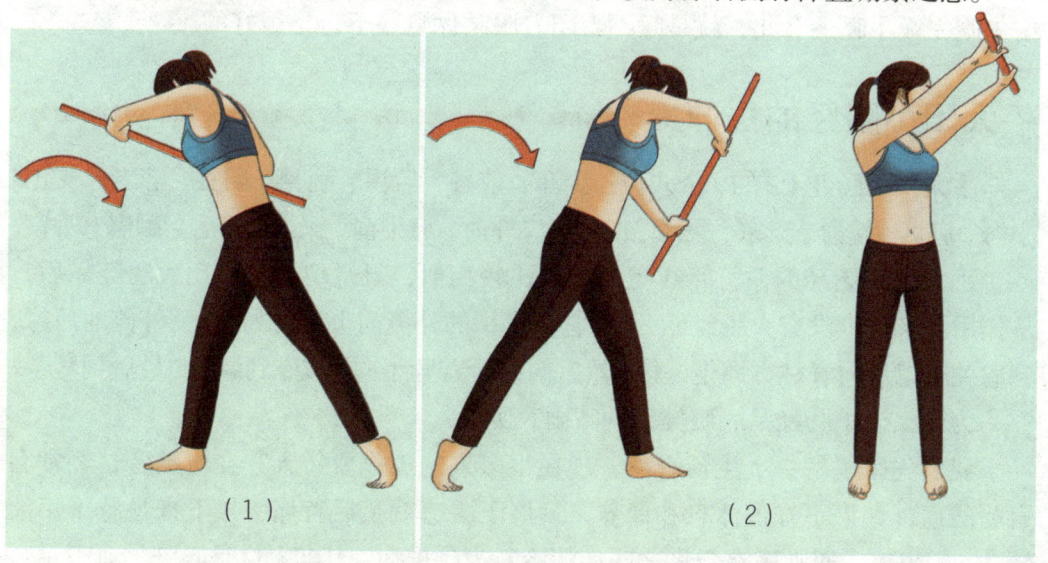

（1）　　　　　　　（2）

（3）接上动作。上体继续自左向下、向后做螺旋式的下降扭转，随着上体的扭转，逐渐屈膝屈髋，身体重心下降，右脚跟着成马步，挺杖臂也随着上体扭转做弧形下落。此动作要使上体向左后扭转到最大限度。

（4）接上动作。上体放松，向右后顺势转体，同时两腿逐渐伸直，上体正直，两手握杖横于体前。共做9次。

（3）　　　　　　　　　　　（4）

【按摩方法】

按摩心经的最佳时间应该是午时，即11~13点，此时人的阳气最盛，然后开始向阴转化，阴气开始上升。这时人们最好处于休息的状态，不要干扰阴阳的变化。中午吃完饭小睡一会儿，就是睡不着闭着眼睛休息一下也是很好的。

手太阳小肠经的拉伸

手太阳小肠经上有19个穴位：少泽、前谷、后溪、腕骨、阳谷、养老、支正、小海、肩贞、臑俞、天宗、秉风、曲垣、肩外俞、肩中俞、天窗、天容、颧髎、听宫。

手太阳小肠经的循行路线与大肠经比较相似，只是位置上要比大肠经靠后，从作用上来讲也没有大肠经那么广。它从小指的外侧向上走，沿着胳膊外侧的后缘，到肩关节以后向脊柱方向走一段，然后向前沿着脖子向上走，到颧骨，最后到耳朵。

为什么说小肠经是心脏健康的晴雨表呢？

我们先来了解一个生活现象，现在很多人的工作要每天守在电脑旁，经常会肩膀酸痛，如果不知道休息和保养，发展下去，就是后背痛，接下来是脖子不能转动、手发麻。通常医院会将这些症状诊断为颈椎病，其实，这是心脏供血不足，造成小肠气血虚弱导致的。心与小肠相表里，这种表里关系是通过经络通道联系起来的。心脏有问题，小肠就会有征兆。比如西医所说的颈椎病，开始只是肩膀酸，这就是告诉你：这里的气血已经不足了。然后是酸痛，酸痛是因为血少，流动缓慢而瘀滞，不通则痛。后来发展到僵硬疼痛也是由于血少，血流缓慢，再加上长期采用同一个姿势，血液就停滞在那里；如果心脏持续供血不足，那么停滞的血液就会形成瘀血。没有新鲜血液的供应，肌肉、筋膜就会变得僵硬，而且极易遭受风寒的侵袭，睡觉时容易落枕。

另外，有的人脾气很急，总是心烦气躁，好争执，这在中医看来就是心火亢盛。心里的火气太大，无处宣泄，就拿小肠经"撒气"了，结果小肠经就会肿胀、硬痛，然后牵连到耳朵、喉咙、脖子、肩膀、肘、臂、腕、小手指，造成这些地方疼痛或麻木。

所以，我们说小肠经是心脏健康的晴雨表，一定要多加关注。通过小肠经，我们可以观测心脏的功能状况，还能够用调节小肠经的方法来治疗心脏方面的疾患。

【拉伸方法】

（1）两腿屈膝，左脚直接向前迈一步，自然伸直，脚跟着地，脚尖向上勾起。

腰向右转，两手环握杖划圆弧，方向经身体右侧至后下方再向上方，最后杖举至头右侧上方。这时注意手型变化，右手外旋手腕180度，手指舒伸，手心向上贴杖，左手环握。

随即左脚落平，身体重心前移至左脚，右脚点地，两膝伸直。腰向左前45度转体，杖划弧，方向为向前、向体左侧后下方。右手划至左腰侧，这个动作似船夫撑船动作。双眼目视前方。

（2）右腿屈膝、屈胯，身体重心移至右腿，左腿自然伸直。同时，腰继续左转，杖划弧，方向由身体左侧经后下方向上，至头左侧上方。

然后与上一动作手法相同，右手外旋手腕180度，手指舒伸，手心向上贴杖，左手环握。

接下来，左脚经右踝内侧向后一步，右腿自然伸直，脚跟着地，脚尖向上勾起。同时左腿屈膝、屈胯，腰向右前45度转，杖划弧，方向为经体前向体右侧后下方，左手划至右腰侧，这个动作似船夫撑船动作。双眼目视前方。

（3）右脚全脚掌着地，两脚左右并拢，屈膝半蹲。同时，腰向右转，杖继续划弧，方向由身体右侧经后下方向上划，最后杖举至头右侧上方。

随即，两腿伸直，自然站立，腰向左前45度转体，杖划弧方向向前、向体左侧后下方划，右手划至与腰同高，这个动作似船夫撑船动作。双眼目视前方。

【按摩方法】

按摩小肠经的最佳时间是13~15点，此时小肠经当令，经气最旺，人体主吸收，所以这也是为什么总强调"午餐要吃好"的根源了。因此，应在午时1点前用餐，而且午饭的营养要丰富，这样才能在小肠功能最旺盛的时候把营养物质充分吸收和分配。但是营养丰富还有一个前提，就是人体的吸收能力要好。

足太阳膀胱经的拉伸

足太阳膀胱经上有67个穴位：睛明、攒竹、眉冲、曲差、五处、承光、通天、络却、玉枕、天柱、大杼、风门、肺俞、厥阴俞、心俞、督俞、膈俞、肝俞、胆俞、脾俞、胃俞、三焦俞、肾俞、气海俞、大肠俞、关元俞、小肠俞、膀胱俞、中膂俞、白环俞、上髎、次髎、中髎、下髎、会阴、承扶、殷门、浮郄、委阳、委中、附分、魄户、膏肓、神堂、膈关、魂门、阳纲、意舍、胃仓、肓门、志室、胞肓、秩边、合阳、承筋、承山、飞扬、跗阳、昆仑、仆参、申脉、金门、京骨、束骨、足通谷、至阴。

足太阳膀胱经是人体经脉中最长的一条，起于内眼角的睛明穴，止于足小趾尖的至阴穴，交于足少阳肾经，循行经过头、颈、背、腿、足，左右对称，每侧67个穴位，是十四经中穴位最多的一条经，共有一条主线，三条分支。

膀胱经与肾经是相连的。《黄帝内经》上说"肾开窍于二阴"，就是指肾与膀胱相表里。肾是作强之官，肾精充盛则身体强壮，精力旺盛；膀胱是州都之官，负责贮藏水液和排尿。它们一阴一阳，一表一里，相互影响。所以说，如果撒尿有问题，就是肾的毛病。另外，生活中我们经常会说有的人因为惊吓，小便失禁，其实这就是"恐伤肾"，恐惧对肾脏造成了伤害，而肾脏受到的伤害又通过膀胱经表现出来了。同样，肾的病变也会导致膀胱的气化失司，引起尿量、排尿次数及排尿时间的改变。

膀胱经的涉及范围很广，不仅仅是因为它属于膀胱以及与其他脏腑有联系，更多的是因为它的循行路线。它在后背上有两条直线，线上分布着所有背俞穴，这些穴位和脏腑的分布位置相对应，是脏腑器官的反应点，就像现在耳穴足疗的发射区一样，具有调节脏腑的重要作用。

另外，膀胱经还是人体最大的排毒通道，无时不在传输邪毒，其他诸如大肠排便、毛孔发汗、脚气排湿毒、气管排痰浊，以及涕泪、痘疹、呕秽等虽也是排毒的途径，但都是局部分段而行，最后也要并归膀胱经。所以，要想驱除体内之毒，膀胱经必须畅通无阻。

足太阳膀胱经统领人体阳气，为一身之表，外界的风邪首先侵袭足太阳膀胱经，

拉伸：适合全家人的健身与运动

所以，膀胱经异常时人体会出现腰、背、肩的筋肉痛、关节痛等症状，同时还会影响呼吸循环，消化吸收。经常刺激膀胱经就可以改善这些症状。

【拉伸方法】

（1）将两腿向下微屈膝，左脚侧开步，身体重心移至左脚，两脚间距离约与肩同宽。

然后，两腿伸直，双臂向上托杖，并由腹前向左、向上划立圆，举至头上。在这个过程中，注意左右手动作不同。左手手心向下，夹持杖，右手手腕向外旋，手心向上托杖。

接下来，两腿屈膝，杖从身体右侧向下落，至与腰同高，同时视线随杖而走。

（2）将两腿自然伸直，腰向右微微转体。左手旋杖手法并夹持杖在上，右手夹杖在右斜下方，此动作注意不要碰到脸部。

然后，左脚向外展90度，右腿伸直向后蹬转，左腿屈膝成左弓步。同时，身体也转向左方，弧形摆杖立于体前，双眼目视前方。

（3）右脚上步，两脚平行站立。

随后两腿屈膝，双手卷旋环握，左手持杖向下划弧，右手持杖向上划弧，使得杖竖立于体前。此时，右手握于杖与眼同高处。随即右手向下滑杖，与左手相接触。双眼目视前方。

（4）身体自然站立，两手分开，两臂自然垂于体侧。

杖持于右手，杖下端向后、向上划弧贴于右臂后。左臂左前45度外旋，手心向上。

然后，松胯，左臂微屈肘，手心向下，经身体前按掌到腹部。双眼目视前方。

【按摩方法】

刺激膀胱经的最佳时间应该是15~17点，这时是膀胱经当令，是膀胱经气血最旺的时候，这时如果能按摩一下，把气血疏通了，对人体是很有保健作用的。膀胱经还是一条可以走到脑部的经脉，所以气血很容易上输到脑部，因而这个时候无论是学习还是工作，效率都是很高的。

足少阴肾经的拉伸

足少阴肾经上有27个穴位：涌泉、然谷、太溪、大钟、水泉、照海、复溜、交信、筑宾、阴谷、横骨、大赫、气穴、四满、中注、肓俞、商曲、石关、阴都、腹通谷、幽门、步廊、神封、灵墟、神藏、彧中、俞府。

足少阴肾经起于足小趾下，斜走足心（涌泉），出于舟状骨粗隆下，沿内踝后，进入足跟，再向上行于腿肚内侧，出于腘窝内侧半腱肌腱与半膜肌之间，上经大腿内侧后缘，通向脊柱，属于肾脏，联络膀胱，出于前阴（中极，属任脉），沿腹中线旁开半寸、胸中线旁开两寸，到达锁骨下缘（俞府）。

肾经有两条支脉：

（1）肾脏直行支脉：向上通过肝和横膈，进入肺中，沿着喉咙，至舌根两侧。

（2）肺部支脉：从肺出来，联络心脏，流注胸中，与手厥阴心包经相接。从肾经的循行路线可以看出，虽然肾经穴位不多，只有27个，但它与肾、膀胱、肝、肺、心脏等都有联系，是与人体脏腑器官联系最多的一条经脉。它的作用也就变得非同一般了。

肾主藏精，这是肾的一个非常重要的功能。这里所说的精是维持人体生命活动的基本物质。肾藏精气有先天、后天之分，先天之精是从父母那里传承来的，是构成人体胚胎的原初物质；后天之精是出生后摄取的水谷精气及脏腑生理活动过程中所化生的精微物质，又称脏腑之精。先天之精是人体生长、发育的根本，后天之精是维持生命的物质基础，所以说，肾精是否充足与人的生老病死都有很密切的关系。

肾经如果有问题，人体通常会表现出口干、舌热、咽喉肿痛、心烦、易受惊吓，还有心胸痛，腰、脊、下肢无力或肌肉萎缩麻木，脚底热、痛等症状。针对这些问题，我们可以通过刺激肾经来缓解。一种方法是沿着肾经的循行路线进行刺激，因为肾经联系着很多脏腑器官，通过刺激肾经就可以疏通很多经络的不平之气，还能调节安抚相连络的内脏器官。

【拉伸方法】

（1）左脚向左后45度方向退一步，右脚内扣。同时右手环握杖将其向前方45度伸出，左手滑杖至1/3处。

重心移至左腿，左腿屈膝，左脚掌向外展，右脚掌向内展，形成左弓步。

身体转向左后方，同时将杖向上、向体前划立圆至右肩前停，高度与肩膀相同。这时将左手握于右腋下，双眼目视杖前方。

（2）右腿屈膝，重心移至右腿，左腿自然伸直。同时，两手滑杖，左手向上，右手向下。左手环握于杖顶端，高度略高于左肩，右手握杖于右腰间。

然后是步型的变化，左脚经右脚向后交叉，两腿屈膝下蹲，腰向右微转，形成基本步型成高歇步。双眼目视体右前方，稍停。

（3）身体重心下降，双腿继续屈膝，成全蹲姿势，变为基本步型低歇步。

腰向右转，左手持杖向身体右前方插杖，用杖端触地。同时右手向左滑杖约至 1/3 处，夹持杖。双眼目视杖端。

接下来左手搅杖并向下压杖，两手同时手心向下夹持杖。双眼目视杖。这一动作中的低歇步难度较大，年老体弱者可适当变化，用高歇步代替。

拉伸：适合全家人的健身与运动

（4）两腿直立，身体起立时左脚向左侧一步，同时用左手向身体左侧水平方向引杖，右手则向右滑杖至1/3处。

随后，右脚与左脚并拢，身体自然站立，立身中正，左手继续向内滑杖至1/3处。此时两手与肩同宽，于腹部前环握杖。双眼目视前方。

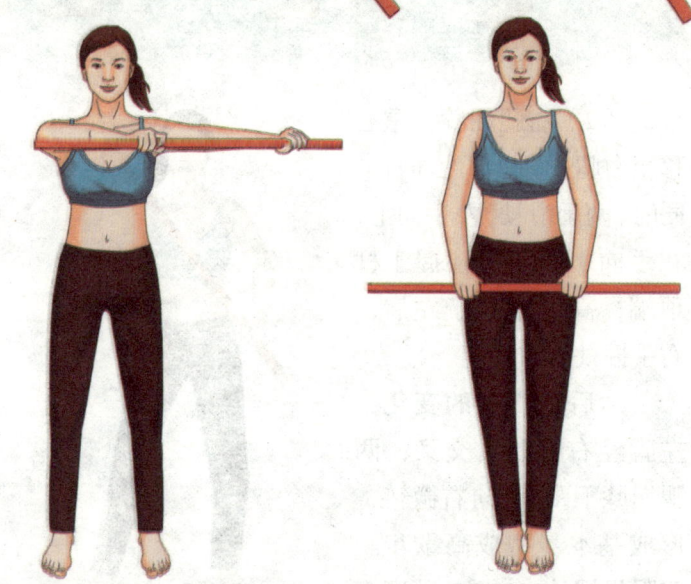

【按摩方法】

每天的17点到19点，也就是酉时，是肾经当令的时间，此时肾经气血最旺，因此这时候按摩肾经的效果是最好的。如果需要服中药，这个时候服用，效果也比较好。另外，如果家里有人经常在这个时候低热，很可能就是肾气大伤引起的，一定要多加注意。这种情况多发生于青春期的男孩子和新婚夫妇。青春期的男孩子情窦初开，手淫的次数可能会比较多，新婚夫妇性生活往往不加节制，这两者都会过多损耗肾精，伤了元气。

总之，为了我们一生的幸福，一定要了解肾经，利用好肾经，这样肾精充足，肾就会变得强大，整个人充满了创造力，很多问题也就迎刃而解了。

手厥阴心包经的拉伸

手厥阴心包经是从心脏的外围开始的，到达腋下3寸处，然后沿着手前臂中间的中线，经过劳宫穴止于中指。

心包是中医的概念，西医中并没有心包这个概念。从名称可以看出，心包经与心脏是有一定关联的，其实心包就是心脏外面的一层薄膜。心为君主之官，是不能受邪的。

因此当外邪侵犯时，心包就要挡在心的前面首当其冲，"代心受过，替心受邪"。所以，很多心脏上的毛病都可以归纳为心包经的病。如果没有原因地感觉心慌或者心脏似乎要跳出胸膛，这就是心包受邪引起的，不是心脏的病。

经常刺激心包经对于解郁、解压的效果非常好。刺激心包经时，先找到自己腋下里边的一根大筋，然后用手指掐住拨动，这时你会感觉小指和无名指发麻。如果每天晚上临睡前拨十来遍，就可以排遣郁闷，对身体是非常有好处的。

人过了35岁以后，敲心包经更是必要。如果长时间饮食不合理，不健康的生活习惯使得血液中的胆固醇与脂肪含量增高，而血液中胆固醇太多时，会逐渐粘在血管壁上，造成血管狭窄，弹性变差，继而导致血液流动不畅，诱发心肌梗死及脑卒中等严重并发症。敲击心包经就可以使血液流动加快，使附着在血管壁上的胆固醇剥落，排出体外。

心包经就是沿着我们胳膊前臂一直从中指出去的，所以心脏病就会伴有手指发麻的毛病，如果连小指都发麻那就是很严重了，因为小指的外围就是心经，小指发麻表明这已经不是心包的病，而是心脏的病。当心脏出现刺痛的时候就是心脏病已经发展得很严重了。因此很多老人都很注重锻炼手指的灵活度，只要手指灵活，就表明气血还能流到身体的各个部位去，五脏就基本没问题。

【拉伸方法】

（1）两脚开立、两手握杖横于体前。右脚内扣、左脚外展、向左转体90度。

随之，左脚向前出步，成前弓后蹬；两手握杖于体前成拉锯预备姿势。

(2)拉锯。左脚向前下蹬地,上体后撤,身体重心后移;同时两臂用力后拉,直至两臂屈、上体仰、右腿屈、左腿蹬直、脚尖跷起,将杖拉至胸前为止。

(3)送锯。右脚蹬地,脚跟提起,身体重心前移,左腿屈膝成左弓步;同时,两臂轻柔地将杖向前推送,上体也随之前俯,一拉一送为一次,共做9次。再向右后转体180度改做右腿在前的拉锯,相反方向进行同样的动作。

【按摩方法】

按揉心包经的最佳时间是19~21点,这时心包经当令,气血运行最旺,所以按揉的效果最好。这段时间也是吃过晚饭应该促进消化的时候,但是不要在晚饭后立刻按揉心包经,因为那样会影响气血的运行,所以最好在饭后半小时以后开始按揉。

手少阳三焦经的拉伸

手少阳三焦经上有23个穴位:关冲、液门、中渚、阳池、外关、支沟、会宗、三阳络、四渎、天井、清冷渊、消泺、臑会、肩髎、天髎、天牖、翳风、瘈脉、颅息、角孙、耳门、和髎、丝竹空。

三焦是一个找不到相应脏腑来对应的纯中医的概念,用通俗的话来说,三焦就是人整个体腔的通道。古人把心、肺归于上焦,脾、胃、肝、胆、小肠归于中焦,肾、大肠、膀胱归于下焦。按照《黄帝内经》的解释,三焦是调动运化人体元气的器官,负责合理地分配使用全身的气血和能量。具体说来,三焦的功能有两方面:一是通调水道,二是运化水谷。

三焦经主要分布在上肢外侧中间、肩部和头侧部。循行路线是:从无名指末端开始,沿上肢外侧中线上行至肩,在第七颈椎处交会,向前进入缺盆,络于心包,通过膈肌。其支从胸上行,出于缺盆,上走颈外侧,从耳下绕到耳后,经耳上角,然后屈耳向下到面颊,直达眼眶下部。另一支脉,从耳后入耳中,出走耳前,与前脉交叉于面部,到达眼外角。

三焦经的终点叫丝竹空,就是我们的眼外角,鱼尾纹就长在这个地方,这个地方容易长斑,所以经常刺激三焦经就可以减少鱼尾纹和防止长斑。三焦经绕着耳朵转了大半圈,所以耳朵上的疾患如耳聋、耳鸣、耳痛等都可通过刺激本经穴位得到缓解。三焦经从脖子侧后方下行至肩膀小肠经的前面,可以和小肠经合治肩膀痛,还能治疗颈部淋巴结炎、甲状腺肿等发生在颈部的疾病。此经顺肩膀而下行到臂后侧,又可治疗肩周炎,再下行通过肘臂、腕,因此还可治疗网球肘和腱鞘炎。

【拉伸方法】

(1)站立,双膝微屈,双臂向外旋转稍稍下落,掌心朝上,两只手掌上的十根手指分开,在腹部前面交叉。同时,目视前方。

(2)微屈的膝盖挺起来,把双腿伸直,继续保持两脚之间的距离,仍与肩同宽。同时,练习者要把两只手掌向上拖到胸前。

然后循序渐进地将两臂再次内旋向上托起,慢慢地越过头顶,掌心向上。而且,此时练习者不再目视前方,而是仰起头,目光追随着手掌向上移动,一直注视着它们。

(1)　　　　　　　　(2)

拉伸：适合全家人的健身与运动

（3）　　　　（4）

（3）接着，双臂继续向上托起，肘关节渐渐伸直。同时，扬起的下颌向内收，动作稍稍停顿一下，目光由追随手掌变成望向前方。在这个动作中，双臂的上举明显有一个拉伸的动作。在进行拉伸时，双臂很容易松劲。这时，要在下颌内收时做文章，使下颌内收和双掌上撑同步，这样就会使力量达到双掌的根部，保持一种向上拉伸的状态，就不会松劲了。

（4）练习者双掌下落，然后身体的重心要缓缓下降，两腿的膝关节从挺直重新变成了微屈的姿势。同时，原来交叉的十指也要慢慢分开，两只手臂分别向身体两侧下落，两掌重新捧于腹前，不过这次掌心朝上。目视前方。

【按摩方法】

什么时候刺激三焦经效果最好呢？最佳时间应是 21~23 点，这时候是三焦经当令，气血在此时达到顶峰，所以这时候按摩效果是最好的。中医还认为 22 点是性爱的最佳时间，因为亥时（21~23 点）是阴阳和合的时段，这个时候是性爱的黄金时刻，也就是通过男女的交合配合身体完成阴阳和合的过程，达到"三焦通泰"。

足少阳胆经的拉伸

足少阳胆经是目前很火的一条经，很多人都在强调它的好处，敲胆经几乎成了"万金油"。足少阳胆经从人的外眼角开始，沿着头部两侧，顺着人体的侧面向下，到达脚的第四、五趾，几乎贯穿全身。为什么说胆经是排解积虑的先锋官呢？

《黄帝内经》中说："肝者，将军之官，谋虑出焉。胆者，中正之官，决断出焉。"意思是说，肝是个大将军，每日运筹帷幄，决胜千里之外；胆则是一个刚直不阿的先锋官，随时准备采取行动。"肝主谋虑，胆主决断。"

现代人在竞争激烈的社会中，不得不为生存而谋虑，如果我们谋虑的事情能够"决断"，并顺利地进行下去，最终获得成功，那自然会气血通畅、肝胆条达了。

然而，现实往往与人的愿望背道而驰，很多事情都不能尽如人意，所以，我们会有很多谋虑积压在肝而没有让胆去决断执行,肝胆的通道被阻塞。由于情志被压抑，肝胆的消化功能、供血功能、解毒功能都受到严重影响，人体就会百病丛生。所以，多疑善虑、胆小易惊的人都应该好好调节肝胆的功能。

要改善肝胆的功能，最简单的办法就是经常锻炼胆经。

敲胆经的最佳时间是在子时，也就是夜里的 11 点到凌晨 1 点这段时间，早睡的人可以提前一些。因为这个时辰是胆经当令。经常熬夜的人会有体会，到夜里 11 点钟的时候，觉得很有精神，还经常会觉得饿，这就是胆经当令。胆主生发，阳气在这时候开始生发了。但是大家一定注意，不要觉得这个时候精神好就继续工作或者娱乐，而是最好在 11 点前就入睡，这样才能把阳气养起来。

【拉伸方法】

（1）左脚向左侧开步，两脚间距离约与肩同宽。

然后两腿屈膝下蹲，腰由右向左前 45 度转体，同时，注意手型变化，两手由环握变为虎口夹持杖，手心向下。

接下来，经腹向左前方划平圆，注意平圆的动作要领。然后两腿直立，身体自然站立，两手再变为环握杖，卷腕，划弧将杖收于腹部左侧。双眼目视左前下方。

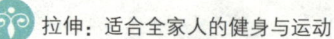

（2）两腿依然保持直立，腰向右转，同时杖由左向右摩运小腹，注意方向与基本功练习时不同。

然后，右手将杖引至右斜后方，左手环握杖，杖下方至于右肋胁处。

随后，两腿屈膝半蹲，同时将腰转正，左右两手分别向右、向左交错划圆，注意右臂在上、左臂在下，交叠于胸前。双眼目视前方。

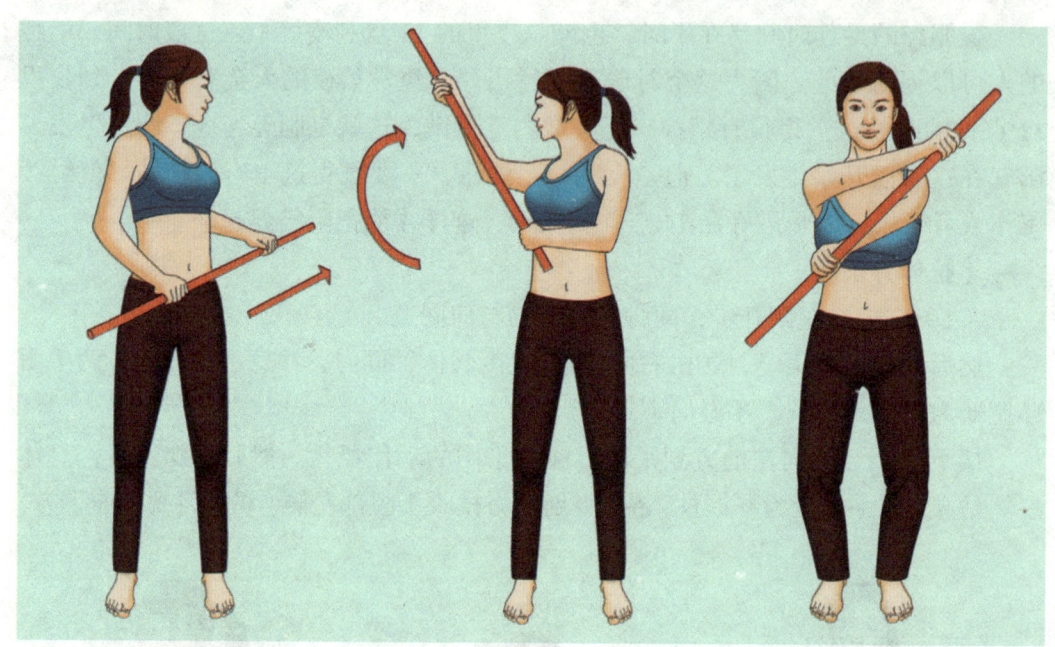

（3）两腿自然伸直，左手握杖划平圆，经腰前向侧后方划，幅度要做到自己最大极限为好，方向一般划至左脚脚跟后缘向左的延长线上，高度约同腰高。同时，将右臂自然伸直与右耳相贴。这时，身体上体成左侧屈，杖为斜立。

然后两手自然伸直，手型为夹持杖，这一动作稍停，双眼目视杖方向。

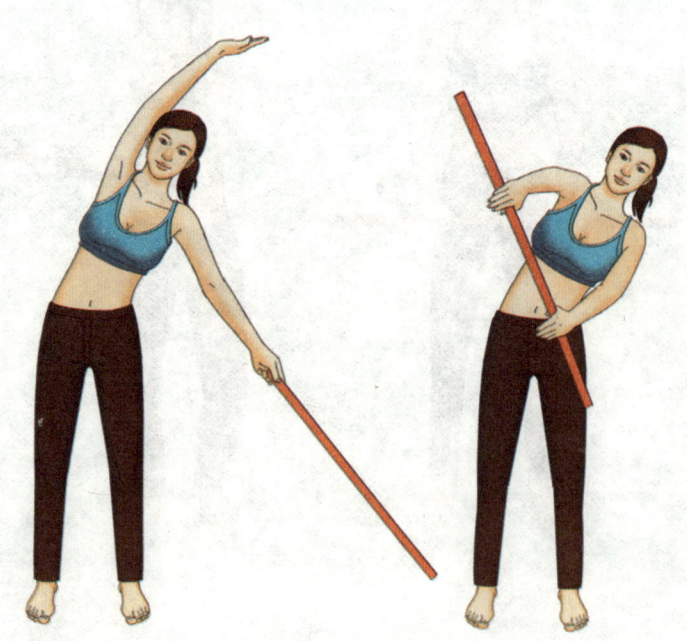

（4）将上身直立，仰头，将杖向上弧形举至头上方，手腕伸直，十指向上夹持杖。注意两臂自然伸直，双眼目视上方。

然后，两腿屈膝，杖也随之下落至胸前，再由两乳向下摩运至腹部，两手手心向下。

接下来，两脚并拢，自然站立，双手环握杖于腹前，双眼目视前方。

【按摩方法】

每天敲胆经300下，胆经顺畅了，人所有的忧虑、恐惧、犹豫不决等都随着胆经的通畅排解出去了，该谋虑时谋虑，该决断时决断，那么，我们的肝胆必定会日益强壮而没有无谓的损耗，身心也会健康快乐。

另外，胆经上有很多特效穴位：阳陵泉治两肋疼痛，光明穴可治老花眼，悬钟治落枕，风市可治各种皮肤痒疹。胆经上的穴位都气感明显而强烈，如能善加利用，都有极好的效果。

足厥阴肝经的拉伸

足厥阴肝经上有14个穴位：大敦、行间、太冲、中封、蠡沟、中都、膝关、曲泉、阴包、足五里、阴廉、急脉、章门、期门。

足厥阴肝经从下往上走，起于大脚趾内侧的指甲缘，向上到脚踝，然后沿着腿的内侧向上，在肾经和脾经中间，绕过生殖器，最后到达肋骨边缘止。肝经和

拉伸：适合全家人的健身与运动

肝、胆、胃、肺、膈、眼、头、咽喉都有联系，所以虽然循行路线不长，穴位不多，但是作用很大，可以说是护卫我们身体的大将军。

肝是将军之官，是主谋略的。所谓"将军之官"的意思是，将军不仅可以打仗，而且还是能够运筹帷幄的人。将军运筹帷幄的功能，就相当于肝的藏血功能，而"谋略出焉"，指的就是把肝气养足了才能够出谋略，才能让我们更聪明。因此，我们的聪明才智能否最大限度地发挥，全看我们的肝气足不足。

【拉伸方法】

（1）两脚开立，两手握杖横于体前。

左脚蹬地，脚跟提起，身体重心右移；两手向右上举杖，目视左下方。

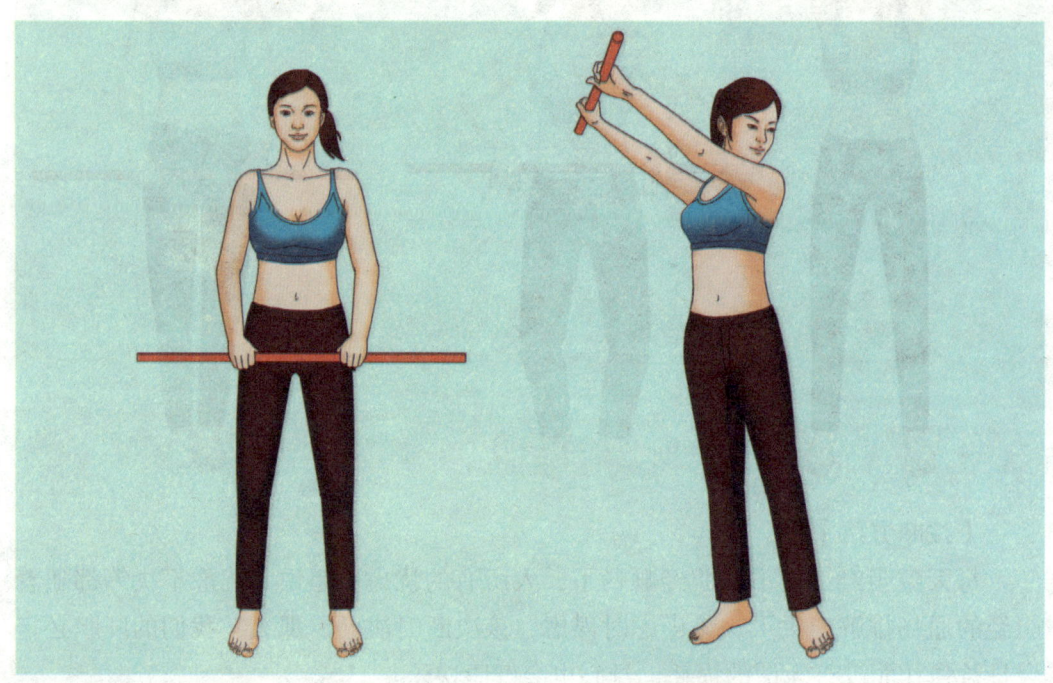

（2）右腿屈膝下蹲，左脚向左趋地伸出成仆步，同时身体重心下降；两手持杖自右上向前下挥摆、上体稍前俯。

（3）接着右腿蹬伸，上体左移，成左腿屈膝下蹲的仆步姿势。

（4）右脚蹬地，重心左移，身体起立，右脚拖地跟进；同时，两手握杖自下向左、向上顺时针绕身体纵轴弧形挥摆至头上方，目随杖移。两手持杖自上向右挥摆至右上方时为一次，共做9次。反方向做同样的动作。

【按摩方法】

那如何能够使肝气畅通，让人体气机生发起来呢？首先，要配合肝经的工作。肝经在凌晨1点到3点的时候值班，也就是肝经的气血最旺的时候，这个时候人体的阴气下降，阳气上升，所以应该安静地休息，以顺应自然。另外一个养肝气的方法就是按摩肝经，但是我们又不可能在凌晨1点到3点的时候起来按摩肝经，怎么办呢？我们可以在晚上19点到21点的时候按摩心包经，因为心包经和肝经属于同名经，所以在19点到21点时按摩心包经也能起到刺激肝经的作用。

虽然睡觉养肝是再简单不过的事，但是对于很多经常应酬的人来说，这个时候可能正在兴头上，一笔生意就要谈成了，精神正处于很兴奋的状态，根本不可能睡觉。其实，这是非常伤肝的。

任脉的拉伸

任脉上有24个穴位：会阴、曲骨、中极、关元、石门、气海、阴交、神阙、水分、下脘、建里、中脘、上脘、巨阙、鸠尾、中庭、膻中、玉堂、紫宫、华盖、璇玑、天突、廉泉、承浆。

武侠小说中经常出现"任督二脉"，并且只要打通了任督二脉，武功就会大增。有一些没有医学常识的人，往往认为这是小说家的虚构。事实上，我们身上确实有任督二脉，只不过它们不属于十二经脉，而被分入奇经八脉之中。

中医将任脉、督脉、冲脉、带脉、阴维脉、阳维脉、阴跷脉、阳跷脉归纳起来，称为"奇经八脉"，它们与十二正经不同，既不直属脏腑，又无表里配合关系，"别道奇行"，故称"奇经"。其中，任脉是人体极为重要的奇经。

任脉起于中极之下，少腹之内，会阴之分，上行而外出，循曲骨、上毛际、至中极，同足厥阴、太阴、少阴并行腹里，循关元，历石门、会足少阳、冲脉于阴交，循神阙、水分，会足太阴于下脘，历建里，会手太阳、少阳、足阳明于中脘，上上脘、巨阙、鸠尾、中庭、膻中、玉堂、紫宫、华盖、璇玑，上喉咙，会阴维于天突、廉泉，上颐（颐，指面颊、腮），循承浆与手足阳明督脉会，环唇上至下龈交，复出分行，循面系两目下之中央，至承泣而终。

任脉的"任"字，有担任，任养之意。从其循行分布部位论其功能，任脉主要是"任维诸脉"，特别是承任诸阴经，故称为"阴脉之海"。诸阴经通过阴维会合于任脉，它受阴经交会，也受足阳明、手太阳交会。下部会阴为督脉、冲脉之会，头部又于目下交会于足阳明，都可见其任受诸阴和交通阴阳的作用。任脉的另一功能是作为"生养之本"而"主胞胎"，即有关妊养、生殖。《素问·上古天真论》说，女子"二七（十四岁）而天癸至，任脉通，太冲脉盛，月事以时下，故有子"；"七七（四十九岁）任脉虚，太冲脉衰少，天癸竭，地道不通，故形坏而无子"。杨上善解释"天癸"为"精气"，即以肾精与任脉相联系，故称为"生养之本"，在成年女子则"主胞胎"。

中医认为，任脉主治关于下腹部、男女生殖器官及咽喉部的疾病，如疝气、阴部肿痛、痞块、积聚、小便不利或遗尿、痔疾等。实证见腹痛，虚证见皮肤瘙痒，气逆则见咽干不利，这均与经络循行相联系。除此之外，还有便泄、痢疾、咳嗽、咽肿、膈寒、脘痛及产后诸疾。

【拉伸方法】

（1）左脚侧开步与肩同宽，两脚平行站立，与肩同宽。两臂持杖向体前平举，高度与肩膀相同。

然后坐腕、屈肘，将杖收于两乳下。

随机卷杖沿腹部向下依次摩运至脚。上身随着杖走而前屈，注意腰背自然伸直，动作过程中视线随杖而走。

（2）两膝微屈后再伸直，将身体重心向左移动到左腿。向左转头、转体，同时将杖弧形向左上方举。左手臂在上，右手臂在下，双眼目视杖的上端。

然后，两膝微屈，身体重心稍向右移动，此时身体中正，成体前屈姿势。注意背应微弓，将杖落于两脚前，动作过程中视线随杖而走。

（3）两膝伸直，两臂自然下垂，同时塌腰、抬头、吸气，稍停之后随即呼气。双眼目视前方。

（4）身体直立，与此同时，卷杖沿两腿向上摩运至两乳下。

然后两脚并拢，两腿由屈到伸，自然站立。再用杖向下摩运至腹部，此时两臂自然伸直，双眼目视前方。

【按摩方法】

用手掌施行旋转推揉，从肚脐开始，由下至上顺时针方向进行，反复进行2~4分钟。

督脉的拉伸

督脉上有28个穴位：长强、腰俞、腰阳关、命门、悬枢、脊中、中枢、筋缩、至阳、灵台、神道、身柱、陶道、大椎、哑门、风府、脑户、强间、后顶、百会、前顶、囟会、上星、神庭、素髎、人中、兑端、龈交。

督脉和任脉一样，也是奇经八脉之一。从字的表面含义上看，督脉的"督"字，有总督、督促的意义；从循行路线上看，督脉主要在背部，背为阳。这说明督脉对全身阳经脉气有统率、督促的作用，古人所说的"总督诸阳"和"阳脉之海"就是这个道理。督脉是阳之会人本阳气借此宣发，是元气的通道。在这里，最能展现人体的精、气、神，我们常说的"挺直你的脊梁"，就是展现我们的精神的意思。

督脉的功能很多，可以概括为两点。其一，督脉多次与手足三阳经及阳维脉相交会，与各阳经都有联系，所以对全身阳经气血起调节作用。其二，它对脑髓与肾的功能有所反映。督脉行脊里，入络脑，又络肾，与脑、髓、肾关系密切，可反映脑、髓、肾的生理功能和病理变化。肾为先天之本，主髓通脑，主生殖，故脊强、厥冷及精冷不育等生殖系统疾患与督脉关系重大。脑是人的高级中枢，脊髓是低级中枢，而督脉的路线与脊髓有重复的地方。所以，督脉与人的神智、精神状态有着非常密切的关系。

那么，督脉异常的人易发生哪些疾病呢？

督脉气血异常，人体主要发生的疾病是关于头脑、五官、脊髓及四肢的，如头风、头痛、头重、颈部发硬、头晕耳鸣、眼花、嗜睡、癫痫、腰背僵痛，还包括手足震颤、抽搐、麻木及中风。所以，神志不清时刺激督脉的穴位很有效，它可以使人苏醒过来。

另外，督脉管理一身的阳气，推督脉就能温肾助阳，使虚弱的身体变得强壮。在生活中，有一些人总是手脚冰冷，有时候还会止不住地打喷嚏，实际上就是督脉的问题，推一推督脉就能缓解。事实上，打喷嚏在中医看来是身体生发阳气的反应。感冒的时候经常打喷嚏就是因为身体里的阳气被邪气封锁在里面出不来，于是便采用打喷嚏的方式来引发阳气，与邪气对抗。

【拉伸方法】

（1）将右脚向右侧一步，身体同时右转形成右弓步。

左手引杖划圆，由腹前向身体左侧、后方、下方划，同时摩运左肋胁。划圆之后，左手环握杖停于左腰间，此时右手画圆，方向为向下、向前、向上。双眼目视右前方。

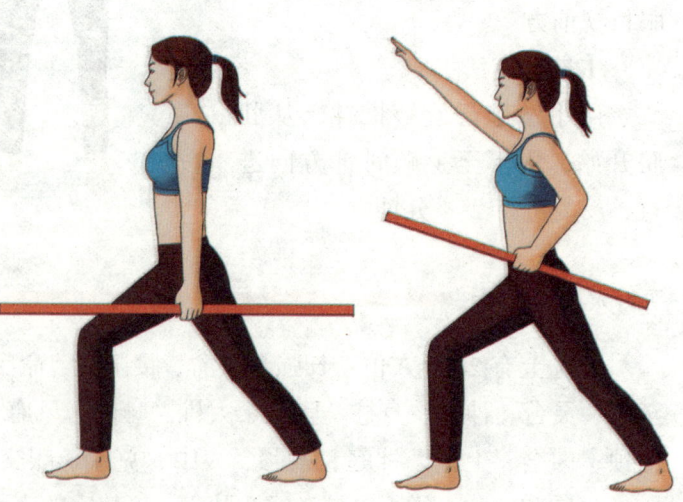

（2）身体重心左移，

左脚掌向外辗转，右脚向内扣，两脚平行。

两腿伸直，自然站立，腰向左转正。

接着，握杖继续划弧，方向向下、向前再经左膝外侧向上。再向体后、右下划圆，最后按压在肩上。双眼目视前方。

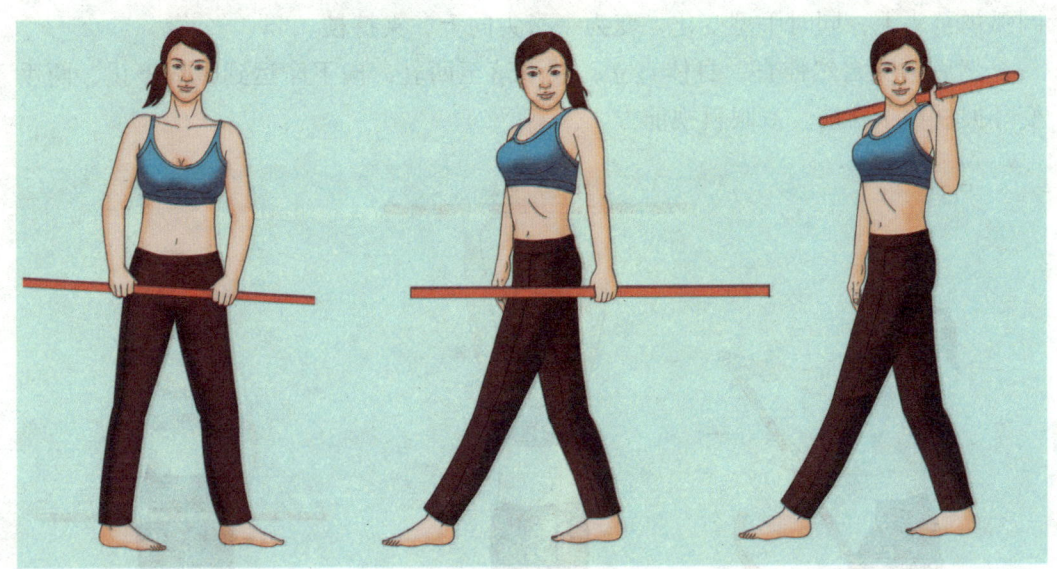

（3）右脚向外展约90度，同时左腿伸直，左脚跟后蹬。

再屈右膝形成右弓步。步型变化的同时，腰要向右后拧转，两手环握杖根据腰的转动在肩上摩运，立圆转杖近180度按压在肩上。

然后，重心下沉，用左手压杖，按压左肩井穴。双眼目视右后方，动作稍停。

（4）由左手引杖，经过头顶向右侧划落，右手杖端同时自然向上划圆弧。同时重心左移，左脚向外90度，左腿屈膝，右腿伸直，身体转正，将杖经腹向体左侧划圆弧。

再将重心移至右腿，右腿屈膝，左腿伸直，两脚并拢，两腿半蹲，杖向上划圆弧举至头上，同时手型变化，变为十指尖向上，夹持杖。

然后两腿自然伸直，身体直立，杖下落至两乳，向下摩运到腹部停止，两手变环握杖置于腹前。双眼目视前方。

【按摩方法】

推督脉的方法很简单：自己用手往后伸，推腰部那一段，每天推十来分钟，推到身体发热就行了。